Poesia, mito e história
no Modernismo brasileiro

FUNDAÇÃO EDITORA DA UNESP

*Presidente do Conselho Curador*
Mário Sérgio Vasconcelos

*Diretor-Presidente*
Jézio Hernani Bomfim Gutierre

*Editor-Executivo*
Tulio Y. Kawata

*Superintendente Administrativo e Financeiro*
William de Souza Agostinho

*Conselho Editorial Acadêmico*
Áureo Busetto
Carlos Magno Castelo Branco Fortaleza
Elisabete Maniglia
Henrique Nunes de Oliveira
João Francisco Galera Monico
José Leonardo do Nascimento
Lourenço Chacon Jurado Filho
Maria de Lourdes Ortiz Gandini Baldan
Paula da Cruz Landim
Rogério Rosenfeld

*Editores-Assistentes*
Anderson Nobara
Jorge Pereira Filho
Leandro Rodrigues

Vera Lúcia de Oliveira

# Poesia, mito e história no Modernismo brasileiro

2ª edição
revista e ampliada

© 2001 Editora Unesp

Direitos de publicação reservados à:

Fundação Editora da UNESP (FEU)
Praça da Sé, 108
01001-900 – São Paulo – SP
Tel.: (0xx11) 3242-7171
Fax: (0xx11) 3242-7172
www.editoraunesp.com.br
www.livrariaunesp.com.br
feu@editora.unesp.br

CIP-Brasil. Catalogação na fonte
Sindicato Nacional dos Editores de Livros, RJ

O52p
2.ed.

Oliveira, Vera Lúcia de
  Poesia, mito e história no Modernismo brasileiro / Vera Lúcia de Oliveira. – 2.ed. – revista e ampliada – São Paulo: Editora Unesp, 2015.

  ISBN 978-85-393-0509-4

  1. Andrade, Oswald de, 1890-1954 – Crítica e interpretação.  2. Bopp, Raul, 1898-1984 – Crítica e interpretação.  3. Ricardo, Cassiano, 1895-1974 – Crítica e interpretação.  4. Literatura brasileira – Séc. XX – História e crítica.  5. Poesia brasileira – Séc. XX – História e crítica.  6. Modernismo (Literatura) – Brasil.  I. Título.

14-09264                                      CDD: 869.09
                                              CDU: 821.134.3.09

Editora afiliada

Asociación de Editoriales Universitarias
de América Latina y el Caribe

Associação Brasileira de
Editoras Universitárias

# Sumário

Agradecimentos 9

Apresentação
Retratos do Brasil: a poesia modernista entre o mito
e a história – Ivan Marques 13

Introdução
A nossa história é assim 21

1 As crônicas: pré-história da literatura brasileira 33

2 A reabilitação romântica do índio 55

3 Modernismo: cosmopolitismo e nacionalismo 71

4 Oswald de Andrade: história e anti-história,
uma releitura crítica do passado 93

    O *enfant terrible* e terno do Modernismo 93

    O projeto ético-social da Poesia Pau-Brasil e as suas
    repercussões 103

    A linguagem como agente revolucionário 113

Sob a superfície clara da poesia oswaldiana:
interpretações das seções de *Pau-Brasil*   123

História do Brasil   131

Poemas da colonização   141

São Martinho   142

RP1   145

Carnaval   147

Secretário dos amantes   149

Postes da Light   150

Roteiro de Minas   153

Lóide brasileiro   155

5 Cassiano Ricardo: o culto dos heróis, entre história, mito
e mistificação   165

Cassiano Ricardo, poeta da inquietação   165

*Martim Cererê*: a saga dos bandeirantes   181

Na Terra Grande morava uma sereia chamada Uiara   194

Certo dia, chegou um Marinheiro   196

A Uiara disse ao Marinheiro: "Traga-me a Noite"   199

Foi então que nasceram os Gigantes   201

As pegadas dos gigantes no Brasil moderno   218

Hoje o Tietê narra a história dos velhos Gigantes   223

Cassiano Ricardo, o historiador   232

6 Raul Bopp: no tempo sem tempo da gênese   249

Um Marco Polo do nosso tempo   249

Bopp-Norato encontra os modernistas   255

Mussangulá   264

*Cobra Norato*: a gênese de uma obra   277

Poesia, mito e história no Modernismo brasileiro

A estrutura e a linguagem de *Cobra Norato*  291

O sentido do retorno às origens  303

Conclusão  311

Bibliografia consultada  317

Crônicas, tratados e outros textos dos séculos XVI
e XVII  317

Sobre as crônicas e o período colonial  319

O indianismo romântico  323

O modernismo  326

Outros textos e estudos críticos sobre o Modernismo  340

Outras obras consultadas  344

Índice onomástico  349

# Agradecimentos

Este livro é fruto de uma pesquisa iniciada no âmbito do doutorado em Línguas e Literaturas Ibéricas e Ibero-Americanas da Universidade de Palermo, da Universidade Federico II e do Instituto Universitário Oriental, ambos de Nápoles. Nas pesquisas e na elaboração do texto, muito devo às sugestões sempre pertinentes do corpo docente desse doutoramento, e faço os mais sinceros agradecimentos, de forma particular, aos professores Maria Luisa Cusati e Mario Di Pinto, meus orientadores.

A escolha do tema está ligada ao meu interesse pela poesia do século XX, sobretudo a dos Modernismos brasileiro e português, que tanto marcaram, pelas radicais propostas e novidades, os percursos literários e artísticos dos dois países. No Modernismo brasileiro, além disso, a individualização de novas linguagens, em consonância com as transformações da sociedade, conjugou--se à necessidade de redefinição de uma identidade cultural que abrangesse todos os segmentos sociais do país, alguns até então marginalizados ou não suficientemente considerados. À pesquisa literária, em tal caso, associa-se um mais vasto inquérito sociocultural, dentro do qual a poesia redefine seu espaço na história, sua urgência e concreção na realidade, sua relevância ética e ontológica.

Em tal direção orientaram-se desde sempre minhas propensões, certa da importância da poesia, "forma de gnose, de autocrítica ou introspecção", como a define Cassiano Ricardo, mas também forma de participação. Existem, ele acrescenta, instâncias tão profundas, complexas e ambivalentes na sociedade que só por meio da poesia se podem manifestar. O meu convívio com a poesia – sobretudo a modernista brasileira – deve-se, provavelmente, a esses radicados princípios e convicções.

Tais interesses e estudos, de qualquer forma, não teriam sido cultivados sem a contribuição e a orientação preciosa de poetas e estudiosos do setor, aos quais me sinto ligada não só pela estima que nutro pelas obras, mas pela amizade que em todos esses anos me confortou. Não poderia agradecer a todos, sob o risco de omitir algum poeta, escritor, crítico, dos quais recebi, também, uma iluminação, enriqueci-me com um verso, abri-me a uma intuição, uma fresta de consciência sobre mim mesma e sobre o mundo.

A quantos acompanharam este trabalho, seguindo o seu percurso de amadurecimento na Itália e no Brasil, devo um agradecimento especial. Sou particularmente grata aos professores da Faculdade de Letras da Unesp, câmpus de Assis, especialmente a Carlos Erivany Fantinati e a Raul Henriques Maimoni, pelo apoio essencial e pelas precisas indicações. Agradeço à Profª. Diléa Zanotto Manfio, por ter colocado à minha disposição praticamente a sua biblioteca e pela contribuição dada com os seus estudos sobre as fontes do livro *Pau-Brasil*. Agradeço também à Profª. Letizia Zini Antunes por ter me transmitido o entusiasmo e o amor pela pesquisa.

À Profª. Loredana de Stauber Caprara, da Universidade de São Paulo, um afetuoso agradecimento pela disponibilidade e hospitalidade com que sempre me recebeu, e também pelas

Poesia, mito e história no Modernismo brasileiro

contínuas solicitações a cultivar, além dos estudos críticos, a produção poética pessoal.

Um agradecimento de coração à Prof.ª Luciana Stegagno Picchio pelo afeto de tantos anos e pela paciente leitura dos vários capítulos do livro e conselhos de inestimável valor.

Agradeço também à Prof.ª Mercedes Sanfelice Risso pela minúcia com que revisou o texto, eliminando "gralhas" e as possíveis contaminações entre as duas línguas da minha interioridade – o português e o italiano.

Aos amigos e às pessoas queridas, no Brasil e na Itália, um agradecimento pelo estímulo em todas as fases da pesquisa e da redação do texto. Obrigada à minha mãe e a Cláudio, que tão profundamente acreditaram em mim. Sempre.

# Apresentação

## Retratos do Brasil:
## a poesia modernista
## entre o mito e a história

Oswald de Andrade, numa viagem a Paris – escreveu Paulo
Prado no prefácio de *Pau-Brasil* (1925) –, "descobriu, deslum-
brado, a sua própria terra".[1] Sete décadas depois, ao estudar na
Itália a original e inovadora produção poética dos modernistas – a
poesia, como se sabe, foi o carro-chefe da vanguarda na década
de 1920, o centro da revolução estética, e seu legado constitui
um dos fulcros de nossa literatura moderna –, a ensaísta, pro-
fessora e poeta Vera Lúcia de Oliveira reviveu também à distância a experiência de redescobrir a própria terra. Nessa viagem,
além da luminosa companhia de Oswald, tomou ainda como
guias os poetas Cassiano Ricardo e Raul Bopp, que escreveram,
respectivamente, *Martim Cererê* (1928) e *Cobra Norato* (1931).
Após essa tríplice incursão nas raízes primitivas do país, concluiu
que, se o Brasil está longe de ser a Europa, verdade que hoje nos

---

1 Cf. Prado, P. Poesia Pau-Brasil. In: Andrade, O. de. *Poesias reunidas*. Rio de
Janeiro: MEC/Civilização Brasileira, 1971. p.3.

parece tão óbvia, a consciência dessa peculiaridade exigiu um longo e doloroso percurso.

Esse retorno ao passado é a aventura que a pesquisadora reconstitui nas páginas deste livro, originalmente sua tese de doutorado, defendida em Palermo em 1997. O estudo comprova que o Modernismo brasileiro, para além da atualização cultural e da experimentação linguística, encontrou sua especificidade e razão de ser ao realizar o vasto inquérito sociocultural, dentro do qual, como observa a autora, "a poesia redefine seu espaço na história, sua urgência e concreção na realidade". Em seu regresso às origens, os poetas se insinuaram em territórios opostos – as nascentes do mito e os acontecimentos da história. Embora próxima do mito, ao qual se liga de modo indissolúvel, "a poesia existe nos fatos", conforme lemos na frase de abertura do Manifesto da Poesia Pau-Brasil. Dessa dupla contaminação, minuciosamente analisada por Vera Lúcia, as obras híbridas e inclassificáveis do Modernismo extraíram os elementos de força poética e consciência crítica com que surpreendem, ainda hoje, o leitor – numa palavra, a sua radical modernidade.

Entre as literaturas de Portugal e do Brasil, como anotou Walnice Nogueira Galvão, há um importante contraste temático. Enquanto os portugueses, de Camões a Fernando Pessoa, se preocupam obsessivamente com o mar, desprezando o continente, os brasileiros voltam as costas aos mares, "enquanto direcionam suas indagações para o interior".[2] Atenta a esse filão de pesquisa do próprio espaço, Vera Lúcia de Oliveira também enfatiza a inclinação "quase obsessiva dessa literatura para a autoanálise", que está na base do "cíclico e recorrente revisionismo histórico" levado a cabo em diferentes épocas por nossos escritores. E cita, a propósito, o juízo de Wilson Martins: "a ambição subconsciente de todo escritor brasileiro tem sido a de escrever um *retrato do*

---

2  Cf. Galvão, W. N. Sobre o Regionalismo. In: _____. *Mínima mímica*: ensaios sobre Guimarães Rosa. São Paulo: Companhia das Letras, 2008. p.92.

Brasil". Tal impulso é o que define os versos de *Pau-Brasil*, *Martim Cererê* e *Cobra Norato*, nos quais a autora valoriza, a par da pesquisa literária, a investigação histórico-sociológica, ambas audaciosas e cheias de consequências para a cultura brasileira.

Não começou, porém, com a vanguarda dos anos 1920 a "penosa construção de nós mesmos",[3] para usar a expressão de Paulo Emílio Salles Gomes. *"Tupi or not tupi that is the question"*, o célebre dito de Oswald de Andrade no Manifesto Antropófago (1928), é a síntese de todo um processo cultural. Dada a antiguidade do processo, é preciso recuar aos primórdios. E disso se encarregam os capítulos iniciais do livro, dedicados aos cronistas dos séculos XVI e XVII – Pero Vaz de Caminha, Gabriel Soares de Souza, Jean de Léry, entre outros – e aos escritores do período romântico, os primeiros a propor uma retomada dos escritos da fase colonial.

Seguindo os passos dos poetas surgidos a partir de 1922, a autora reencena o próprio gesto modernista de descida às origens. Apoiada em consistente pesquisa bibliográfica, com linguagem clara e espírito verdadeiramente didático, Vera Lúcia de Oliveira desentranha dessa volta aos "bastidores" e "pré-textos" do passado brasileiro uma síntese do processo de construção da identidade nacional e das viravoltas que marcaram os modos de relacionamento com a alteridade – percurso imprescindível para que se obtenha uma melhor compreensão do "excurso literário revisionístico" produzido no século XX. A respeito da literatura romântica, deixa uma sugestão: os modernistas não teriam dado o devido reconhecimento à evolução interna do indianismo de Alencar, que superou a visão tradicional sobre o autóctone exposta em *O guarani* (1857) graças a uma investigação aprofundada da cultura indígena, de sorte a apresentar em *Iracema* (1865) "o mundo segundo uma nova perspectiva".

---

3  Cf. Gomes, P. E. S. *Cinema*: trajetória no subdesenvolvimento. Rio de Janeiro: Paz e Terra, 1980. p.29.

Embora persistisse a imagem do "bom selvagem", o indianismo romântico, no entender da autora, já contém afinidades com a antropofagia oswaldiana.

Com o Modernismo, como é sabido, ocorre a emancipação definitiva das letras e das artes brasileiras. Para conquistar uma "alma nacional", o movimento radicalizou a controvérsia sobre a dependência cultural do país e a revisão crítica do passado e do presente. Mas o movimento foi complexo e contraditório: se nas mãos de Oswald de Andrade o retorno às fontes históricas assumiu caráter polêmico, a atitude dos verde-amarelistas (Plínio Salgado, Cassiano Ricardo e Menotti del Picchia) revestiu-se de forte tradicionalismo. Tais diferenças no interior do Modernismo – de um lado, o elogio à colonização e o nacionalismo pitoresco; de outro, a releitura corrosiva de nossa história e o protesto contra a aculturação passiva, associados à imagem do "mau selvagem", comedor de brancos, que resistiu à escravidão e mesmo à catequese – são estudadas nos capítulos centrais do livro, com ótimo aproveitamento da análise comparativa.

"Pela vossa pena, escritores, o homem mudo do nosso povo descerrou a boca, falou". As palavras de Oswald de Andrade, citadas pela ensaísta, corroboram seu argumento a respeito da escrita paródica e contrapontística de *Pau-Brasil*. Não apenas nas seções iniciais, "História do Brasil" e "Poemas da colonização", mas também em outras séries da coletânea, como o "Roteiro das Minas", Oswald põe em revelo os contrastes entre a voz dos opressores e a voz dos oprimidos, fazendo vir à tona as falas rústicas desqualificadas pela gramática, as culturas primitivas em decadência, as existências humildes de escravos e mulheres violentadas, em suma, todo um universo silenciado pelo discurso histórico oficial. Conforme lembra Vera Lúcia, a despeito da sátira, que é sempre um sinal de oposição, sobreleva o propósito edificante em que o poeta se empenhou por toda a vida.

Em *Martim Cererê*, definido por Cassiano Ricardo como "o mito do Brasil menino", localiza-se o mesmo impulso de, com base em textos e documentos antigos, revisitar o período da

Poesia, mito e história no Modernismo brasileiro

formação do país. Entretanto, o que se propõe aqui é a mitificação do passado, o culto aos heróis, a visão épica da história e a perpetuação do ponto de vista europeu e colonizador, sem considerar, em momento algum, o interesse dos índios e a sua luta pela sobrevivência. Por tudo isso, está claro que o movimento Verde-amarelo representa o antípoda de *Pau-Brasil*, cuja ideologia, aprofundada depois na experiência antropofágica, estava toda radicada na operação que Antonio Candido denominou de "desrecalque localista".[4]

Já *Cobra Norato*, a terceira obra analisada, tem conexão direta com as ideias e o imaginário da Antropofagia, de que Raul Bopp foi um dos fundadores. Ao debruçar-se sobre a desconhecida região amazônica – uma "geografia do mal-acabado", na bela definição do poeta –, seu objetivo é reintegrar ao Brasil moderno uma dimensão livre, mágica e selvagem, levando ao paroxismo o desejo de retomada do país primitivo, anterior aos embates da colonização. Em suas páginas sobre *Cobra Norato*, talvez as mais inspiradas do livro, Vera Lúcia revela como Raul Bopp, por meio da orquestração de uma série de recursos expressivos, e concebendo a poesia "à maneira da vida vegetal", não apenas proporciona ao seu leitor uma aventura cosmogônica (a gênese da floresta tropical), mas também promove a mais perfeita combinação entre poesia e mito realizada no contexto modernista.

A respeito de *Martim Cererê*, disse seu autor que, "conquanto moderno (ou modernista), tem muito de primitivo, de mitológico". Todavia, como observa Vera Lúcia de Oliveira, o verdadeiro primitivismo não se limita apenas à utilização do material das lendas. É preciso ir bem mais fundo, como faz Raul Bopp. Em vez de simplesmente falar do mito, transformando em temas as suas sugestões, o criador de *Cobra Norato* assume a ótica do mito,

---

4 A partir do Modernismo, escreve o crítico, "as nossas *deficiências*, supostas ou reais, são reinterpretadas como *superioridades*", e o primitivismo se torna "fonte de beleza e não mais empecilho à elaboração da cultura". Cf. Candido, A. Literatura e cultura de 1900 a 1945. In: _____. *Literatura e sociedade*. São Paulo: Editora Nacional, 1976. p.120-1.

deixa-o falar por si mesmo. Para viver visceralmente o mito, em cujas fontes regenera o seu próprio fazer poético, o autor situa-se fora do tempo, longe da perspectiva histórica e da preocupação com datas, acontecimentos e etapas cronológicas que marcam os roteiros de Oswald de Andrade e Cassiano Ricardo. Seu primitivismo, como mostra a autora, é uma vivência profunda, não constitui algo exterior, alinhado a ideologias.

Remontar às origens é o gesto fundamental de toda mitologia. Ao buscar as origens do país primitivo ("bárbaro e nosso", escreve Oswald), os escritores se debatem com a história, procuram recontá-la e, ao mesmo tempo, flertam com o mito. Entre o mito e a história, localizam-se, portanto, os "retratos do Brasil" que, a exemplo do que fizeram Paulo Prado no ensaio e Mário de Andrade na prosa de *Macunaíma*, desejaram construir esses três grandes poetas do Modernismo. No caso de *Martim Cererê*, a posição é exatamente essa, entre os dois polos, sendo que sua aproximação ao mito não se distingue, ao cabo, de uma idealização da realidade e do culto ao conservadorismo. Enquanto "revisão mitificada da história", o Verde-amarelismo se contrapõe diametralmente à releitura "iconoclasta e demitificatória" apresentada pela estética *Pau-Brasil*. Raul Bopp, como vimos, escolhe o terreno do mito, e Oswald, o da história (ou anti-história), embora a sua adesão pioneira ao primitivismo implicasse o interesse simultâneo pelos aspectos da cultura brasileira ligados ao mito. Daí a sua admiração por *Macunaíma* e *Cobra Norato*.

Entre o mito e a história. Em outras palavras: a imagem do Brasil fabricada pela produção vanguardista da década de 1920 não é apenas a do país mítico, alheio às determinações históricas, "tupi-barroco-surreal", no dizer de Alfredo Bosi.[5] Desde a sua

---

5 De acordo com Bosi, "só em torno de 30, e depois, o Brasil histórico e concreto, isto é, contraditório e já não mais mítico, seria o objeto preferencial de um romance neo-realista e de uma literatura abertamente política". Cf. Bosi, A. Moderno e modernista na literatura brasileira. In: _____. *Céu, inferno*. São Paulo: Ática, 1988. p.118-9.

*Poesia, mito e história no Modernismo brasileiro*

fase inicial, o Modernismo já estava empenhado na "investigação sociológica, histórica, geográfica, linguística e psicológica do Brasil", como enfatiza Vera Lúcia. Os poemas de *Pau-Brasil* são "flashes de vida real", e os esforços de reatar os fios com o passado, mesmo no caso de *Cobra Norato*, nascem de uma reflexão profunda sobre o presente e a realidade. Em sua busca das origens, o projeto modernista não resultou em alienação. Ao contrário, o que o moveu em seus momentos mais fecundos foi a consciência de que "a literatura deveria entranhar-se nas problemáticas do tempo, assumir as faces contraditórias e diversificadas do país".

Pela retomada em profundidade do legado poético da geração de 1920, pelas análises precisas e claramente enunciadas, por sua atenção ao texto e ao contexto, à letra e às entrelinhas, pela visão generosa, abrangente e esclarecedora a respeito da poesia modernista, por tudo isso se deve louvar o aparecimento dessa nova edição da obra de Vera Lúcia de Oliveira. Que o leitor possa, com ela, mais uma vez redescobrir não apenas o deslumbramento da própria terra, mas o papel eminentemente crítico e desestabilizador da poesia, que é a sua grandeza maior.

*Ivan Marques*
Professor de Literatura Brasileira na Faculdade de Filosofia, Letras e Ciências Humanas da Universidade de São Paulo (FFLCH-USP)

# Introdução

## A nossa história é assim

### 1.

No Brasil, como em outros países latino-americanos, os intelectuais estiveram sempre divididos entre a necessidade de promoção dos valores culturais internos e a irresistível atração que sentiam pela cultura ocidental europeia. A história desses países é marcada por conflitos de interesse – nacionais *versus* coloniais –, uma dicotomia inevitavelmente interiorizada pela literatura, que privilegiou, com opções temáticas e estilísticas, ora a ideologia da metrópole, ora a tentativa de subversão de tal sistema.

Por outro lado, a colonização transplantou e impôs aos povos do Novo Continente não só a língua e a religião do colonizador, mas um inteiro sistema socioeconômico, político e cultural, concebido para um contexto completamente diferente do americano: um sistema fundado numa interpretação preponderantemente etnocêntrica do mundo, que originou a ótica distorcida e deformada pela qual se analisou por séculos a realidade daquelas jovens nações. A mesma ótica ideologicamente alienante permitiu e justificou a colonização.

De tal encontro-embate entre culturas distintas nasceu, no Novo Mundo, uma realidade diversa da autóctone, mas diferente também da europeia. Na elaboração desse novo sujeito étnico-cultural, todavia, o eurocentrismo colonial produziu, em muitos casos, um insidioso senso de inferioridade, que marcou por muito tempo a produção artística e intelectual dos países latino-americanos, dificultando o desenvolvimento de uma consciência nacional própria. Somente a paráfrase dos modelos e das ideologias neles implícitas poderia garantir a "qualidade" por meio da aceitação no único "mercado" que, verdadeiramente, contava para muitos intelectuais das colônias: o europeu.

Encontramos, assim, escritores latino-americanos que se sentiram exilados na pátria, ao lado de outros que procuraram rejeitar o débito cultural em relação à Europa e que desejaram, se possível, cancelar qualquer traço dessa presença na produção local. Foi em meio aos dois extremos que se abriu o espaço para o florescimento de uma extraordinária e complexa literatura original e autóctone.

Buscaremos delinear, na literatura brasileira, esse rico filão de reflexão e de pesquisa do próprio espaço, da própria especificidade. Antes, porém, vêm à tona alguns questionamentos dignos de apreço: de que modo o Brasil solucionou o problema de sua dependência cultural? E quando começou a conceber uma literatura e uma arte próprias, capazes de exprimir sua peculiaridade, sem temor de expor-se à reprovação e à censura da mãe-pátria?

Não se deve omitir, no caso brasileiro, o forte sincretismo que permeia e caracteriza todos os produtos da sua cultura e que parece ser o seu fio condutor. Pela própria história, este país desenvolveu uma singular vocação à aculturação: no cruzamento, na junção, no ecletismo, encontrou o seu modo privilegiado de exprimir-se.

Do teatro à música, da literatura às artes plásticas e à religião, subjaz a síntese dos diversos componentes sociais e culturais a conduzir e canalizar o jogo da criatividade. "Tudo é amálgama no Brasil e nada é compreensível senão em termos de sincretismo" (Picchio, 1978, p.27).

Foram muitos os escritores brasileiros que se ocuparam do problema da autonomia das letras nacionais, autonomia que é uma conquista e não um efeito automático da independência política de 1822. A questão de quando teria nascido no país uma literatura efetivamente brasileira, e de quando teria atingido a sua própria maturidade, a separação, a ruptura em relação a uma literatura tautologicamente colonial ou, de qualquer maneira, europeia, apaixonou não poucos intelectuais nos dois lados do Atlântico. As páginas de jornais brasileiros e portugueses referem-se, sobretudo a partir de meados do século XIX, a numerosas e recíprocas polêmicas que tendem a confirmar ou a negar a realidade de tal fenômeno estético.

E se é verdade que tais questões foram vitais no momento em que a ex-colônia negava qualquer relacionamento de dependência com Portugal, é igualmente verdadeiro que, no Brasil, elas nunca perderam a atualidade. Prova disso é a frequência com que o tema é proposto pelos diversos movimentos e correntes artístico-literários, do Romantismo em diante. Deriva daí a práxis quase obsessiva dessa literatura para a autoanálise, a reflexão sobre as próprias peculiaridades, a busca de individualização dos traços distintivos da cultura nacional e de qualquer outro aspecto capaz de assinalar as fronteiras entre dois povos que utilizam uma língua comum.

No caso brasileiro, acrescenta-se a consciência de uma história vivida como servidão e como perda de identidade: as culturas autóctones quase desapareceram, nações inteiras foram exterminadas durante o processo de colonização, quase sem deixar sinais. Esse trauma está na raiz da tendência da literatura brasileira de inventar um passado, de recriar, a cada momento, histórias ideologicamente compatíveis com as instâncias nativistas e autonomistas do país, tendência que se associa a uma sentida nostalgia das origens, daquele tempo sem tempo, mítico e utópico, em que os homens (neste caso, os índios) viviam numa espécie de paraíso primigênio, tão sugestivamente evocado pelos primeiros cronistas.

## 2.

"A nossa história é assim", título que escolhemos para esta introdução, primeiro verso do poema "História" de Raul Bopp (1978a, p.97), é emblemático porque resume e define o cíclico e recorrente revisionismo histórico realizado pelos escritores brasileiros. Retornar ao passado e recuperar a memória (mítica ou histórica) significa recuperar dimensões perdidas, esquecidas ou marginalizadas, do próprio passado. E o passado do Brasil, para esses intelectuais, é o índio, cuja imagem foi inicialmente delineada por aqueles que o condenaram à não existência. É um índio presente e, ao mesmo tempo, ausente, figura lábil, fugidia, figura que se pode, por isso, reinventar, que se pode replasmar e reconstruir, segundo a consciência que a sociedade, em cada época, teve de si mesma. Significativa e reveladora é, portanto, a distância, presente em muitos textos, entre o real e o imaginário.

O índio é uma das figuras constantes e representativas do esforço dos escritores brasileiros de penetrar, profundamente, na própria realidade, de exprimir o seu espírito, a sua especificidade, a sua originalidade. De atração irresistível, o índio passa a estímulo ao aprofundamento de outros elementos constitutivos da complexa, híbrida e multicultural realidade brasileira. Mesmo o rico filão regionalista parte dessa base e constitui o seu natural prolongamento. O Indianismo, praticamente, "nasceu com a civilização brasileira" (Coutinho, 1968, p.91), e não se poderia, hoje, compreender perfeitamente não só a literatura, mas nenhuma das manifestações culturais e artísticas deste país, prescindindo desse seu mito tutelar.

Não nos esqueçamos do que representa a adoção de tal mito, em termos de ruptura com a cultura e a literatura portuguesas. Basta lembrar que os escritores portugueses nunca se sentiram atraídos pelo tema indianista, ao contrário dos franceses, sobre os quais o índio exerceu um irresistível fascínio. O poeta Cassiano Ricardo destaca (e não sem polêmica) o fato de não ter existido um só caso de escritor português indianista nem mesmo durante o período colonial, quando o Brasil era parte integrante do império português.

A identificação do índio como símbolo da nacionalidade, porém, articula-se em duas fases distintas: a primeira, romântica, na qual essa identificação se faz, mediante a sublimação do autóctone, com a assimilação do mito do "bom selvagem"; a segunda, modernista, na qual temos, por um lado, a seca e radical recusa dessa visão edulcorada do silvícola com a consequente inversão do seu significado, e, por outro, a recuperação neorromântica da figura do "bom selvagem" feita por intelectuais que, desconhecendo anacronismos ou contradições implícitos em tal idealização, buscam uma linha de continuidade isenta de conflitos com o passado.

## 3.

As páginas seguintes constituem uma tentativa de acompanhar esse processo eminentemente literário de decomposição e recomposição de histórias codificadas e de reiterado retorno ao passado, com o objetivo de esclarecer, justificar ou contestar a situação presente.

O recorte metodológico, pelo menos na primeira parte do nosso estudo, será diacrônico. Aliás, um problema complexo como esse não pode ser apresentado e solucionado corretamente se não se têm presentes suas fases mais relevantes. Nesse sentido, examinaremos um percurso de reflexão que se articulou e enriqueceu no tempo e no qual se evidenciam, pelo menos, duas passagens cruciais constituídas pelo Romantismo e pelo Modernismo. Não é por acaso que ambos os movimentos realizam uma profunda revisão e colocam em discussão os resultados alcançados até então em todos os setores da vida nacional.

Vamos nos deter, inicialmente, em uma exposição resumida e panorâmica sobre o que foi definido como a "pré-história" das letras nacionais, ou seja, as crônicas e os tratados dos séculos XVI e XVII, que descrevem a flora, a fauna e a geografia física do país, além dos principais grupos indígenas distribuídos por toda a faixa litorânea brasileira. Esses textos que, segundo Raul Bopp, servem de "base erudita" aos protagonistas do Modernismo, estão também na raiz do processo de releitura do passado realizado pelos românticos.

Daí passaremos diretamente ao Romantismo, momento privilegiado de revisão de modelos e valores que condicionavam a sociedade em vários níveis, coincidente com a independência política do país. O escritor mais representativo desse período é, sem dúvida, José de Alencar. Deve-se a ele a primeira revisão dos autores que fixaram conceitos e imagens da realidade, com as quais tiveram de se confrontar os intelectuais no momento exato em que se empenhavam em fundar uma literatura nacional. José de Alencar foi, além de um dos teorizadores, também um dos principais expoentes da corrente indianista, ou seja, da segunda fase do Romantismo, que vai de 1840 a 1850.

Do Indianismo romântico, a nossa investigação passará ao Modernismo ou, mais especificamente, à fase nacionalista do movimento, que vai de 1925 a 1930, outra etapa fundamental de reflexão sobre o passado e de individuação dos elementos caracterizantes da "brasilidade", isto é, aquele conjunto de atributos e peculiaridades psicológicas e etnoculturais que distinguem a sociedade brasileira em sua totalidade.

Poesia, mito e história no Modernismo brasileiro

São desse período, e vinculam-se a essa tendência, as obras de que nos ocuparemos mais detalhadamente na segunda parte do nosso estudo: *Pau-Brasil* (1925), de Oswald de Andrade; *Martim Cererê* (1928), de Cassiano Ricardo; e *Cobra Norato* (1931), de Raul Bopp. As três obras propõem um retorno ao passado, mas interpretado de maneira distinta e, até mesmo, antitética. Em *Cobra Norato*, verifica-se um retorno a um pré-tempo das origens, ou seja, ao mito. Em *Martim Cererê*, temos a paráfrase, a apologia da história oficial, embora o autor não omita a referência ao elemento mitológico, característico da cultura brasileira. Em *Pau-Brasil* predomina a paródia ou a corrosão da história oficial.

A essas obras poderíamos acrescentar *Macunaíma*, de Mário de Andrade, publicada em 1928 e considerada por Oswald de Andrade a obra inaugural do Movimento Antropofágico, embora Mário tenha sido, involuntariamente, incorporado a tal grupo, não tendo, na verdade, participado dele. *Macunaíma*, porém, ainda que compartilhe da temática nativista e da estrutura rapsódica e mágica de *Cobra Norato* e de *Martim Cererê*, é uma obra em prosa, ao passo que aquelas de que nos ocuparemos são obras poéticas.

Outro livro que poderia por direito fazer parte de um estudo desse tipo é *História do Brasil* (Mendes, 1994, p.141-93), de Murilo Mendes (1901-1975), publicado em 1932, por assimilar muitas das teses do grupo antropofágico. Contudo, não devemos nos esquecer de que Murilo Mendes seguiu de longe as discussões e controvérsias modernistas, não tendo se integrado a nenhum grupo. Ademais, o autor excluirá mais tarde do *corpus* da sua produção poética esse livro, escrito sob o influxo das propostas oswaldianas. A obra, de fato, embora partilhe com o *Pau-Brasil* a visão antiépica e irônica dos acontecimentos históricos, teve um papel marginal, se pensarmos nas escassas reações que suscitou no clima politicamente diverso da década de 1930. *História do Brasil* marca, na verdade, o fim daquela fase representada pelos "antropófagos" e, por isso, será considerada como obra de referência em relação às estudadas.

Com o nosso campo de pesquisa delimitado pelas três obras escolhidas, a perspectiva metodológica passará, na segunda parte do estudo, de diacrônica a sincrônica. Optaremos por uma leitura vertical dos textos que representam modos diversos de abordar a temática que estamos examinando. Na análise e na interpretação dos livros em questão, procuraremos evidenciar as diferenças que caracterizam as várias perspectivas condicionantes de distintas focalizações do tema, diferenças, nesse caso, também de tipo ideológico, uma vez que as ideologias (ou contraideologias) do período fecundam as diversas cosmovisões.

Isso não quer dizer que formularemos uma interpretação que tenda a reduzir o valor estético dos textos escolhidos em razão de uma leitura abstratamente ideológica dos conteúdos, como justamente evidenciou a estudiosa Lígia Morrone Averbuck (1985, p.216): "Reconhecer elementos ideológicos não significa adotar a ideologia como critério de análise".

Um poeta, porém, não vive alienado do próprio tempo, nem que o desejasse. Mesmo que de modo polêmico e crítico, é inevitável que o texto literário reflita modelos e valores característicos de um dado período. No caso da literatura brasileira, essa relação contextual é ainda mais evidente, uma vez que, como releva Wilson Martins (1968, p.119-20), ela "é mais *sociológica* que *psicológica* e pouco sabe ver o homem desligado da paisagem". É uma literatura que sempre procurou descrever, interpretar, pôr-se como instrumento para o conhecimento do país.

Na realidade, "a ambição subconsciente de todo escritor brasileiro tem sido a de escrever um *retrato do Brasil*", afirma ainda Wilson Martins (1968, p.115). As três obras selecionadas pertencem a essa categoria dos "retratos do Brasil", já que cada uma propõe uma representação exemplar de paisagens e de tipos humanos que caracterizam, ou que caracterizaram, no tempo e no espaço, este país.

E se, como afirma o estudioso, a literatura no Brasil extrapolou frequentemente o âmbito estético propriamente dito, revelando intenções pragmáticas, expondo ideias e participando do debate ligado à definição do conceito de identidade nacional, o Modernismo aguçou essa relação entre estudos teóricos e textos literários. Nunca se teve como naqueles anos uma consciência tão aguda das relações que intercorrem entre literatura e realidade, nos seus aspectos histórico-sociais, ideológicos e culturais. Nunca a literatura se vinculara tão abertamente à elaboração teórica dos manifestos que definiam e indicavam percursos possíveis para a cultura do país. E tudo em razão do projeto explícito, enunciado e perseguido pelos modernistas, de fecundar a literatura por meio do contato vivo e intenso com as raízes da cultura popular: a literatura deveria entranhar-se nas problemáticas do tempo, assumir as faces contraditórias e diversificadas do país.

# 4.

Estabelecidas tais premissas comuns, que guiaram, nesse período, as opções temáticas dos três autores, devemos nos interrogar em quê precisamente se distinguem suas obras. Por que Oswald de Andrade elege como estratégia fundamental a paródia dos textos dos cronistas dos séculos XVI e XVII? Por que Raul Bopp privilegia o mito? Por que Cassiano Ricardo escolhe um momento preciso do período colonial – a expansão para oeste do continente sul-americano, realizada pelos bandeirantes?

Veremos como a referência polêmica e crítica aos cronistas é fundamental para os participantes do grupo antropofágico, do qual Oswald de Andrade é um dos fundadores, porque foi por meio das páginas das crônicas e dos escritos coloniais que se configurou certa iconografia do país e dos seus habitantes, que eles radicalmente contestam. Oswald de Andrade, nessa mesma linha, também critica a revisão romântica de toda aquela pré-literatura, matriz de *topoi* e estereótipos obsessivamente reelaborados pelos escritores brasileiros e que tanto condicionaram a vida intelectual do país.

Cassiano Ricardo, como Oswald de Andrade, retoma o diálogo com o passado, examinando textos e autores significativos daquele percurso de conscientização nacional ao qual nos referimos, mas a sua interpretação, em relação àquela oswaldiana, resulta muito mais ortodoxa. Cassiano Ricardo procurará estabelecer uma linha de continuidade com os românticos, com os quais partilha a mesma visão mistificada do processo de colonização. Só que ele substitui o "bom selvagem" alencariano pelo "bom bandeirante", herdeiro, como afirma, do temperamento e das características típicas do autóctone, como a audácia, a coragem, o nomadismo, a incapacidade de se submeter à autoridade, a profunda aspiração à liberdade.

Os interesses de Raul Bopp vão em outra direção. Ele funda a sua pesquisa na realidade enigmática do mito. Quer descobrir o Brasil primitivo anterior à lógica e ao racionalismo científico, que decretou a morte do mito. O poeta havia viajado longamente por todo o país, conhecido de perto as condições reais em que vivia a população das diversas regiões, observado seus costumes e tradições. Desse contato vivo e direto, descobriu um Brasil vário, diferente, ainda arcano e enigmático. Na verdade, em suas viagens, Bopp deparou com o fenômeno do mito, e tal experiência o marcou profundamente, tanto que a sua produção mais relevante é justamente aquela em que se evidencia a consciência do contato com essa parte latente e misteriosa da realidade.

## 5.

Outras questões a serem esclarecidas, *a priori*, são as que dizem respeito à definição da categoria retórica à qual pertencem as obras selecionadas e às metodologias interpretativas que adotaremos. Com relação à primeira questão, observamos que as três obras têm em comum justamente o fato de não poderem ser enquadradas em rígidos parâmetros formais. Elas são híbridas e plurívocas e, em virtude dessa peculiar configuração, participam contemporaneamente, sobretudo *Cobra Norato* e *Martim Cererê*, dos gêneros épico, lírico e dramático. Tal fato não deve surpreender, já que era conatural às vanguardas históricas (e o Modernismo brasileiro é parte integrante delas) a abolição das constrições formais, a invenção de ritmos e cadências mais livres, a interação entre os gêneros, a adequação da linguagem artístico-literária à multiplicidade das experiências e solicitações próprias do século XX.

Nesse sentido, e tendo em vista a liberdade com a qual os autores em questão combinaram elementos de categorias diversas, não julgamos necessário nos determos demais na busca de determinar a adequação dos textos a um ou outro gênero ou modelo retórico. Interessa-nos muito mais estabelecer o grau de coerência entre conteúdos e meios expressivos próprios de cada autor, as inter-relações entre os níveis diversos do texto, as conexões do texto literário propriamente dito com o contexto histórico-social, ideológico, político e cultural no qual se insere e do qual é intérprete.

Evitou-se a aplicação rigorosa de um único método epistemológico na análise e interpretação das obras em questão. Em primeiro lugar, porque elas são bastante diversificadas e cada uma sugere um tipo de estudo pertinente à sua específica estruturação formal e de conteúdo. Em vez de tentar adaptar o texto poético a teorias e metodologias definidas *a priori*, procuramos deixar que as próprias obras solicitassem, a cada momento, o recurso a esse ou àquele determinado setor dos estudos linguístico-literários, sociológicos, antropológicos, psicológicos e históricos. A crítica hoje, com efeito, precisa ser interdisciplinar.

Se fosse necessária uma definição do tipo de percurso metodológico por nós adotado, que não fosse nem rígida nem unívoca, poderíamos dizer que nossa análise se inscreve no âmbito da investigação histórico-sociológica, que não prescinde do estudo dos processos estilísticos do texto, considerando que cada obra tem uma organização interna imanente, uma autonomia específica, uma linguagem finalizada em si mesma.

Na apresentação teórica e na discussão dos problemas e resultados de uma metodologia eclética assim disposta, Antonio Candido (1976, p.4) argumenta que a integridade da obra não permite adotar uma visão dissociada desta; ao contrário, nós só poderemos compreendê-la em profundidade "fundindo texto e contexto numa interpenetração dialeticamente íntegra". É exatamente nessa direção que orientamos nosso estudo.

No caso dos poetas examinados, buscou-se não só estabelecer homologias ou antinomias entre o texto e a realidade histórica, mas também esclarecer de que modo as tendências, os movimentos e as correntes culturais da época condicionam ou determinam a estrutura interna dos textos, influenciam as opções de conteúdo e forma e o próprio estilo de cada autor. Tomemos o caso de Cassiano Ricardo. É evidente o vínculo que une a sua obra mais relevante do período nacionalista, *Martim Cererê*, à corrente verde-amarelista, que se coloca, no panorama da época, em aberta oposição ao radical revisionismo crítico do Movimento Antropofágico. O que devemos estabelecer é se esse dado é funcional para a elucidação da obra em si; ou seja, se na organização profunda do poema de Cassiano Ricardo a participação do autor no Verde-amarelismo e a consequente adoção de princípios ideológicos e teorias estético-culturais defendidos por esse grupo são fatores condicionantes da tessitura do texto, da opção pelos temas tratados, das isotopias recorrentes, da combinação entre os vários níveis expressivos. É precisamente o que procuraremos estabelecer não só em relação a *Martim Cererê*, mas também em relação a *Pau-Brasil*, de Oswald de Andrade, e a *Cobra Norato*, de Raul Bopp.

Perúgia, março de 2000

# 1
## As crônicas:
## pré-história da literatura brasileira

Tanto os românticos quanto os modernistas instauraram um diálogo intertextual com os primeiros cronistas do período colonial – de Pero Vaz de Caminha a Gabriel Soares de Souza, de Américo Vespúcio a Jean de Léry –, aceitando ou contestando as visões de mundo e a linguagem desses primeiros observadores. As crônicas dos séculos XVI e XVII representam, nesse sentido, as raízes dos dois movimentos que mais incidiram sobre o processo caracterizador de uma identidade nacional. Não foi por acaso que muitos desses textos foram recuperados, catalogados e publicados pelo historiador romântico Adolfo de Varnhagem (1816-1878) nos anos em que se consolidava a independência do país.[1]

Para muitos escritores brasileiros, as crônicas são uma fonte inexaurível de temas, matriz de todo nativismo edênico e ufa-

---

1 O próprio D. Pedro II incentivou as pesquisas historiográficas, dando total apoio ao Instituto Geográfico Brasileiro, fundado em 1838, que tanto contribuiu para trazer à luz muitos documentos do período colonial.

nista e ponto de partida de tantas polêmicas contra a incômoda presença da tradição europeia na produção artístico-literária local. Mas as crônicas são também componentes relevantes do processo de repensamento de uma identidade nacional.

As palavras-chave da literatura brasileira nos seus momentos mais vitais parecem ser as de construção/desconstrução, operações realizadas pelos escritores com base naqueles textos inaugurais, veículos de valores e imagens que caracterizam, a partir de uma perspectiva externa, o universo Brasil e que revelam, em germe, conflitos de interesse gerados desde o momento em que o primeiro europeu pôs os pés no Novo Mundo.

Nesse sentido, podemos afirmar que a literatura brasileira é uma literatura polifônica e dialética, que escava obsessivamente o passado, que retorna ciclicamente às suas origens, ou seja, aos "pré-textos" geradores de uma visão primitiva, pitoresca e exótica, que ainda perdura, do Brasil. E é uma literatura de constante reinterpretação das mesmas imagens, de reelaboração dos mesmos mitos cristalizados naquelas páginas às vezes ingênuas, às vezes sectárias, quase sempre parciais. Uma literatura, enfim, oprimida por estereótipos formulados na Europa e reimportados e assimilados, pelos intelectuais, como imagens de si.

Os escritores brasileiros alternaram momentos de aceitação pacífica com outros de violenta polêmica em relação a tais definições que refletem uma visão alheia do outro – o não europeu – carregada de conceitos e preconceitos. A sobreposição de imagens evidenciadoras de níveis diferentes de consciência é, portanto, inevitável nessa literatura e, em *latu senso*, nessa cultura que foi, desde o início, descrita e rotulada a partir de categorias culturais e modelos literários que não lhe eram próprios.

Tomemos, por exemplo, algumas das paradigmáticas representações da realidade presentes nas narrativas dos séculos XVI e XVII. Podemos observar que a reação dos primeiros viajantes diante da realidade americana, que – como sublinha André Thevet (1978) – os antigos filósofos desconheciam completamente,[2] é de maravilha e pasmo incondicionais. Não podendo enquadrá-la por meio de parâmetros conhecidos, eles imaginam ter chegado diretamente ao paraíso, em meio a homens e mulheres em estado de inocência e felicidade. Abundam, nesses relatos, descrições entusiasmadas da excelência do clima, da generosidade da terra, da salubridade das águas, dos animais fantásticos e dos frutos exóticos.

No que concerne ao índio, que ocupa sempre grande espaço em tais textos e que é objeto de curiosidade quase espasmódica (sobretudo as índias), a iconografia fixada é ambivalente: ora ele é visto como o idílico habitante do Éden reencontrado, ora como o feroz selvagem antropófago. É o que podemos observar nos relatos de Pero Vaz de Caminha (14??-1501), do Piloto anônimo, de Antonio Pigafetta (1480 ou 1491-1534?), de Américo Vespúcio (1454-1512).

A "Carta do Achamento", de Pero Vaz de Caminha,[3] é particularmente exemplar nesse sentido. Endereçada ao rei D. Manuel para informá-lo da descoberta da nova terra, esse documento é considerado o registro de nascimento do Brasil. Nela já está presente a típica iconografia do índio primitivo, que se propagará quer no Brasil, quer na Europa. Esse texto, não obstante a sua importância, foi, então, pouco conhecido, em razão do sigilo com que Portugal procurava proteger seus interesses coloniais, e a sua publicação se deu só em 1817.

---

2 Thevet confronta continuamente o saber dos antigos com o dos contemporâneos sobre a geografia, a história, os tipos de sociedades existentes. Ele procura fazer uma síntese das duas concepções, rejeitando tudo aquilo em que os antigos filósofos pareciam ter se equivocado completamente.

3 Existem várias edições dessa famosa carta, entre as quais se destacam, pelo esmero crítico-filológico e histórico, a edição organizada por Ribeiro, J. (A carta de Vaz de Caminha. In: O Fabordão. Rio de Janeiro: Livraria São José, 1964, p.227-63); e a edição de Cortesão, J. (A carta de Pero Vaz de Caminha. Rio de Janeiro: Edições Livros de Portugal, 1943). Ver sobre o tema Peloso, S. (Sistemi modellizzanti e opposizioni culturali nella "Carta" di Pero Vaz de Caminha, em Letterature d'America (Roma), ano II, n.8, p.45-59, 1981).

Destino bem diverso teve outro relato de viagem, "Navigazion del capitano Pedro Alvares scritta per un piloto portoghese e tradotta di lingua portoghesa in la Italiana", feito provavelmente por um membro da tripulação de Cabral, a pedido do veneziano Cretico. Esse relato, publicado pela primeira vez em italiano, em 1507, na coleção de crônicas e relações de viagens *Paesi novamente retrovati*, organizada por Fracanzio da Montalboddo, foi depois inserido nas *Navigationi et viaggi* do humanista Giovanni Battista Ramusio, em 1550.[4] O modo idílico de descrever os índios é muito próximo do de Caminha: são vistos como uma espécie de Adão e Eva, antes do pecado original. Em virtude da publicação imediata, o texto obteve, na Europa, grande difusão, influenciando a imagem que os europeus tinham do nosso país.

Outros textos importantes sobre os habitantes originais do Brasil são *Relazione del primo viaggio intorno al mondo*, de Antonio Pigafetta (1480-1534?), descrição da circunavegação do globo terrestre realizada por Fernão de Magalhães, entre 1519 e 1522, na qual o autor dedica páginas interessantes aos índios; e as famosas cartas atribuídas a Américo Vespúcio (1454-1512), que narram as expedições espanholas e portuguesas de que tomou parte o piloto florentino, sobretudo a carta *Mundus novus*. Essa missiva, cuja autenticidade divide há séculos os estudiosos, narra uma viagem realizada entre 1501 e 1502 sob as ordens do rei de Portugal, e representa, com seu misto de realidade e fantasia, um ponto de referência constante para os que, a partir de então, entrarão em contato com o Novo Mundo e com os seus habitantes.

Todas essas crônicas de exploração e conquista, destinadas a manter informados os comitentes de tais expedições, tiveram

---

4 Pouco se sabe, na verdade, sobre esse "piloto português" indicado por Ramusio como o autor de um relato da viagem de Cabral ao Brasil. Sabe-se que fez parte da tripulação, provavelmente como um dos escrivães da frota. Ver Ramusio (1978, v.I, p.619-56).

enorme ressonância numa Europa ávida de informações sobre terras situadas além dos limites até então conhecidos. Só a *Mundus novus* teve, até meados do século XVI, cinquenta edições diferentes, em várias línguas. Nesses relatos encontramos, perfeitamente fixada, a imagem pitoresca e edênica do índio que se propagará e alimentará a teoria da bondade natural do homem, base do mito do "bom selvagem" (mito que, aliás, não interrompeu o extermínio do silvícola, que lutava tenazmente para sobreviver à derrocada do próprio mundo).

O índio é geralmente descrito como um indivíduo dócil e pacífico. Tal fato foi, paradoxalmente, instrumental à Conquista. Como revela Tzvetan Todorov (1984, p.53), os íncolas pareciam corresponder – no que diz respeito às qualidades cristãs – às expectativas de aventureiros levados quer pelo desejo de difundir a fé católica, quer pela sede de riquezas. Nesse sentido, a imagem de um índio afável, maleável e submisso conciliava-se perfeitamente com a consecução de ambos os objetivos.

Foram com essas primeiras fontes que os escritores brasileiros estabeleceram correlações nos momentos em que reivindicaram uma identidade nacional própria, uma especificidade cultural preexistente à chegada dos portugueses. Não haviam, por acaso, os seus autores colhido um país ainda intacto e isento de influências estrangeiras? Não haviam constatado a bondade natural dos índios – os legítimos americanos –, sua inocência e generosidade, sua hospitalidade e coragem?

O que se omite, no entanto, em tais interpretações, é que a imagem presente naquelas crônicas também é instrumental. A Europa transfere para a América, que conhece apenas superficialmente, alguns dos seus mitos mais radicados e antigos, além de seres monstruosos e fantásticos de que, segundo as cosmografias do tempo, eram plenas as regiões além dos limites conhecidos. As figuras recorrentes desde a Antiguidade Clássica no imaginário culto e popular – como as amazonas, os canibais, os homens marinhos, os pigmeus, os gigantes, as ilhas mágicas –

tomam forma e consistência no Novo Mundo (Holanda, 1977; Franco, 1976, p.3-19; Avella, 1981, p.89-111).

É digno de nota, também, o fato de que os cronistas se repetem com frequência, reelaborando informações adquiridas de outros observadores, testemunhos cuja veridicidade é aceita acriticamente. Fernão Cardim (1978, p.57), por exemplo, ao descrever os ipupiaras, tremendos homens marinhos que teriam existido em certas regiões do Brasil, fornece informações tão semelhantes às de Gabriel Soares de Souza (1971, p.277) que é difícil falar em simples coincidência. O mesmo ocorre com outros autores. Luciana Stegagno Picchio (1981, p.25-6) observa que o tema do "índio canibal" é comum a muitos tratados e crônicas da época sobre o Brasil. A estudiosa afirma ainda que "justamente esta coincidência na estruturação dos relatos nos leva a pensar que estes já estivessem instituídos em *fabula* nos primeiros anos da Conquista: sem que com isso se pretenda negar a primitiva veridicidade".

Recordemos, também, que tais viajantes, religiosos ou laicos, raramente ultrapassavam a faixa litorânea e que, paradoxalmente, isso não impediu que eles narrassem o mundo desconhecido do sertão, projetando aí suas expectativas de descoberta de pedras e metais preciosos.

Outro aspecto interessante, e que diz respeito àqueles que viveram em maior contato com os índios, é que esses observadores tomavam por reais elementos fantásticos da flora e da fauna que eram parte integrante do universo mitológico aborígine. Assim, encontra-se em Gabriel Soares de Souza (1971, p.258; Cardim, 1978, p.63) um elenco bastante detalhado das serpentes brasileiras, no qual o autor afirma que a jiboia volta a renascer depois de morta: "torna-lhes a crescer a carne nova, até ficar a cobra em sua perfeição; e assim como lhes vai crescendo a carne, começam a bulir com o rabo, e tornam a reviver, ficando como dantes; o que se tem por verdade, por se ter tomado disto muitas informações dos índios e dos línguas que andam por entre eles no sertão, os quais afirmam assim".

Com o intensificar-se dos contatos, as descrições passam a ser mais objetivas e aderentes à realidade. O estudioso italiano Americo Guadagnin (1970, p.46) destaca, nessas descrições, um progressivo desencanto, embora alguns autores ainda se deleitem, aqui e ali, com o grotesco e o sensacional. À visão idílica do silvícola, presente em Caminha, outras se sobrepuseram, e frequentemente negativas, como a que encontramos em Pêro de Magalhães de Gândavo (?-?), já em 1576. Tal fato adquire maior importância se pensamos que este foi o primeiro historiador português a escrever sobre o Brasil, além de ter sido um dos primeiros a fornecer informações sistemáticas sobre a nova Colônia e os seus habitantes. Começa a ser elaborado, sobretudo nas crônicas portuguesas, outro mito: o do índio indolente e preguiçoso (porque de difícil inserção na grande empresa colonial, centrada, nessa fase, na monocultura do açúcar).

Para Gândavo (1965, p.207),[5] os índios são "mui desumanos e cruéis, não se movem a nenhuma piedade. Vivem como brutos animais sem ordem nem concerto de homens. São mui desonestos e dados à sensualidade e entregam-se aos vícios como se neles não houvera razão de humanos". O problema de fundo é que os índios mal se adaptavam à escravidão e resistiam à ocupação da terra por parte dos colonos. A imagem negativa do autóctone que se quer inculcar, nesse momento, torna seguramente mais aceitáveis, para a consciência dos portugueses, a expropriação do território e o etnocídio dos índios já em curso.

São raros os observadores objetivos e ainda mais raros os que instauram com os índios um relacionamento empático. Um pouco menos esquemáticos e rígidos, todavia, são, em geral, os cronistas não portugueses, talvez porque menos envolvidos no esforço de ocupação da terra. A essa última categoria pertencem os franceses Jean de Léry e André Thevet, que visitaram o Brasil

---

5 O texto teve, aqui, sua grafia atualizada.

como membros da expedição de Nicholas Durand de Villegaignon (1510-1572), em 1555, expedição que tinha por objetivo a fundação de uma colônia francesa na Baía de Guanabara, a France Antarctique. Thevet e Léry são atentos observadores da realidade, embora cada qual represente uma concepção diversa do mundo, já que o primeiro era católico e o segundo, calvinista. Seus relatos são documentos preciosos pelas notícias sobre a flora e a fauna do país e pelas informações etnográficas sobre os Tupinambás.

André Thevet (1502-1592), em *Les Singularitez de la France Antarctique*, de 1558, e mais tarde em *La cosmographie universelle*, publicada em 1575, alterna juízos negativos sobre os costumes dos índios (como a antropofagia, a poligamia, as vinganças entre as tribos que ele, como bom católico, não poderia aceitar) com o elogio de seu espírito comunitário, da hospitalidade, generosidade, coragem e honestidade. Para se referir aos autóctones, alterna epítetos como "selvagens", "americanos", "pobres criaturas", "pobres índios", "povo ignorante", sempre dividido entre a aceitação e a recusa. Contradiz-se frequentemente, às vezes até dentro do mesmo capítulo. Ora os índios lhe parecem excepcionalmente bárbaros e cruéis – "A História não nos fala de nenhuma outra nação que tenha sido tão bárbara e que tenha tratado seus inimigos com uma tão excessiva crueldade" (Thevet, 1978, p.132) –, ora estes parecem até melhores do que os europeus:

> Ó cega estupidez! De que nos servem as Sagradas Escrituras, as leis e as outras boas ciências que Nosso Senhor nos permitiu conhecer, se vivemos dentro do erro e da ignorância, tanto quanto esses pobres selvagens, e mais grosseiramente que as próprias feras? E, apesar de tudo, gostamos de alardear estultamente nossa imensa sabedoria e nossas excelsas virtudes. (Ibid., p.119)

Em relação a Thevet, Jean de Léry (1534-1611) dá um notável passo no que diz respeito à imparcialidade, agudeza e coerência da narração. Existe, além disso, em Léry, uma mudança de perspectiva bastante importante no que se refere a todos os precedentes cronistas. Com ele, o índio começa a ser visto por si mesmo, nem melhor nem pior do que o europeu: apenas diferente. Mas Léry escreveu *Histoire d'un voyage faict en la Terre du Brésil, autremente dite Amérique* por volta de 1563, ano que marca o início das terríveis lutas religiosas que ensanguentaram a França por muitos anos. Tal circunstância, como notou o estudioso Afonso Arinos de Melo Franco (1976, p.26), terá, sem dúvida, influenciado negativamente o seu juízo a respeito dos sentimentos dos compatriotas, em vantagem dos "selvagens" americanos.

Prescindindo das circunstâncias que amadureceram tal transformação, Jean de Léry, dotado de um interesse de etnólogo *avant la lettre*, de um sincero desejo de compreender o modo de viver do outro, evitando juízos apriorísticos, antecipa o moderno princípio antropológico do relativismo cultural. Mesmo nos momentos em que descreve – e, portanto, interpreta – certos costumes para ele incompreensíveis dos Tupinambás, como o canibalismo, vemos que procura, de alguma forma, entender as causas profundas de ações aparentemente tão bestiais e inaceitáveis para um europeu (Léry, 1880, p.50): "Mas não comem a carne, como se poderia pensar, por simples gulodice, já que, embora confessem ser a carne humana saborosíssima, o seu principal objetivo é causar temor aos vivos". E se o julgamento negativo às vezes se faz inevitável, ele acrescenta logo a seguir:

> Não condenemos portanto demasiado a crueldade dos selvagens antropófagos. Existem entre nós criaturas tão abomináveis, se não mais, e mais detestáveis do que aquelas que atacam só as nações inimigas das quais se devem vingar. Não é preciso ir à América, nem sair de nosso país, para ver coisas tão monstruosas. (Ibid., p.58)[6]

---

6  As traduções dos excertos e demais citações em francês e em italiano presentes no texto ou nas notas, das quais não forem explicitamente indicados os tradutores, são de minha autoria.

A obra de Léry é de importância capital porque nela já podemos detectar, em embrião, a elaboração do mito do "bom selvagem". Sabe-se que Montaigne a utilizou na composição do revolucionário capítulo "Dos canibais", do seu *Essais*, servindo--se, às vezes, de termos muito semelhantes aos usados por Léry. Também Rousseau parece ter sido influenciado, já que retoma em suas obras fatos e argumentações já tratados por esse cronista.[7]

Na mesma ótica de Léry se põe o capuchinho Claude d'Abbeville (?-163?) na obra *Histoire de la Mission des Pères Capucins en l'Isle de Marignan et terres circonvoisines*, publicada em 1614. Abbeville veio ao Brasil na expedição de 1612, guiada por Lorde de La Ravardière, que tinha a missão de tentar fundar novamente, no Brasil, uma colônia francesa, depois do insucesso da primeira tentativa. Da expedição que se dirigiu ao Maranhão para estabelecer ali as bases da França Equinocial faziam parte quatro missionários, dentre eles Claude d'Abbeville. Quando retornou à França, depois de ter permanecido quatro meses no Brasil, o religioso escreveu a *Histoire de la Mission*, na qual aparecem aprofundadas e detalhadas informações sobre a região.

O relato de Abbeville se distingue pela sua intensa poeticidade; como outros viajantes do tempo – e talvez até mais do que eles –, ele se rende à beleza daquela terra plena de cores e de luz:

> No inverno a terra é estéril na Europa, e no Brasil sempre fecunda; na Europa a terra é horrível no inverno, com a erva morta, as árvores desfolhadas, tudo seco. No Brasil é a verdura permanente, a terra está sempre adornada de belas plantas e de flores diversas e raras. Em suma, há no Brasil uma eterna primavera unida ao outono e ao verão. (Abbeville, 1945, p.157)

---

7 Cf. de Rousseau, sobretudo a obra *Emílio*, em que o autor parece ter se inspirado diretamente no texto de Léry que relata a absoluta liberdade com que os índios educavam seus filhos.

Claude d'Abbeville é particularmente afável e disponível em relação aos índios. Vê-os como um rebanho disperso que se deve reconduzir ao ovil da Igreja Católica, denominando-os "pombas amáveis e louváveis", "pombas sem fel, pombas de doçura e de simplicidade, pombas sem rancores" (p.16). Utiliza, também, termos como "banidos e exilados no Ocidente", "pobres índios Tupinambás" (ibid.). Como já havia feito Jean de Léry, o autor compara com frequência os comportamentos e os costumes dos índios com os dos franceses e, também nesse caso, os europeus acabam muitas vezes perdendo: "Direi também, ousadamente, após o nosso Salvador, que os canibais e antropófagos comparecerão diante desses católicos no dia do Senhor" (p.100).

Por tudo isso, a *Histoire de la Mission* ocupa um papel importante entre os tratados sobre o Brasil colonial. A obra, aliás, é ponto de referência para os intelectuais brasileiros, que nela encontram imagens vívidas de um mundo arcano e primitivo, profundamente genuíno. Citamos só o caso exemplar de Oswald de Andrade, que privilegia os momentos em que o autor põe em relação culturas diferentes. Abbeville – como Léry – evita juízos aprioristas e procura sempre inserir os costumes indígenas no contexto original. Oswald colhe precisamente esse aspecto na seleção dos trechos que incorpora ao livro *Pau-Brasil*, como veremos na segunda parte deste estudo.

Outro autor que deixou um relato lúcido, essencial e bastante realista é o alemão Hans Staden (1526/1528-?). Na segunda viagem que fez ao Brasil, de 1549 a 1555, Staden ficou por nove meses prisioneiro dos Tupinambás. A *Warhaftig Historia und Beschreibung eyner Landschafft der Wilden, Nacketen, Grimmigen, Menschenfresser Leuthen, in der Newenwelt America...*, publicada em Marburg, em 1557, é a narração dessa terrível, mas também instigante, aventura. Esse livro tornou-se uma espécie de *best-seller* da época, diversas vezes publicado e traduzido para várias línguas.

Hans Staden alistara-se a soldo dos colonos portugueses no Brasil. Seu lúcido relato revela dotes de extraordinária perspicácia, inteligência, capacidade de observação, profundidade de juízo, espírito aberto ao novo. Ao contrário de outros cronistas, Hans Staden viveu por muitos meses entre os Tupinambás, aprendendo a língua deles. O conhecimento que ele adquiriu dos índios e do seu modo de viver é, portanto, muito aprofundado, e o próprio Jean de Léry teve oportunidade de reconhecê-lo. Em 1586, Léry teve acesso a um exemplar da *Warhaftig Historia* e pôde constatar, com grande satisfação, que a narração de ambos coincidia na maior parte dos itens abordados. Existe, a respeito, uma carta de Léry (1972a, p.20):

> Li-o [o livro de Staden] assim com grande prazer, pois esse Hans Staden, que esteve nesse país durante cerca de oito anos, em duas viagens que fez, foi feito prisioneiro pelos Tupinambás e ameaçado de ser devorado várias vezes por aqueles mesmos que conheci pessoalmente nas cercanias do Rio de Janeiro [...]. E muito contente fiquei ao verificar que a tudo se referiu como eu o fiz, oito anos antes de conhecer a sua obra, e que a tal ponto coincidia o que escrevemos ambos tanto acerca dos selvagens do Brasil como das coisas vistas no mar, que parecia termos-nos concertado para fazer as nossas narrativas.[8]

Por essa espontaneidade e riqueza de detalhes, como também pela indubitável qualidade literária do texto, Staden será outro autor muito citado pelos escritores brasileiros de quase todas as escolas estético-literárias: a iconografia do Tupinambá antropófago derivante das suas páginas é um *topos* entre os mais recorrentes da literatura e das artes brasileiras. Recordemos, aqui, as vanguardas modernistas, sobretudo o Movimento Antropofágico, que dela se apossou zombeteiramente. Tal iconografia alimentou por séculos, também, as representações e as interpretações europeias do indígena sul-americano.

---

8  Esta carta é citada por P. Gaffarel, o organizador da edição crítica da obra de Léry publicada em 1880. A tradução é de Sérgio Milliet.

*Poesia, mito e história no Modernismo brasileiro*

A percepção lúcida e objetiva do outro, que encontramos, por exemplo, em Léry, em Abbeville e em parte em Staden, não é, todavia, a norma entre os cronistas do tempo. A perspectiva mais difusa é o etnocentrismo europeu. Pertencem a essa categoria os tratados em que são elaborados conceitos negativos, eivados de preconceitos, sobre as populações ameríndias, conceitos que, como dissemos, ficaram na consciência dos povos americanos até quase os nossos dias. Mas estes últimos pertencem já à categoria das crônicas da colonização, pragmáticas e meticulosas.

Assim é o texto de Gabriel Soares de Souza (1540?-1591), cuja minúcia na descrição de costas, baías, portos, ilhas, enseadas, vegetação, animais e grupos indígenas, presentes em toda a faixa litorânea do país, resvala no pedantismo: não é por acaso que o seu *Tratado descritivo do Brasil*, de 1587, é considerado a fonte mais rica de informações sobre a Colônia no século XVI. Gabriel Soares de Souza (português estabelecido no Brasil, rico proprietário de terras, personagem político da Bahia, onde viveu dezessete anos) não deixa de reforçar o caráter prático da sua narração, relacionando tudo aquilo que poderia ser proficuamente utilizado para a colonização.

Quando Gabriel Soares de Souza descreve as habilidades dos Tupinambás, por exemplo, tem-se a impressão de que sua única preocupação é a de estabelecer como estes podem ser empregados nos engenhos: "para carpinteiros de machado, serradores, oleiros, carreiros e para todos os ofícios de engenhos de açúcar, têm grande destino" (Souza, 1971, p.313). Ele não vê o índio como pessoa em si (como Léry), e nem mesmo em termos exóticos (como Thevet): o índio, agora, é apenas uma peça na grande engrenagem que deveria tornar produtivo o empreendimento colonial.

Não obstante, em Gabriel Soares de Souza pode-se perceber, embora de forma ainda incipiente, aquele nativismo que, a partir de então, se intensificará nos colonos estabelecidos no Brasil. A formação de uma consciência nacional passará por meio dessas formas de aderência e de identificação com o Novo Mundo, de apologia da paisagem exuberante, como também do reforço do tom reivindicatório e polêmico em relação à Metrópole, que está na raiz dos movimentos autonomistas do período colonial.

Falando da Bahia com certo orgulho nativista, Gabriel Soares (ibid., p.132) sublinha que se devem atribuir exclusivamente aos seus habitantes, favorecidos pela grande fertilidade da terra, o progresso evidente e a riqueza obtidos naqueles anos. E lamenta, concluindo, a escassa atenção que a Metrópole dedica aos súditos do Brasil:

> E todos foram fazer estes e outros muitos serviços à custa, sem darem soldo nem mantimentos, como se costuma na Índia e nas outras partes, e a troco desses serviços e despesas dos moradores desta cidade não se fez até hoje nenhuma honra nem mercê a nenhum deles, do que vivem mui escandalizados e descontentes. (Ibid., p.132)

É evidente o descontentamento dos colonos em relação à Coroa portuguesa, que se demonstra muito eficaz em recolher taxas e impostos, mas nem tanto quando se trata de prover as necessidades dos habitantes do Brasil (ibid., p.135).

Outro texto importante que contribuiu para fundar o filão da literatura nativista é *Diálogos das grandezas do Brasil*, obra de 1618 atribuída pelos historiadores Capistrano de Abreu e Rodolfo Garcia a Ambrósio Fernandes Brandão (?-?). Brandão (1977, p.32) estabeleceu-se como senhor de engenho na região do Nordeste, por volta de 1583. Sua obra serve de contraponto aos *Tratados* de Gabriel Soares, na enumeração das belezas e riquezas da nova Colônia, que o autor vê como "refúgio e abrigo da gente portuguesa".

Paralela aos textos informativos, descritivos e instrumentais dos colonos – textos quase de propaganda da colonização – encontramos a literatura pedagógica dos jesuítas, que visa a outros propósitos. Os jesuítas chegaram ao Brasil em 1549 para catequizar o silvícola (seis religiosos nesse primeiro grupo, e entre eles já estava o padre Manuel da Nóbrega).

Vimos que os conflitos entre índios e brancos se intensificam à medida que se implantam novos engenhos e feitorias e se faz sistemática a ocupação da terra; para os colonos, o autóctone era um elemento indispensável na vida econômica do Brasil. Eles tinham necessidade urgente de mão de obra para a agricultura e, não dispondo ainda de meios suficientes para fazer chegar os escravos da África, servem-se dos índios. Os jesuítas inserem-se nesse conflito, fiéis à bula *Sublimis Deus* (2 de junho de 1537), do papa Paulo III, que declarava que os índios eram homens, e não animais sem alma. A mesma bula, proibindo a escravidão dos autóctones e o saque de suas propriedades, fornece aos jesuítas argumentações legais e morais em favor da sua obra missionária e evangelizadora. O choque de interesses se fará tão áspero que culminará na expulsão dos jesuítas de São Paulo, em 1640, e do Maranhão, em 1661.

Para os jesuítas, o índio era uma criatura humana, embora de natureza tosca e rude, um homem que a palavra de Deus e a conversão deveriam transformar em um cristão. O padre Manuel da Nóbrega (1517-1570), personagem relevante do período colonial, aborda, no *Diálogo sobre a conversão do gentio*, de 1557, um problema então muito debatido entre religiosos e colonos, sobretudo pelo seu lado prático: se os índios eram ou não capazes de compreender a mensagem cristã. Naturalmente, o religioso procura demonstrar que eles eram iguais a todos os outros seres humanos:

> Estou eu imaginando todas as almas dos homens serem umas e todas de um metal, feitas à imagem e semelhança de Deus, e todas capazes da glória e criadas para ela; e tanto vale diante de Deus por natureza a alma do Papa, como a alma do vosso escravo Papaná. (Nóbrega, 1954, p.88)

E acrescenta:

> Mas que estes, por não ter essa polícia, fiquem de menos
> entendimento para receberem a fé, que os outros que a têm, me
> não provareis vós nem todas as razões acima ditas. (Ibid, p.94)

Companheiro de Nóbrega e, com ele, fundador da cidade de
São Paulo, José de Anchieta (1534-1597) foi por mais de quarenta anos um infatigável missionário, educador e catequista,
tanto que foi considerado o "Apóstolo do Brasil". Deixou muitas cartas, relatos, sermões e, especialmente, textos literários
que representam documentos de importância primária nessa
fase embrionária das letras brasileiras. Anchieta é estudado,
sobretudo, como dramaturgo e poeta, mas aqui nos interessa,
também, o observador inflamado pelo espírito evangélico, que
utilizou sua vasta cultura na obra de catequização. Compreendeu
a importância do estudo da língua indígena e deixou a primeira
gramática tupi, a *Arte de gramática da língua mais usada na costa do
Brasil*, publicada em Coimbra em 1595, ainda hoje considerada
pelos especialistas como uma das mais científicas do período. Ao
ler Anchieta percebemos, sobretudo, o quanto ele soube penetrar,
com profundidade, na psicologia do índio e como compreendeu
o modo de viver e as manifestações da vida espiritual, material
e social das tribos com as quais entrou em contato.

No conjunto, pode-se afirmar que os jesuítas se demonstraram mais abertos e receptivos do que outros observadores: são
raros os juízos negativos *a priori* e entre estes podemos citar o
de padre Simão de Vasconcelos (1597-1671). Esse religioso des-
creveu (1977, p.97, v.I) os ameríndios "enquanto habitam seus
sertões", ou seja, antes da intervenção da Companhia de Jesus,
como terríveis animais ferozes, sedentos de vingança e sangue. A
ênfase parece evidente neste retrato que nenhum outro religioso
do período ratifica de forma tão firme e categórica:

Todas estas nações de gentes [...] são feras, selvagens, montanhesas, e desumanas: vivem ao som da natureza, nem seguem fé, nem lei, nem Rei [...] Vive neles tão apagada a luz da razão, quase como nas mesmas feras. Parecem mais brutos em pé, que racionais humanados; uns semicapros, uns faunos, uns sátiros dos antigos poetas.

Valendo-se de *tópoi* de feição caracteristicamente literária, indicativos da técnica retórica que marca a obra, nessa descrição – como observará mais tarde o romântico José de Alencar – o religioso exagera a selvageria dos índios com o objetivo de evidenciar, por antítese, os resultados positivos da obra evangelizadora dos missionários. A sua *Crônica da Companhia de Jesus*, publicada em Lisboa em 1663, resulta ser assim um dos mais eficazes panegíricos a favor da presença dos jesuítas no Brasil.

Com exceção dos escritos pragmáticos de Simão de Vasconcelos, podemos afirmar que os religiosos se esforçaram para superar as visões maniqueístas que haviam caracterizado os primeiros contatos com o nativo brasileiro. Alguns, e entre esses especialmente Anchieta e Fernão Cardim, exprimem uma *pietas* que os aproxima de forma extraordinária do autóctone, ajudando-os a compreender os fundamentos da cultura e do modo de viver dos índios. Eles testemunham o trágico desaparecimento de nações Tupis inteiras já no século XVI, dizimadas pelos conflitos e guerras, pela escravização, pelas inúmeras doenças, como a varíola, contraídas dos brancos. Fernão Cardim (1540/1548-1625) afirma:

[...] estes foram e são os amigos antigos dos Portugueses, com cuja ajuda e armas, conquistaram esta terra, pelejando contra seus próprios parentes, e outras diversas nações bárbaras e eram tantos os desta casta que parecia impossível poderem-se extinguir, porém os Portugueses lhes têm dado tal pressa que quase todos são mortos e lhes têm tal medo, que despovoam a costa e fogem pelo sertão a dentro até trezentas a quatrocentas léguas. (1978, p.121)[9]

Fernão Cardim deixou os tratados, *Do princípio e origem dos índios do Brasil* e *Do clima e terra do Brasil*, e um relato de viagem, a *Informação da Missão do P. Cristovão Gouvêa às partes do Brasil – ano de 83*, escritos provavelmente entre 1583 e 1590,[10] textos que representam uma importante etapa da progressiva e significativa identificação do homem com a terra. Se Cardim estabelece, como outros cronistas, comparações com Portugal, é sempre o Brasil a sair-se melhor. Percebe-se nele um sentimento de encantamento e amor pela Colônia que o leva a afirmar: "Este Brasil he já outro Portugal" (Ibid., p.66).

Partilha o mesmo sentimento nativista o frei Vicente do Salvador (1564-1636/1639), nascido na Bahia em 1564, considerado o primeiro historiador brasileiro. Na sua *História do Brasil*, concluída em 1627, ressaltam as palavras cáusticas do nativo dirigidas não só contra os colonos que "usam da terra, não como senhores, mas como usufrutuários, só para a desfrutarem e a deixarem destruída" (1954, p.41), mas também contra a Coroa portuguesa, pela pouca importância que dedicava a este tão grande país.

Alguns estudiosos afirmam que o atraso na publicação dessa obra (ocorrida apenas em 1889, por iniciativa de Capistrano de Abreu) se deu em razão das numerosas críticas à Metrópole portuguesa contidas no texto. Com uma linguagem simples, eficaz, cheia de humorismo, o autor efetivamente põe a nu toda a negligência e o descaso dos portugueses em relação ao Brasil.

---

9 A grafia do texto foi atualizada.

10 Os dois tratados de Fernão Cardim foram publicados pela primeira vez em Londres em 1625, no quarto volume da coleção *Pilgrimages* de Samuel Purchas, e em português só no século XIX, por iniciativa de C. de Abreu. A *Informação* foi publicada pela primeira vez em Lisboa em 1847.

Poesia, mito e história no Modernismo brasileiro

Na obra, encontramos a narração precisa dos fatos históricos que vão desde a descoberta do país até o governo de Diogo Luís de Oliveira, em 1627. Frei Vicente do Salvador aborda, também, a invasão holandesa na Bahia, durante a qual ele foi feito prisioneiro por quatro meses. Além disso, como outros cronistas antes e depois dele, enumera detalhadamente a geografia física, zoológica, botânica. Quando se ocupa dos índios, como observa Capistrano de Abreu (Salvador, 1954, p.38. Nota preliminar.), o autor não revela em nenhum momento antipatia ou desprezo por eles, mas denuncia, ao contrário, as muitas humilhações que suportavam dos colonos brancos (ibid., p.38).

De grande importância é também a figura do padre Antônio Vieira (1608-1697), que lutou com veemência em defesa dos índios quando as tensões entre autóctones e colonos se fizeram mais acesas. Veja, no trecho a seguir, a sua indignada denúncia das vexações às quais eram submetidos os ameríndios, texto que recorda – pelo tom fervoroso e pelo evidente envolvimento emocional – muitas passagens da *Brevísima relación de la destrucción de las Indias*, de Bartolomé de Las Casas (1474-1566). O excerto foi extraído do documento no qual Antônio Vieira se defende das denúncias contra os jesuítas contidas no infamante memorial que o procurador do Maranhão, Jorge Sampaio, apresentara em Portugal em 1662 para justificar a expulsão dos religiosos daquela província, em 1661. Vieira defende energicamente a ação da Companhia de Jesus no Brasil, narra as vicissitudes da vida dos missionários, o risco das expedições na floresta, as humilhações infligidas a eles pelos colonos, a luta pela conversão e sobrevivência indígenas, os métodos com os quais os colonos conseguiam ludibriar as leis que regulavam as relações com os nativos, leis que, como sublinha Vieira, eram já largamente favoráveis aos portugueses:

> Foram tais os meios com que os moradores do Maranhão obraram este chamado avassalar dos Gentios, que desde o prin-

cípio do Mundo, entrando o tempo dos Neros e Dioclecianos, se não executaram em toda a Europa tantas injustiças, crueldades e tiranias como executou a cobiça e impiedade dos chamados "conquistadores do Maranhão", nos seus bens, no suor, no sangue, na liberdade, nas mulheres, nos filhos, nas vidas e sobretudo nas almas dos miseráveis Índios; as guerras as faziam geralmente sem causa justa nem injusta [...] matando, roubando, cativando, e, nos injustíssimos cativeiros, apartando os pais dos filhos, os maridos das mulheres, assolando e queimando as aldeias inteiras, que são ordinàriamente feitas de folhas secas de palma, abrasando nelas vivos os que se não queriam render para escravos, rendendo e sujeitando pacìficamente a outros com execráveis traições (Vieira, 1951, p.279).

Orador extraordinariamente culto e brilhante, Vieira foi amigo e conselheiro de João IV, enviado em missões diplomáticas delicadas junto às principais capitais e cortes europeias, entre as quais o Vaticano. Personalidade complexa de religioso, sentiu sempre a exigência de conjugar a atividade intelectual, política e diplomática junto aos poderosos do tempo à atividade de missionário infatigável nas distantes aldeias indígenas amazônicas.

Vieira utilizou o grande prestígio de que dispunha em Portugal para fazer promulgar várias medidas legislativas favoráveis aos índios. Escreveu cartas e sermões em defesa dessa causa, dentre os quais o "Sermão da Primeira Dominga da Quaresma" (1653), o "Sermão de Santo Antônio" (1654), o "Sermão da Primeira Oitava da Páscoa" (1656) e o "Sermão da Epifania" (1662). Neles, procurou conciliar as razões dos colonos, que viviam em condições bastante duras, em ambiente inóspito, com a urgência de fazer cessar o genocídio dos índios que se estava perpetrando naqueles anos nas províncias do Brasil setentrional: empresa quase impossível, tendo em vista a disparidade dos interesses, das exigências, das necessidades de uns e de outros.

Poesia, mito e história no Modernismo brasileiro

Outros cronistas, viajantes e historiadores deixaram importantes documentos sobre os primeiros séculos de vida da nova Colônia, os problemas de aclimatação dos europeus, as relações entre as várias tribos existentes no Brasil, as lutas entre portugueses e franceses, aos quais se acrescentaram também os holandeses, para a conquista do litoral brasileiro. Desse elenco de textos da descoberta e colonização do Brasil, citamos apenas aqueles que, de uma forma ou de outra, provocaram uma transformação, inversão ou ruptura no modo de perceber, sob um ângulo positivo ou negativo, o relacionamento com a alteridade, ou seja, com os diversos povos que a descoberta da América pôs diante dos europeus. São esses os autores que deixaram marca, que foram periodicamente revistos, imitados ou contestados, que fixaram formas e conteúdos destinados a alimentar a futura literatura brasileira.

Na exposição de tais tratados, foi privilegiada a ordem cronológica, a partir dos primeiros textos que fixaram e transmitiram representações paradigmáticas de um universo ainda intacto. Passamos, depois, às crônicas instrumentais e propagandistas do período colonial, para terminar com a literatura pedagógica dos jesuítas.

Não fizemos distinção entre textos literários, livros de viagens, crônicas informativas e documentos históricos. Os compêndios e as antologias de literatura brasileira ocupam-se, em geral, somente das obras de caráter marcadamente literário, deixando de lado as demais. Embora, formalmente, muitas das obras comentadas não possam ser enquadradas na categoria literária, elas entram de qualquer maneira no *corpus* da literatura brasileira como matrizes de temas e motivos fundamentais que perduram entre os escritores. Os textos e tratados, que cobrem mais de dois séculos de vida colonial, são modelos de referência contínua, quer para os românticos quer para os modernistas que, em chave polêmica e autonomista, reconstroem histórias e anti-histórias indianistas e primitivistas do Brasil.

53

Não podíamos, portanto, iniciar o nosso estudo sem procurar delinear, embora brevemente, o pano de fundo, os bastidores do *excursus* literário revisionístico. Esse será objeto de estudo nos capítulos seguintes e, de modo particular, na segunda parte do texto, quando analisaremos três obras da vanguarda modernista.

# 2
# A reabilitação romântica do índio

Foram os escritores e os intelectuais românticos os primeiros a dar início a uma séria releitura dos textos-chave do período colonial. O sentimento nativista, que desde o início da colonização vinha paulatinamente se intensificando nos colonos nascidos ou crescidos no Brasil, acaba por se transformar no período romântico em ânsia autonomista e em antilusitanismo. Muitas das crônicas e dos tratados transformam-se assim, para inúmeros intelectuais, em testemunho e memória viva da prepotência de que foram vítimas os brasileiros em documentos que confirmavam os preconceitos com os quais os europeus, de um modo geral, haviam sempre representado os americanos.

José de Alencar, personalidade relevante do Indianismo romântico, entra em aberta polêmica com os cronistas:

Os historiadores, cronistas e viajantes da primeira época, senão de todo período colonial, devem ser lidos à luz de uma crítica severa. É indispensável sobretudo escoimar os fatos comprovados, das fábulas a que serviam de mote, e das apreciações a que os sujeitavam espíritos acanhados, por demais imbuídos de uma intolerância ríspida. (1984, p.11)

Existe em Alencar uma resolução clara de rever criticamente todas as descrições alheias do Brasil e dos seus habitantes. Ele efetuará, por meio da sua obra literária, uma verdadeira exegese dos autores que deixaram textos e documentos sobre a história dos primeiros contatos entre índios e europeus. Mas não só. Fará, também, uma seleção entre tais autores, aceitando apenas as interpretações que lhe parecem menos influenciadas por preconceitos de toda espécie. Sobre o seu romance *O guarani* (1857), Alencar afirma que "o selvagem é um ideal que o escritor intenta poetizar, despindo-o da crosta grosseira de que o envolveram os cronistas" (1990b, p.61). Alencar "intenta poetizar" ou, em outras palavras, corrigir uma imagem que, segundo ele, teria sido distorcida.

Tal programa inseria-se no clima de vivo nacionalismo que se respirava no Brasil logo após a independência de 1822. Buscar as raízes da nossa história e valorizar o passado era, como já vimos, um modo de sublinhar a ruptura com a ex-mãe-pátria. A influência de Portugal, depois de três séculos de colonização, era profunda e radicada, e não era fácil de um momento para o outro definir uma identidade própria, preocupação que, não por acaso, será obsessiva nos escritores brasileiros daquele momento em diante. Ainda que na fase colonial tivessem ocorrido manifestações de orgulho nativista e projetos de autonomia em relação a Portugal (lembremos, por exemplo, os árcades mineiros), o fato é que a vida intelectual e a produção literária e artística ainda estavam marcadas por parâmetros tipicamente portugueses.

Somente durante o período romântico esse quadro começou, efetivamente, a se modificar. O processo de diferenciação assumiu o peso de um projeto político, já que o Romantismo exerceu no âmbito cultural o mesmo papel que a independência desenvolveu no âmbito político. Os próprios modelos literários e artísticos foram substituídos por outros, sobretudo franceses. A tal propósito, Alfredo Bosi ressaltou o quanto a busca de outras fontes ideológicas, não portuguesas e não ibéricas, representou já uma ruptura consciente com o passado (1994, p.11-3).

É insuportável, porém, o vazio de uma história que se recusa: é para preencher tal lacuna que os românticos vão buscar antepassados autóctones nas crônicas dos séculos XVI e XVII, a "quase extinta raça" (Alencar, 1990b, p.61), aqueles índios Tupis encontrados pelos europeus em quase toda a costa Atlântica sul-americana, mas já então, no século XIX, quase dizimados. A identificação com o índio é o resultado, como afirma Antonio Candido, da "tendência genealógica" que se difunde no Brasil logo após a independência, a ânsia de ter raízes, de poder demonstrar a mesma dignidade histórica dos velhos países. Segundo tal tendência, selecionam-se do passado local os elementos adequados a uma visão nativista, mas uma visão que busca de qualquer forma se aproximar dos ideais e dos modelos europeus. O índio preenche perfeitamente tais quesitos, seja porque é o habitante nacional por excelência, o único a poder jactar-se de possuir raízes autóctones, seja porque será sublimado e transformado pelos românticos no "bom selvagem" (Candido, 1976, p.169-92, e 1987, p.172-80). Também o Brasil virá, assim, a ter um passado heráldico, uma história nobiliária.

O Romantismo no Brasil, como na Europa, foi poliédrico e compósito, entendendo-se por um período que vai de 1836 a 1880. Articulou-se em pelo menos quatro filões diferentes, entre os quais se destaca o Indianismo, momento fecundo de reflexões sobre a cultura e a literatura nacionais, fortemente ligado à natureza e à terra, no qual o índio surge como tema literário fundamental e específico. É bem verdade que, não obstante a importância que assume tal figura naquele momento, a imagem que prevalece é quase sempre estereotipada.

Quem irá superar em parte a mera convenção literária será um poeta que, ao lado de José de Alencar, é um dos personagens fundamentais do período: Gonçalves Dias (1823-1864), que era filho de pai português e de mãe cafuza, mestiça de negro e índio. O poeta, de fato, autodefinia-se fruto do encontro das três etnias constitutivas do país: a europeia, a africana e a índia. Por essa circunstância de caráter biográfico, como também pela excepcionalidade das qualidades poéticas do autor, o Indianismo para ele sempre foi íntimo e visceral: como nenhum outro antes ou depois, afirma Manuel Bandeira (1985, p.564), ele soube fazer viver verdadeiramente o índio na literatura brasileira.

Quanto a José de Alencar, que vimos particularmente crítico em relação às interpretações arbitrárias dos costumes aborígines, devemos acrescentar que ele não escapa à tendência geral de idealização do autóctone.[1] Os vários estudiosos da sua obra sublinharam, frequentemente, que nela o índio aparece como uma figura mais lendária do que histórica. Ele, contudo, não se detém nessa representação fantasiosa, mas desenvolve e aprofunda a própria interpretação da cultura ameríndia e a respectiva transposição literária.

Silviano Santiago (1984, p.5) destaca como as obras indianistas de Alencar seguem um esquema bem definido. O autor procura delinear e reconstruir poeticamente o percurso histórico do Brasil, a partir do período pré-cabralino, em *Ubirajara*, passando pelos primeiros contatos e conflitos entre índios e europeus, em *Iracema*, até chegar à época colonial, na qual são implantadas as feitorias e se consolida a sociedade católica patriarcal, em *O guarani*.

---

1 Sobre o Indianismo de Gonçalves Dias e José de Alencar, ocupei-me também em "O Indianismo mítico e o Indianismo autobiográfico", *D. O. Leitura*, São Paulo, p.6-7, 1992; "Mito e realtà nel romanzo *O Guarani* di José de Alencar", *Andes* (Roma), p.80-6, 1993; e "L'indio nel Romanticismo brasiliano", *Quaderno* (Palermo), p.9-26, 1998.

Veremos brevemente o enredo dessas três obras. Em *O guarani*, de 1857, a narração desenvolve-se a partir da luta desesperada de D. Antônio Mariz e dos seus homens contra os índios Aimorés e os mercenários, aventureiros contratados para a defesa da sua propriedade, que tinham se amotinado contra ele. Será uma luta ímpar e heroica, na qual se evidenciará a figura extraordinária de Peri, guerreiro guarani capaz das maiores empresas e dos mais nobres sacrifícios para salvar Ceci, a filha de D. Mariz, jovem que ele ama terna e secretamente. Romance simbólico, representa a união entre os dois povos que, segundo o autor, teriam sido os progenitores da nova nação brasileira (é interessante observar como o negro não aparece nessas reconstruções históricas).

Também *Iracema*, de 1865, é uma obra altamente simbólica, de tema histórico-indianista. Narra a fundação do primeiro núcleo português no Ceará. Iracema, índia de origem tabajara, apaixona-se por Martim, o estrangeiro branco vindo de terras distantes, por quem ela romperá o vínculo de sangue com a sua tribo. Dessa união nascerá uma criança, que será chamada Moacir, filho da dor.

*Ubirajara*, publicado em 1874, narra o processo de conquista da plena maturidade por um índio de estirpe araguaia, que passa de caçador a guerreiro e depois a chefe da tribo. O herói obtém um nome para cada mudança de papel ou de função dentro da sociedade indígena. Jaguarê, o caçador, será Ubirajara, o guerreiro, quando vence em uma luta o terrível adversário Pojuçá. O mesmo Ubirajara, depois de toda uma série de peripécias e de batalhas para conquistar uma esposa, passará a ser Jurandir, aquele que guiará as duas tribos aliadas, os Araguaias e os Tocantins.

Como podemos observar, Alencar realiza aqui um percurso retroativo, já que *Ubirajara*, a última obra da série indianista por ordem de publicação, situa-se, pela cronologia dos fatos narrados (eventos que precedem a chegada dos portugueses), como a primeira do ciclo. E entre o primeiro e o último dos livros indianistas, podemos verificar no autor uma notável reflexão e um aprofundamento teórico.

O escritor dialoga, por meio do denso conjunto de notas que acompanham as três obras, com os autores que primeiro descreveram as populações indígenas. Seu objetivo é pesquisar as raízes da nacionalidade e traçar um perfil completo do país no tempo e no espaço, colhendo a diversidade regional dentro da unidade nacional. Os seus vinte romances, divididos em quatro grupos (urbanos, históricos, indianistas e regionalistas), são a concretização desse projeto. Alencar possuía uma grande consciência do papel da literatura e da função social do escritor, tendo sido também um dos primeiros a defender um registro linguístico nacional do português, língua que por muitos aspectos tinha se diferenciado da usada em Portugal.

No primeiro romance da série indianista, *O guarani*, o autor adota a visão tradicional sobre o autóctone, delineada nas páginas de viajantes, colonos e jesuítas. Enquanto prossegue no estudo de tais populações, distancia-se, todavia, daquelas representações que lhe parecem pouco aderentes à realidade. No prefácio ao livro *Ubirajara* (1984, p.12), Alencar afirma com notável antecipação, se lembrarmos as teses do grupo antropofágico de Oswald de Andrade:

> Releva ainda notar que duas classes de homens forneciam informações acerca dos indígenas: a dos missionários e a dos aventureiros. Em luta uma com outra, ambas se achavam de acordo nesse ponto, de figurarem os selvagens como feras humanas. Os missionários encareciam assim a importância da sua catequese; os aventureiros buscavam justificar-se da crueldade com que tratavam os índios.

Talvez pelas críticas recebidas no início, por narrar sobre o índio sem de fato conhecê-lo, talvez por seu próprio aperfeiçoamento pessoal (para escrever *Iracema* ele estudou com

## Poesia, mito e história no Modernismo brasileiro

afinco a língua tupi), Alencar dá um passo notável, sobretudo depois de *O guarani*, na aproximação do significado original de muitos costumes ameríndios, da sua cultura, do modo próprio de perceber e relacionar-se com a natureza e com o universo. *Iracema* é, nesse sentido, uma obra-prima de síntese e equilíbrio. É uma "lenda", como a definiu o autor, um símbolo da beleza, da inocência, da coragem heroica e do modo quase épico de viver de um povo subjugado e quase desaparecido com a chegada dos europeus.

Nas três obras indianistas de Alencar, a narração procede sob dois níveis: o literário propriamente dito e o que podemos definir de tipo crítico ou histórico-etnográfico. Neste último, de modo particular, o autor preocupa-se em informar continuamente o leitor, por meio de um conjunto de notas, sobre a etimologia dos termos tupis utilizados no texto, o significado dos mitos etiológicos, os costumes dos índios aos quais se refere e as fontes de onde extraiu as informações. Nessas notas, ele empenha-se, sobretudo, em reabilitar a figura do índio, contestando todas as informações que julga baseadas em preconceitos e na incapacidade dos cronistas de desnudar-se da própria e limitada perspectiva:

> Este simples traço é bastante para dar uma ideia da moralidade dos tupis, e vingá-la contra os embustes dos cronistas que por não compreenderem seus costumes, foram-lhes emprestando gratuitamente, quanto inventavam exploradores mal informados e prevenidos. (1984, p.16, n.9)

O equilíbrio entre os dois níveis – o literário e o crítico – sobre o qual se funda a estrutura das três obras vai, contudo, mudando de acordo com os estudos que Alencar realiza sobre as populações ameríndias. Em *O guarani*, as notas aparecem de forma breve e esporádica, são de caráter histórico ou dizem respeito à flora e à fauna brasileiras. As críticas dirigidas aos cronistas abordam, então, aspectos periféricos da cultura indígena.[2] Gabriel Soares de Souza é o autor mais citado por Alencar, mas o texto também perpassa a obra de Hans Staden, sobretudo as descrições da captura e da morte de um prisioneiro pelos Tupinambás, cerimônia que Staden presenciou e da qual escapou por um triz. Mas *O guarani* contém graves erros etnográficos, por exemplo, quando atribui aos Aimorés os costumes dos índios Tupis.[3]

Em *Iracema*, as notas aumentam qualitativa e quantitativamente. Entre os autores mais citados, encontramos uma vez mais Gabriel Soares de Souza, aos quais se acrescentam Jean de Léry, Yves d'Évreux, Gonçalves Dias, José de Anchieta e Simão de Vasconcelos. Muitas notas são de tipo linguístico. Alencar estudara assiduamente a língua tupi, com a convicção de que "o conhecimento da língua indígena é o melhor critério para a nacionalidade da literatura" (1990a, p.89). Tal conhecimento, acrescenta, "nos dá não só o verdadeiro estilo, como as imagens poéticas do selvagem, os modos de seu pensamento, as tendências de seu espírito, e até as menores particularidades de sua vida" (ibid.). De fato, por meio do conhecimento do tupi, Alencar conseguiu penetrar a cosmologia simbólica e mitológica do índio, utilizando esses elementos para construir uma obra

---

2  Em *O guarani* (1986, p.72, n.5), por exemplo, Alencar afirma que, ao contrário do que escreveram os cronistas, os índios não eram ignorantes em astronomia. Eles possuíam muitos conhecimentos que eram resultado de uma observação empírica.

3  Aimorés ou Botocudos ou mesmo Tapuias eram todos os grupos que não falavam a língua tupi e que eram, portanto, culturalmente diversos dos índios dessa família linguística. Na verdade, o termo "Aimoré", conforme Darcy Ribeiro (1986, p.94), era bastante genérico no período da colonização, sendo utilizado para indicar as tribos mais diversas do ponto de vista linguístico e etnológico, tribos unidas por uma condição fundamental para o colonizador: "terem menos valor como escravos, pelas barreiras linguísticas e culturais que apresentavam à integração nos arraiais neobrasileiros".

que pela qualidade estética se distingue de toda a produção indianista do período.

Em *Ubirajara*, a estrutura das notas chega a ocupar quase a metade do texto. Os dois tipos de discursos, literário e etnográfico, seguem paralelos, e o primeiro não é mais do que a ilustração do segundo. Na realidade, o livro é um tratado de etnografia atualizado e detalhado, tanto que o ritmo da narrativa acaba excessivamente fragmentado pelas inúmeras interrupções das notas. O leitor, a certa altura, deve fazer uma opção: ou segue o texto literário ou segue o etnográfico, tão frequente é a interferência de um sobre o outro.

Entre as três obras indianistas, *Ubirajara* é aquela em que a polêmica alencariana em relação aos cronistas atinge os tons mais ásperos. Alencar contesta o conceito que os cronistas tinham da moralidade indígena, da religião, das guerras entre as tribos, da instituição do matrimônio, do significado da antropofagia. Passam por seu crivo crítico todos os aspectos daquelas descrições, e ele lamenta a falta, nos primeiros tempos da colonização, de observadores imparciais e com "vistas menos curtas" que pudessem ter deixado documentos plausíveis:

> Um povo que mantinha as tradições a que aludimos, não era certamente um acervo de brutos, dignos do desprezo com que foram tratados pelos conquistadores. E quando através de suas falsas apreciações, a verdade pôde chegar até nossos tempos, o que não seria, se espíritos despreocupados e de vistas menos estreitas, vivendo entre essas nações primitivas, se aplicassem ao estudo de suas crenças, tradições e costumes (1984, p.24, n.21).

Ao minucioso exegeta que é Alencar, nada escapa dos aspectos apontados pelos autores já presentes nas obras anteriores, como Gabriel Soares, André Thevet, Jean de Léry, Yves d'Évreux e Claude d'Abbeville, os quais também são citados neste livro, do início ao fim. A propósito dos jesuítas, Alencar afirma que eles tiveram, mais do que todos os outros observadores, a possibilidade de realizar um estudo sério e profundo do universo indígena, mas que não fizeram mais do que exagerar a ferocidade e a ignorância dos íncolas a fim de tornar indispensável a própria obra de catequese.

Nos três livros alencarianos, o texto em nota é, portanto, bastante relevante, visto que nele se configuram as correlações, implícitas ou explícitas, entre os historiadores e os cronistas dos séculos precedentes. Mas é no texto literário que se efetiva a concretização da nova visão do índio, assim como a concebia o autor. Uma visão que não correspondia à realidade factual, como veremos, mas que não concordava nem mesmo com o índio dos modelos de referência. Na verdade, Alencar criou sob bases mais lendárias que históricas, como afirma Heron de Alencar, "o mundo poético e heroico das nossas origens" (1969, p.247).

Ao compor a nova iconografia do autóctone como símbolo da nacionalidade, Alencar utiliza as sugestões etimológicas e mitológicas próprias da língua e da cultura indígenas, buscando representar, particularmente em *Iracema* e *Ubirajara*, o mundo segundo uma nova perspectiva. A narração é feita na terceira pessoa, mas é como se o narrador tivesse adotado o modo de relacionar-se com a natureza e com o mundo circundante, próprio do silvícola. A linguagem, nessas duas obras, é poética, densa e essencial. As numerosas similitudes e comparações utilizam apenas elementos do universo aborígine; os sentimentos são simples, mas intensos, e a natureza participa dos dramas dos protagonistas como se fosse dotada de alma própria. Alencar procurou recriar, em português, as características substanciais da língua tupi, altamente plástica, telúrica, animista.

Em *O guarani*, Alencar não havia ainda atingido tal síntese e equilíbrio. O seu herói Peri é só um fruto da fantasia, não tem nada de verossímil. Todas as suas virtudes físicas e morais são potencializadas, e suas ações parecem ditadas por códigos comportamentais que se assemelhavam mais aos dos cavaleiros da

Poesia, mito e história no Modernismo brasileiro

Europa medieval do que aos do indígena americano do início do século XVII.

Recordamos, a respeito, a lealdade de Peri a D. Antônio, que, no romance, é a encarnação do perfeito castelão feudal. Poderíamos ainda citar o amor respeitoso e devotado do jovem guarani por Ceci, sua dama, da qual traz as cores (o azul e o branco) nas armas e nos ornamentos, como na mais pura tradição cavaleiresca medieval.

Não obstante essas limitações, e justamente porque em Alencar se verifica um percurso de aprofundamento e de reflexão, podemos afirmar que ele chega a antecipar a intertextualidade modernista, pois suas obras – por meio da técnica da alusão, das citações e da colagem – estabelecem correlações objetivas com os modelos de referência históricos e etnográficos.[4] Cronistas, viajantes, colonos e jesuítas são continuamente citados, questionados, reatualizados, servem de pano de fundo, de fontes de informação e de inspiração, de base para contestações radicais.

Os modernistas não deram a devida importância a essa evolução interna do Indianismo alencariano. Recusam-no radical e drasticamente, sem perceber as muitas afinidades entre os dois momentos estético-literários mais polêmicos e significativos da literatura brasileira – o Indianismo romântico e a Antropofagia modernista. Para Silviano Santiago (1984, p.6), Oswald de Andrade teria sido excessivamente severo com Alencar nos manifestos: "Alencar, no radicalismo final de *Ubirajara*, prenuncia já a técnica de composição dos textos da poesia *Pau-brasil*, pelo mesmo tipo de apropriação crítica dos textos escritos por europeus sobre os primórdios do Brasil".

---

4 Para dar apenas um exemplo dessas apropriações intertextuais, citamos, do terceiro capítulo de *Iracema* (p.16-8), o diálogo entre Martim, o hóspede branco, e Araquém, o pai da heroína. Alencar utiliza parte do texto de Jean de Léry (1972a, p.219-40) em que o cronista se refere a um diálogo entre um índio e o estrangeiro recém-chegado.

O fato é que os modernistas viram, no revisionismo alencariano, somente o prolongamento de uma concepção limitada, convencional e dogmática da própria realidade. Em um momento de grande contestação dos cânones estéticos e da ideologia de poder, como foi o das vanguardas, não souberam ou não quiseram reconhecer o alcance da primeira exegese realizada por Alencar sobre os textos dos autores imputados por ambos os movimentos. Alencar foi lido e avaliado, sobretudo, pelo aspecto idiossincrático da sua obra, na qual convivem evidentes concessões ao ponto de vista dominante e a intenção utópica, que sempre guiou o escritor, de criar as bases para uma nova literatura.

O que não devemos pretender de Alencar é precisamente a consciência crítica que caracteriza os intelectuais do século XX. Sua revisão do passado e do presente foi realizada segundo a perspectiva do Romantismo brasileiro, certamente nativista e emancipatória, mas ligada ainda, inevitavelmente, às raízes portuguesas (raízes que, contudo, os românticos refutavam).

A tal propósito, é lícito indagar sobre as razões que levaram José de Alencar a recusar tão categoricamente o índio descrito pelos cronistas; indagar, em outras palavras, por que ele foi tão polêmico ao afirmar que tinham "deturpado", com uma linguagem imprópria, os sentimentos e a generosidade do autóctone. Pretendia Alencar, talvez, sobrepor àquelas imagens uma mais realista? Por exemplo, a do índio real, que lutava para sobreviver em muitas regiões do país em que se tinha refugiado, depois dos massacres e das epidemias que sofreu em três séculos de colonização?

Nada disso. O índio romântico, mesmo o de Alencar, é o "bom selvagem" de Rousseau, cantado pelos poetas franceses a partir da segunda metade do século XVI (com Ronsard e os poetas da *Pléiade*). Como vimos, os escritores românticos, no afã de renegar qualquer contribuição que pudesse, mesmo longinquamente, recordar o papel de subalternidade em relação a Portugal, substituíram os modelos literários portugueses pelos franceses. Por mais paradoxal que isso possa ser, e não obstante o fato de terem o índio praticamente na porta de casa, os românticos importam o índio afrancesado, já sublimado de tudo aquilo que poderia escandalizar a sensibilidade católica e tradicional do segundo Império.

Logo, é inevitável que tal índio não corresponda ao descrito por Caminha, Léry, Vespúcio ou Thevet. E não corresponde porque aquela mítica visão (e era mítica já para os cronistas) do homem natural "sem fé, nem lei, nem rei"[5] fora reelaborada em termos filosóficos, a partir de Montaigne. Em outras palavras, fora "escoimada", expurgada da rudeza e ferocidade incompatíveis com a teoria da bondade natural do homem. Alencar percebe que existe uma grande distância entre as duas concepções e opta pela segunda: a do índio idealizado e bem educado, certamente mais congenial a ele. A esse propósito, Franco (1976, p.209) é lapidar:

> Aí se vê que, mesmo no terreno ideológico, o Brasil não fugia ao seu destino de nação colonial e de mercado de consumo. As matérias-primas, com que se fabricavam as doutrinas futuras, daqui saíam para a Europa, e de lá regressavam transformadas, para o nosso gasto, sob a forma de artigos importados.

É singular e paradoxal que seja justamente o Romantismo a marcar, de forma ainda mais evidente, a distância que aos poucos se instaurou entre o real e o imaginário, entre o índio em carne e osso (ou o negro, figura concreta e presente na sociedade) e o indígena mitizado e idealizado nas obras indianistas. A literatura romântica reflete um momento de fortes tensões e transformações também de caráter ideológico, uma mutação de

---

5 A expressão aparece de forma quase idêntica em muitos cronistas, como Pêro de Magalhães de Gândavo, Gabriel Soares de Souza e Ambrósio Fernandes Brandão.

consciência vivida por um país que, se na prática conquistou sua independência política, na substância continua por demais ligado a Portugal e à Europa. Eis, portanto, a raiz das contradições e vacilações que observamos na obra de algumas das personalidades mais representativas do período, contradições que esses autores procuraram sanar, de uma forma ou outra, reconstruindo uma história ideal e um antepassado – como ironicamente observou Oswald de Andrade (1990b, p.49) – "cheio de bons sentimentos portugueses".

Buscamos delinear brevemente a revisão alencariana de textos e testemunhos do passado por meio das obras desse autor – particularmente as indianistas. Ao fazê-lo, deixamos de lado outros aspectos igualmente importantes desse precursor da literatura brasileira porque nos interessava, nesse contexto, evidenciar, sobretudo, a relevante contribuição de Alencar ao tema em questão, ou seja, a tentativa de reinterpretação do passado empreendida inicialmente pelos românticos e retomada sucessivamente, de forma mais ampla e radical, pelos modernistas. Ao aprofundar tal matéria, não poderíamos ignorar os precedentes modelos de referência dos dois movimentos e as respectivas visões de mundo que pertencem não só ao passado, mas que condicionam, também, o presente. Partimos, assim, dos cronistas e observadores que, de início, representaram e interpretaram o Brasil e seus habitantes. A fase sucessiva contempla necessariamente a figura de José de Alencar, o precursor do romance no Brasil, o primeiro a adquirir uma consciência clara e precisa da necessidade de se fundar uma literatura que tivesse não só conteúdos originais, mas formas adequadas a exprimi--los. A tal propósito, já em 1865 (ou seja, antes de dar início à criação da sua obra literária), Alencar afirmava:

> Escreveríamos um poema, mas não um poema épico; um verdadeiro poema nacional, onde tudo fosse novo, desde o pensamento até a fórma, desde a imagem até o verso.

Poesia, mito e história no Modernismo brasileiro

A fórma com que Homero cantou os Gregos não serve para cantar os índios; o verso que disse as desgraças de Troya, e os combates mythologicos não póde exprimir as tristes endeixas do Guanabara, e as tradições selvagens da América.

Por ventura não haverá no cahos increado do pensamento humano uma nova fórma de poesia, um novo metro de verso? (Alencar apud Castello, 1953, p.17)[6]

Alencar tem consciência de que a questão fundamental dos escritores brasileiros é fundar uma literatura própria, sintonizada com a realidade de um país que só há pouco havia deixado a condição colonial, país de cultura híbrida e não totalmente delineada nos aspectos essenciais. Ele próprio procurará pôr as bases desse novo sistema, concretizando de fato, em muitas de suas obras, aquela nova poesia e aquela linguagem original que auspiciava no início da carreira literária.

Por tudo isso, o Romantismo é, junto com o Modernismo, um dos momentos-chave do processo de formação e de autoconsciência da literatura brasileira. Mário de Andrade (1974, p.159) evidenciou justamente a similaridade entre essas duas escolas estético-literárias, que no Brasil se distinguem de todas as outras pelo "espírito revolucionário". Se as demais escolas foram ainda bastante acadêmicas, a essência do Romantismo e do Modernismo é de ruptura com o passado e de contestação da dependência passiva em relação à Europa. Existem, contudo, diferenças importantes de postura entre os dois movimentos. Os modernistas vão bem mais longe do que os românticos nesse aspecto, como veremos a seguir.

---

6  Aderaldo Castello reúne nessa obra as oito cartas de Alencar sobre a famosa polêmica a respeito do poema épico em dez cantos de Gonçalves de Magalhães, *A confederação dos Tamoios*, publicado em 1856, além dos textos, em resposta a Alencar, de Araújo Pôrto-Alegre, D. Pedro II e frei Francisco de Monte Alverne.

# 3
## Modernismo:
## cosmopolitismo e nacionalismo

O Modernismo radicalizou a controvérsia sobre o problema da dependência cultural do país, levando muitos escritores a rever, de forma ainda mais crítica, o presente e o passado e a denunciar a alienação vigente em muitos setores da vida nacional. A questão é antiga, como vimos. Foi colocada pelos românticos, mas se achava, então, ainda distante de uma solução definitiva.

Na verdade, é com o Modernismo que se consolidará, definitivamente, a emancipação das letras e das artes brasileiras. E o momento culminante, o ponto de conjunção de todas as discussões e polêmicas sobre o assunto, foi a Semana de Arte Moderna: para ela confluíram e nela acabaram colidindo entre si muitas das posições mais extremas do debate. O Modernismo marca, nesse sentido, uma ruptura. Podemos afirmar que existe um modo de conceber o fenômeno estético-literário nacional anterior e um outro, já bem distinto, posterior a Mário de Andrade e a Oswald de Andrade. Partir dessa vanguarda é percorrer um caminho obrigatório para compreender plenamente a literatura brasileira contemporânea: foi a partir desse movimento e das suas conquistas que essa literatura alcançou uma alma nacional e se transformou em instrumento de expressão da cultura sincrética do país.

Se o Modernismo marcou um período de excepcional abertura a todas as vanguardas, sublinhou também a urgência de reencontrar um Brasil incontaminado, livre de qualquer influência. Existe, portanto, um desejo de abrir-se ao mundo, um máximo cosmopolitismo, mas existe também uma recusa da passividade e do servilismo com os quais muitos intelectuais haviam assimilado modelos culturais e estéticos de importação.

Encontramos essa dupla vocação no Modernismo, essa polifonia, o encontro e, ao mesmo tempo, o embate de vozes que finalmente se colocam no mesmo nível: abertura ao universal, a todas as correntes que testemunhavam a crise profunda de valores em um mundo que se industrializava rapidamente e, também, momento privilegiado de reflexão sobre os problemas cruciais de um país com regiões inteiras marginalizadas.

A Semana de Arte Moderna realizou-se em São Paulo, de 11 a 18 de fevereiro de 1922, mas o clima de renovação cultural dentro do qual amadureceu a ideia de tal evento era tangível desde o início do século. Autores como Lima Barreto (1881-1922), Euclides da Cunha (1866-1909) e Monteiro Lobato (1882-1948), precedendo os modernistas, puseram as bases do processo de tomada de consciência das tensões entre as estruturas arcaicas da sociedade e os setores em rápida transformação e desenvolvimento. A ruptura com o academicismo era inevitável, mas foi o Modernismo a dar o último golpe – consciente, sistemático – nas velhas estruturas mentais ainda dominantes na sociedade.

Na primeira fase do embate com as forças tradicionalistas prevaleceu a linha eclética e internacionalista no Modernismo, tanto que o primeiro órgão do movimento, a revista *Klaxon*, lançada em São Paulo depois da Semana de 1922, aceitou colaborações de autores nacionais e internacionais e teve representantes

*Poesia, mito e história no Modernismo brasileiro*

na Suíça, França e Bélgica. O clima era de total disponibilidade a todas as correntes de pensamento e a todos os "ismos" europeus que eram citados, glosados, contestados, às vezes de modo contraditório. Mas é justamente essa excepcional (para alguns também superficial) adesão às vanguardas que provoca as primeiras crises de consciência entre os protagonistas do movimento. Mário de Andrade, já em 1926, em uma carta endereçada ao folclorista Luís da Câmara Cascudo (1898-1986), afirma:

> Também creio que em parte a culpa foi minha de ignorar tanta gente minha, vivi tanto de minha vida na Europa! [...] Em todo caso tive a coragem e a franqueza de me penitenciar e começar minha vida legítima a tempo não acha? (Andrade, M., 1991, p.60)

Embora com espírito e maturidade diversos, os modernistas descobrem que não haviam feito, até então, mais do que perpetuar um hábito secular neste país: importar modas literárias e correntes de pensamento com as quais se interpretaria a própria realidade. Não obstante a intenção de dar um caráter nacional à nossa literatura, não se subtraíam ao "destino" de nação periférica, que vivia com a convicção atávica de que tudo que chegasse dos centros mais avançados seria, de qualquer maneira, melhor, superior ou mais sofisticado do que a produção local. Em 1928, Oswald de Andrade declarou:

> [...] ainda não proclamamos direito a nossa independência. Todas as nossas reformas, todas as nossas reações costumam ser dentro do bonde da civilização importada. Precisamos saltar do bonde, precisamos queimar o bonde. (1990e, p.41)

Foi nesse clima de revisões e balanços subsequente à Semana de Arte Moderna que amadureceu, por reação, o desejo impelente de reencontrar o Brasil incontaminado de toda influência, o Brasil em si mesmo e para si mesmo. No editorial de *A Revista*, publicada em Belo Horizonte em 1925, Carlos Drummond de Andrade afirmará:

> Será preciso dizer que temos um ideal? Ele se apoia no mais franco e decidido nacionalismo. A confissão desse nacionalismo constitui o maior orgulho da nossa geração, que não pratica a xenofobia nem o chauvinismo, e que, longe de repudiar as correntes civilizadoras da Europa, intenta submeter o Brasil cada vez mais ao seu influxo, sem quebra de nossa originalidade nacional. (1978, p.277)

A partir de meados dos anos 1920, o interesse dos protagonistas do Modernismo deslocou-se para a realidade interna nacional. A questão do nacionalismo (apenas literário no início, depois cultural, em *lato sensu*) transformou-se em eixo central das reflexões. As revistas publicadas depois de *Klaxon*, de várias linhas e tendências, como *Estética* (1925), *A Revista* (1925), *Terra Roxa e Outras Terras* (1926), *Verde* (1927) e *Revista de Antropofagia* (1928), compartilham essa diferente orientação e o diverso clima espiritual dos vários grupos. O esteticismo exasperado da Semana de Arte Moderna é substituído pela preocupação de reintegrar a literatura na realidade, de mergulhar profundamente naquele Brasil do qual tanto se falava, mas que pouco se conhecia. Sem renegar os postulados do Modernismo, seus protagonistas recusam a gratuidade do fato estético em função de uma participação social mais acentuada.

O Modernismo começa a assumir um caráter ideológico em contraposição às primeiras manifestações, que tinham se desenvolvido totalmente às margens dos fatos político-sociais. Os intelectuais da "Pauliceia", nos seus concitados manifestos, artigos, conferências, haviam ignorado o que estava ocorrendo para lá dos cafés de moda e dos salões aristocráticos em que se realizava a revolução literária. Haviam se mantido estranhos à

Poesia, mito e história no Modernismo brasileiro

luta que ocorria na sociedade por melhores condições de vida, às difíceis condições econômicas, sociais e políticas do país. Ébrios de poesia e arte, saboreavam a liberdade estética que tinham conquistado. Mas tanta despreocupação não poderia durar para sempre. Fermentos de crise estavam no ar: crise econômica internacional, com o craque financeiro de 1929, e crise política interna, com a Revolução de 1930.

A chamada Primeira República conclui-se, de fato, de modo dramático, em 1930, quando Júlio Prestes, o novo candidato eleito, deveria suceder Washington Luís na presidência do país. O descontentamento de muitos Estados com o resultado das eleições, o assassinato do vice-presidente do candidato derrotado e as tensões sociais difusas em todo o país precipitaram a situação, até que uma junta militar assumiu o poder em 3 de outubro de 1930. Teve início, assim, a era de Getúlio Vargas, que dominará a cena política por um longo período, de 1930 a 1945 e de 1951 a 1954.

As propostas do movimento, entretanto, difundem-se por todo o país, descentralizando a produção cultural, que até o início do século era prerrogativa quase exclusiva das cidades do Centro-Sul. Escritores e artistas redescobrem, fascinados, a província marginalizada e a zona rural, a imensa floresta amazônica, o grande sertão do planalto central e a região do Nordeste, desoladamente ligada ao ciclo das secas. E, sobretudo, redescobrem os homens que viviam naquele Brasil misterioso e desconhecido, cujos ritmos de vida, muitas vezes duríssimos, em nada eram alterados por todas as discussões e polêmicas sobre uma renovação apenas literária. Esse contato direto com a realidade impôs aos protagonistas do Modernismo a busca de um modo diferente de colocar-se em relação a ela, assim como evidenciou a urgência de uma transformação qualitativa nos rumos do movimento. Nesse sentido, o ano de 1924 é emblemático. Oswald de Andrade publica, no *Correio da Manhã*, o Manifesto Pau-Brasil, no qual afirma:

O trabalho da geração futurista foi ciclópico. Acertar o relógio império da literatura nacional.

Realizada essa etapa, o problema é outro. Ser regional e puro em sua época. (1990b, p.44)

Nesse texto essencial, aparece delineada a transformação do Modernismo nos anos sucessivos. A primeira etapa, o trabalho "ciclópico" da geração "futurista" (leia-se "modernista"), segundo Oswald de Andrade, estava concluída.

A propósito dessa confusão entre Futurismo e Modernismo, que o trecho citado reflete, é interessante observar a sua origem entre os opositores do Modernismo, que utilizavam indiferentemente os dois termos, com significado depreciativo e polêmico.[1] Mas o Futurismo, como movimento estético-literário – afirma Wilson Martins (1969, p.72) –, existiu somente por um breve período que vai de 1917 a 1922, ou seja, entre a exposição da pintora Anita Malfatti (1889-1964) e a Semana de Arte Moderna. Discorda de tal periodização a crítica Annateresa Fabris (1990, p.77), ao ressaltar que o espírito de contestação e o debate a respeito do significado da modernidade, que uniam futuristas e modernistas, foram basilares até o final da década de 1920.

Os modernistas, contudo, opuseram-se de modo ostensivo ao Futurismo, embora reconhecessem alguns pontos de contato com as teses marinetianas. É conhecida a posição de Mário de Andrade (1976a, p.22) a tal respeito: "Não sou futurista (de Marinetti). Disse e/ repito-o". A viagem que Marinetti fez ao Brasil em 1926[2] reforçou ainda mais as linhas divergentes entre teses

---

1 Sobre as relações entre Futurismo e Modernismo no Brasil, ver Martins (1969, p.72-85); Picchio (1997, p.416-22); Fabris (1990, p.67-80).

2 Discorrendo sobre a viagem que Marinetti fez ao Brasil, Mário de Andrade (1991, p.63) afirmou: "O Marinetti esteve aqui e no Rio fazendo conferências e cabotinando numa conta. Os jornais falaram que fui no Rio esperá-lo. É mentira, não fui não. Pretendi ir depois desisti e estou convencido que fiz bem. Aqui em S. Paulo só estive duas vezes com ele e a desilusão foi grande.

Poesia, mito e história no Modernismo brasileiro

futuristas e os objetivos dos jovens modernistas, empenhados, sim, no diálogo com o que de mais inovador pudesse oferecer a Europa, mas propensos a aderir somente ao que fosse compatível com a própria realidade. A diatribe entre Marinetti e os modernistas, todavia, interessa aqui só marginalmente.

Urge muito mais ressaltar que, diante da fúria dos renovadores de 1922, desintegrou-se todo o edifício da literatura parnasiana nacional. Os intelectuais brasileiros haviam incorporado as conquistas mais avançadas da vanguarda europeia, haviam se atualizado e modernizado. E foi, paradoxalmente, essa espasmódica busca de atualização das elites que evidenciou, ainda mais nitidamente, a esquizofrenia que tinha se instaurado entre as obras desses intelectuais e a realidade contraditória e problemática do país. É ainda Oswald de Andrade (1990b, p.44) que denuncia tal contradição:

> Temos a base dupla e presente – a floresta e a escola. A raça crédula e dualista e a geometria, a álgebra e a química logo depois da mamadeira e do chá de erva-doce. Um misto de "dorme nenê que o bicho vem pegá" e de equações.

Como harmonizar tudo isso? Como fazer conviver realidades assim contrapostas? E como, por outro lado, evitar a alienação que caracterizara no passado, e frequentemente também no presente, o comportamento dos intelectuais brasileiros?

Cada um tinha, naturalmente, sua solução. Os modernistas da primeira fase, aparentemente coesos, foram se irradiando em uma galáxia de grupos e correntes contrapostos, irreverentes, alguns extremamente vitais, outros ainda convencionais: Festa,

---

Nunca me interessei pela obra dele que acho pau e besta porém esperava um sujeito vivo e mais interessante. Me deu a impressão dum sujeito que fala de-cor, tudo o que me falou já está nos manifestos de 1909. O sujeito está marcando passo ridiculamente".

Verde-amarelo, Antropofagia, Anta, Regionalista do Nordeste, sem contar os tantos núcleos ativos nas províncias, com publicações mais ou menos polêmicas que causavam escândalo por todo o país.[3]

Que o Brasil não pudesse continuar apenas como sucursal dos centros europeus mais na moda, esquecendo ou omitindo sua identidade, seu passado, suas especificidades regionais, era patente e manifesto para todos. Mas era igualmente manifesto que o país não podia se isolar em um nacionalismo superficial e apologético, obtusamente tradicionalista. A solução proposta por Oswald de Andrade no Manifesto Pau-Brasil é a da síntese dinâmica entre "floresta e escola", ou seja: "Uma visão que bata nos cilindros dos moinhos, nas turbinas elétricas, nas usinas produtoras, nas questões cambiais, sem perder de vista o Museu Nacional. Pau--Brasil" (1990b, p.44). A solução nativista-primitivista oswaldiana não é, portanto, recusar as conquistas da modernidade nem se fechar às correntes internacionais de pensamento, mas se esforçar para não esquecer ou ignorar o próprio passado e nem as muitas faces do presente: "Apenas brasileiros de nossa época" (ibid., p.45). Oswald de Andrade antecipa, nesse manifesto, muitos dos pressupostos da Antropofagia, que ele inaugurou em 1928.

É bem verdade, como afirma Paulo Prado (1869-1943) no prefácio ao livro *Pau-Brasil*, que foi "do alto de um atelier da Place Clichy", em Paris, que Oswald de Andrade descobriu a sua própria terra (1974, p.67). Podemos afirmar, todavia, que foi justamente o estranhamento que provocou o choque salutar, em sentido antiapologético e desmistificante, com o seu nacionalismo. O próprio Oswald afirmará mais tarde: "Se alguma coisa eu trouxe das minhas viagens à Europa dentre as duas guerras, foi o Brasil mesmo" (1991f, p.111). O seu não é um primitivismo

---

3  Citamos, entre as mais conhecidas, *A Revista* (jul. 1925 - jan. 1926), de Belo Horizonte; *Verde* (set. 1927-jan. 1928), de Cataguases; *Arco e Flexa* (1928-1929), da Bahia; *Maracajá* (1929), de Fortaleza etc.

Poesia, mito e história no Modernismo brasileiro

exótico, nem a sua perspectiva pode ser confundida com a de um *touriste*, como afirmava Plínio Salgado, que, paradoxalmente, estava muito mais próximo da imagem tradicional que muitos europeus tinham do Brasil.

Ter tomado consciência, no exterior, da realidade nacional não invalida o fato de que essa "descoberta" provocou uma reviravolta no percurso oswaldiano, assim como no modernista. Mário de Andrade fez a mesma descoberta em sua casa, na eclética, provincial e "desvairada" cidade de São Paulo da década de 1920.[4] As perspectivas diferentes dos dois corifeus do Modernismo – uma endógena, outra só aparentemente exógena – na realidade se completam, dão-nos o quadro profundo de um país que só então os intelectuais brasileiros começavam a percorrer, com adesão e espanto, mas também com um afiado senso crítico.

O "pecado original" da Place Clichy, todavia, não foi perdoado a Oswald de Andrade pelos intelectuais que fundam, em 1926, por reação ao *Pau-Brasil*, o grupo Verde-amarelo, formado por Plínio Salgado (1895-1975), Menotti del Picchia (1892-1989), Cassiano Ricardo (1895-1974), Alfredo Ellis (1896-1974) e Cândido Mota Filho (1897-1977). Conforme Cassiano Ricardo, em suas memórias (1970b, p.36):

> Oswald havia descoberto o Brasil na Europa; queríamos descobrir o Brasil no Brasil mesmo; somar mais Brasil dentro do Brasil. Verde-amarelismo contra futurismo italiano, contra dadaísmo francês, contra expressionismo alemão.

---

4 O próprio Oswald de Andrade (1990e, p.220) tem consciência de que viajar, ou seja, entrar em contato direto com os centros internacionais mais em ebulição naquele momento não bastava para transformar as convicções de ninguém: "Em 1918, eu fui à França e trouxe de lá o 'Manifesto' de Marinetti. Em 1922, Mário de Andrade tinha em casa todos os futuristas italianos [...] viajar não era nada. O que importava era o ambiente criado em São Paulo. Ronaldo de Carvalho viajou muito, mas nunca passou daquelas coisas sentimentais e irônicas".

A fim de sermos originais, tínhamos que apelar para o que era nosso, terra e homem; pra sermos universais tínhamos primeiro que ser brasileiros antes de tudo.

As propostas estético-literárias verde-amarelistas não se distanciavam muito das enunciadas no Manifesto Pau-Brasil e, sucessivamente, no Manifesto Antropófago. Existia, contudo, uma diferença fundamental entre os dois grupos, uma incompatibilidade ideológica que impedia que ambos percebessem tais afinidades. O grupo Verde-amarelo não escondia sua simpatia por um ideal político de direita e, mais tarde, em 1927, confluído no grupo Anta, tal tendência política se acentuou ainda mais. Não foi por acaso que um dos idealizadores dessa corrente, Plínio Salgado, fundou em 1932 o Partido Integralista, inspirando-se no nacional-socialismo europeu.

A posição ideológica da Antropofagia é bem de outro tipo. Oswald de Andrade afiliou-se ao Partido Comunista Brasileiro, empenhando-se ativamente em política. O poeta confessou, mais tarde, ter importado em sua primeira viagem à Europa o manifesto errado – o Futurismo em vez do Manifesto de Marx. Mas o engajamento político se generalizou na década de 1930 e muitos intelectuais conheceram a prisão ou o exílio.

Para lá das polêmicas ideológicas que tenderão sempre mais, a partir de então, a dividir os modernistas, para todos havia chegado o momento de voltar-se para a realidade interna, o momento do nacionalismo como nódulo central das propostas não mais somente estético-literárias, mas inerentes à sociedade em seu conjunto. Só que o nacionalismo do grupo oswaldiano é crítico, polêmico: não tem receio de denunciar os aspectos negativos do Brasil; ao contrário, indaga em todos os campos, buscando uma visão profunda, realista e sincera do país. Já o nacionalismo verde-amarelista é de tipo sentimental, epidérmico, vai buscar justificações na exaltação de valores como o patriotismo, a terra, a religião, a família, a ordem política vigente:

Poesia, mito e história no Modernismo brasileiro

Aceitamos todas as instituições conservadoras, pois é dentro delas mesmo que faremos a inevitável renovação do Brasil, como o fez, através de quatro séculos, a alma da nossa gente, através de todas as expressões históricas. (Teles, 1978, p.307)

É necessário sublinhar que tal nacionalismo (pelo menos na primeira fase) era, em ambos os casos, de natureza mais literária do que propriamente ideológica e política. Não é etnocentrismo, não é teorização da primazia da própria cultura sobre qualquer outra. Tanto os grupos de orientação progressista como os mais tradicionalistas e reacionários o sublinham claramente. Não é nacionalismo por exclusão, mas por coesão: por desejo de descobrir-se nação, para buscar os princípios de coexistência em um país demasiadamente heterogêneo. Mário de Andrade deixou-nos, no livro *Clã do Jabuti*, de 1927, talvez o testemunho lírico mais intenso e eficaz desse sentimento:

Brasil amado não porque seja minha pátria,
Pátria é acaso de migrações e do pão-nosso onde Deus der...
Brasil que eu amo porque é o ritmo do meu braço aventuroso,
O gosto dos meus descansos,
O balanço das minhas cantigas amores e danças.
Brasil que eu sou porque é a minha expressão muito engraçada,
Porque é o meu sentimento pachorrento,
Porque é o meu jeito de ganhar dinheiro, de comer e de dormir.
(Andrade, M. 1976a, p.132).

Mário de Andrade, como também Oswald de Andrade, combateu o exclusivismo cultural, irritando-se profundamente contra os que confundiam o desejo de nacionalidade, que é um sentimento legítimo e sincero, com o mero patriotismo apologético.

Voltemos, porém, ao debate interno entre os diversos grupos modernistas. Vimos que o Verde-amarelismo é uma reação ao *Pau-Brasil* de Oswald de Andrade, acusado de ser excessivamente vinculado às vanguardas europeias, alienado da realidade nacional. O projeto oswaldiano de retorno às fontes da nossa história, contudo, era compartilhado por Plínio Salgado; sabe-se que ambos os grupos se empenharam no estudo dos documentos e tratados do período colonial. Só que o significado de tal aventura para os verde-amarelistas, visto que o tradicionalismo do grupo é evidente, resulta totalmente distinto daquele oswaldiano: perde--se o aspecto corrosivo e crítico do projeto Pau-Brasil e o primitivismo tinge-se de neoindianismo, ou seja, de reconstituição da visão romântica do "bom selvagem". É o que podemos constatar nas palavras de Cassiano Ricardo (1970b, p.40):

> [...] quem diz indianismo, no Brasil, diz Brasil, sua origem, diz Montaigne, Rousseau, Thomas Morus, Rabelais e, via Rousseau, Revolução Francesa, com passagem pelo século XIX, por Marx e Lenine, que leram Morus (Revolução Russa). Não se trata apenas do índio brasileiro em carne e osso, que está no Xingu e que nem por isso deixa de ser um homem como outro qualquer, civilmente considerado. Trata-se do índio que foi o "bom selvagem", que suscitou ideias e ideologias revolucionárias, ainda vivas no mundo de hoje.

As referências aos nomes de Marx e Lenin não nos devem levar a equívoco: a perspectiva do grupo Verde-amarelo permanece a tradicional. A história colonial é idealizada, assim como mitificada é a visão segundo a qual o encontro entre índios e brancos teria sido um evento predestinado. Lê-se no Manifesto Nhengaçu Verde Amarelo, publicado no *Correio Paulistano* de 17/5/1929, que a grande migração dos Tupis em direção ao Atlântico, ocorrida antes da chegada dos europeus, era uma "fatalidade pré-cabralina" que serviu para preparar o terreno à colonização (Teles, 1978, p.301). E mais: "Os tupis desceram para serem absorvidos. Para se diluírem no sangue da gente nova. Para viver subjetivamente e transformar numa prodigiosa força a bondade do brasileiro e o seu grande sentimento de humanidade".

Poesia, mito e história no Modernismo brasileiro

E não obstante o fato de que os autores do manifesto estavam conscientes de que entre as etnias que constituíram o Brasil a autóctone foi a única que objetivamente desapareceu – "Em uma população de 34 milhões não contamos meio milhão de selvagens"(Teles, 1978, p.303) – não se lê nem sequer uma palavra de crítica ou condenação por tal etnocídio.

É compreensível a ironia pungente e dissacratória do Manifesto Antropófago, publicado na *Revista de Antropofagia*, em maio de 1928: é uma resposta ao neoindianismo idealizante do grupo de Plínio Salgado.

A Antropofagia é uma tomada feroz de posição sobre a necessidade de uma postura permanentemente crítica e ativa do escritor "contra todos os importadores de consciência enlatada" (1990b, p.48). Mas não apenas isso. A Antropofagia estava em parte implícita, como se viu, no programa do Manifesto Pau-Brasil. Oswald de Andrade, todavia, acrescenta agudeza e incisividade, uma ironia mordaz, uma iconoclastia salutar, justamente no momento em que o Modernismo começava a retroceder em muitas posições.

As teses pau-brasílicas são aprofundadas e consolidadas. Nos quatro anos que se interpõem entre os dois manifestos, Oswald de Andrade amadureceu o seu nativismo-primitivismo, radicalizando-o ao máximo. Se no Manifesto da Poesia Pau-Brasil (ibid., p.42) tínhamos o convite a reagir contra a mera cópia e a construir uma poesia intrinsecamente nacional ("a poesia Pau-brasil. Ágil e cândida"), no Manifesto Antropófago (p.48) aquele convite transforma-se em exortação à "Revolução Caraíba: Maior que a Revolução Francesa. A unificação de todas as revoltas eficazes na direção do homem".

Na raiz dessa tangível transformação está naturalmente o Dadaísmo de Tristan Tzara e Francis Picabia, o Surrealismo de André Breton, o método psicanalítico de Freud, o pré-logismo de Lucien Lévy-Bruhl. Mas há também reflexão e intercâmbio cultural ativo e crítico, a clara intenção de se beneficiar do contato com todas as correntes da modernidade sem renunciar à própria originalidade, individual e nacional. Nesse sentido, a Antropofagia é um convite à negação do isolamento. Como opção, e como consciente postura estético-cultural, ela tem um sentido extremamente fecundo: é a assimilação crítica das forças do "inimigo sacro", é a transformação ativa e a dominação de tais forças no ato consciente de assimilar apenas o que se considera compatível ou, de qualquer maneira, positivo para a própria cultura.

Ainda que exista, indubitavelmente, consonância entre o radicalismo que guia o Movimento Dadaísta e as teses da Antropofagia, será injusto e superficial interpretar essas teses como o prolongamento ou a simples transposição das diretrizes dadaístas à realidade brasileira. O poeta e crítico Augusto de Campos destaca que, na Antropofagia, havia um projeto utópico que não estava presente no Dadaísmo. Os intelectuais empenhados no Movimento Antropofágico cultivam o propósito de corroer a literatura do poder para dar lugar ao nascimento de um nova palavra, de uma literatura da liberdade: eles querem a transformação do tabu em totem. Ao contrário, afirma ainda Augusto de Campos, tanto a revista *Cannibale* quanto o *Manifeste Cannibale Dada*, de Francis Picabia, apresentam "um nihilismo que nada tem a ver com a generosa utopia ideológica da Antropofagia".[5]

Benedito Nunes, no belo ensaio *Oswald canibal*, acrescenta que existe muita novidade na imagem oswaldiana do antropófago e no respectivo conceito de assimilação: "Há muita riqueza nessa loucura sem método [...] há uma distância enorme quer na forma, quer no conjunto de suas ideias, entre o Manifesto Antropófago e o Manifesto Canibal de Picabia" (1979, p.36).

---

5  Campos (1978, p.121). Sobre as relações entre Dadaísmo e Antropofagia, ver também Martins (1973); Nunes (1979; 1990a, p.5-39).

Poesia, mito e história no Modernismo brasileiro

Afirmou-se que a Antropofagia nasce também como reação a certas correntes nacionalistas do Modernismo, sobretudo a do Verde-amarelismo e a da Anta. Segundo Oswald de Andrade, o nacionalismo pitoresco de Plínio Salgado, Cassiano Ricardo e Menotti del Picchia era absolutamente improponível. Para o poeta, era fato incontestável que a história deveria ser revista a partir de uma ótica diversa, visto que a colonização não era decisivamente a nobre aventura de que falavam alguns cronistas oficiais ou os intelectuais, que haviam assimilado e perpetuado essas teses por séculos. Mas era igualmente impossível cancelar ou interromper a aculturação passada e presente, ocorrida como consequência da colonização. Importante era, portanto, procurar ativar de forma crítica tal processo aculturativo, vivendo-o como sujeitos conscientes, agentes, e não apenas como indivíduos passivos.

Por séculos, a Metrópole havia manipulado ou desestruturado qualquer discurso de independência e qualquer manifestação da diversidade nacional, impondo os próprios modelos culturais e sufocando a voz da colônia. Agora, esses filhos não aceitam mais tais condicionamentos: são diferentes, sabem que são diferentes e querem falar dessa diversidade, com o discurso da diversidade. Oswald de Andrade afirma, em um dos seus famosos "Moquéns", publicados na *Revista de Antropofagia*:

[...] fomos, somos e seremos inexoráveis. Não pouparemos nenhuma duplicidade, nenhuma impostura. A todos os inimigos comeremos... Aqui nos encontrarão sempre contra a falsa arte, contra a falsa moral, contra a falsa cultura.[6]

Para realizar esse ambicioso projeto, Oswald de Andrade serviu-se, sobretudo, da paródia e da força que ela tem para

---

6  O texto é de "Tamandaré", um dos pseudônimos de Oswald de Andrade (in: *Revista de Antropofagia*, n.7, 2ª "dentição").

atomizar o discurso oficial, para evidenciar ideologias implícitas e para instaurar a polifonia. Para Affonso Romano de Sant'Anna (1985, p.28), "a maturidade de um discurso se revela quando o autor, atingindo a paródia, liberta-se do código e do sistema, estabelecendo novos padrões de relação das unidades". A paráfrase é a continuação do discurso oficial, ao passo que a paródia é a ruptura dessa harmonia, é a busca de um modo diverso de ler as informações presentes naquele discurso: é, em última análise, um "processo de liberação do discurso. É uma tomada de consciência crítica" (ibid., p.31).

Por meio da paródia, a história é revista e as perspectivas, invertidas. Nesse sentido, o grupo da Antropofagia, em seu irreverente radicalismo, recusa toda a cronologia colonial e propõe um novo calendário nacional: a história do Brasil deveria iniciar não em 1500, ou seja, com a chegada de Pedro Álvares Cabral, mas em 1556, ano em que D. Pêro Sardinha, primeiro bispo do Brasil-Colônia, foi literalmente devorado pelos índios Caetés, depois de um naufrágio ocorrido no Nordeste. A história brasileira deveria, assim, partir de uma data que marcou uma reação dissacratória, de legítima defesa, em relação ao poder constituído, religioso e político.

Oswald de Andrade fez tábula rasa do "bom selvagem" romântico, catequizado e bem educado, símbolo de um intelectual alienado. À glorificação do índio de Rousseau ele contrapõe o elogio do "mau selvagem, matador de brancos, antropófago, polígamo, comunista" (Bastide, 1959, p.225). Recupera assim, em sentido positivo, a imagem do índio que se defendeu e lutou contra o colonizador, que não se submeteu à escravidão e nem sempre aceitou de forma pacífica a catequização. É esse índio que se elege como paradigma do Brasil.

A Antropofagia é uma diversa decodificação da história, oposta em relação à romântica e à verde-amarelista. Propõe, também, uma revisão dos primeiros cronistas, mas para surpreender o índio, como refere Américo Vespúcio (Ramusio, 1978-1985, v.1, p.675), na mais *"scelerata libertà di vivere"*. É esse o senso oswaldiano do retorno às fontes, de onde desentranhou irônicas glosas de Caminha, Gândavo, Claude d'Abbeville, Vicente do Salvador e Fernão Dias Pais, publicadas no livro *Pau-Brasil*, de 1925. Ele parodia, ridiculariza, explicita as ideologias presentes naqueles autores, instaurando uma relação dialética e conflituosa com o objetivo de liberar-se, definitivamente, daqueles textos, "comendo-os", assimilando as forças do inimigo, transformando o tabu em totem. E o gesto de "canibalizar" o outro é retomado, diretamente, da mitologia ligada aos ancestrais Tupinambás.

Foi uma espécie de bomba de efeito retardado, se pensarmos que a Antropofagia, sob o perfil histórico, se exauriu depois de intensos, mas fugazes, debates. As propostas e as soluções que lançou foram, todavia, extremamente fecundas: a Antropofagia contribuiu para desarraigar, lenta e determinantemente, certos servilismos radicados, certos modos insidiosos – próprios de povos colonizados – de perceber e assimilar os modelos culturais de importação. Ainda hoje, ela funciona como um mordente da consciência crítica nacional.

A crítica Lúcia Helena (1983) afirma mesmo que uma das interpretações da Antropofagia é aquela que a focaliza como o *ethos* da cultura mais tipicamente nacional, a atitude estético--cultural de resistência privilegiada dessa literatura, o seu discurso de independência. Nesse sentido, Gregório de Matos teria sido o primeiro "antropófago" do Brasil, tendo desenvolvido uma literatura de corrosão daquela colonial, pela inserção do contradiscurso do oprimido.

Com a Antropofagia conclui-se um ciclo do Modernismo, a chamada "fase heroica". A situação de crise do país solicitará, a partir de então, um comprometimento maior dos escritores com a realidade. Teremos, desde 1930, um novo período em que as conquistas modernistas se irradiarão e se transformarão em patrimônio de todos. É o momento da prosa, do romance social nordestino e do romance psicológico do Centro-Sul, com escritores como José Lins do Rego (1901-1957), Jorge Amado (1912-2001), Graciliano Ramos (1892-1953), Rachel de Queiroz (1910-2003), Cornélio Pena (1896-1958), Lúcio Cardoso (1913-1968), Erico Verissimo (1905-1975) e Cyro dos Anjos (1906-1994).

Vinte anos depois da Semana de Arte Moderna, no famoso ensaio "O Movimento Modernista", Mário de Andrade afirmou que o espírito do Modernismo foi efetivamente de destruição, "mas esta destruição não apenas continha todos os germes da atualidade, como era uma convulsão profundíssima da realidade brasileira" (1974, p.242). E com extraordinária argúcia e lucidez, acrescentou que o maior mérito do movimento modernista foi a fusão de três princípios fundamentais: "o direito permanente à pesquisa estética; a atualização da inteligência artística brasileira; e a estabilização de uma consciência criadora nacional". Foram essas conquistas que amadureceram, definitivamente, a literatura brasileira, preparando o terreno para os grupos e os movimentos que vieram a seguir e que souberam penetrar a fundo na própria realidade e exprimir um espírito, uma alma, um modo de sentir e de existir que não pode ser confundido com nenhum outro, no qual presente e passado, primitivo e moderno, regional e universal, conseguem conviver.

Focalizamos o conjunto de tendências e de processos que caracterizaram o primeiro ciclo modernista, constatando como o projeto de redescobrir o Brasil representa um eixo essencial do período. Para Wilson Martins (1969, p.195), o Modernismo foi, nesse sentido, uma escola literária "ambulante e perambulante", fascinada pela descoberta geográfica e cronológica: descoberta cronológica feita pela revisitação dos clássicos da literatura e da historiografia nacional e, sobretudo, em consonância com o nativismo-primitivismo das principais correntes modernistas, das obras em que o índio fora objeto de interesse e estudo. É Raul Bopp (1977, p.45; 1966, p.134-5) quem fornece o elenco dos autores mais estudados pelos grupos empenhados nesse projeto:

Poesia, mito e história no Modernismo brasileiro

André Thevet, Jean de Léry, Hans Staden, Michel de Montaigne, Claude d'Abbeville, Teodoro Sampaio, Couto de Magalhães etc. Analogamente, viu-se que não foi a literatura a única a se mover nessa direção de aprofundamento e de reflexão. Antes, verificou-se um florescer de estudos etnológicos, psicológicos, sociológicos, históricos, geográficos e linguísticos, bem como a reedição, vista já no período do Romantismo, das velhas crônicas e tratados dos séculos XVI e XVII. Alguns dos próprios protagonistas do Modernismo, como Mário de Andrade, foram infatigáveis pesquisadores das tradições populares, dos mitos, da música, das artes, da língua falada nas mais diferentes e distantes regiões do país.

Foi justamente essa nostalgia da infância, mito primordial de uma idade da inocência (que se identifica automaticamente, no caso do Brasil, com o período anterior à Conquista), esse retorno a fontes da nossa história, a raiz e a gênese das três obras – *Pau-Brasil*, *Martim Cererê* e *Cobra Norato* – de que nos ocuparemos nos próximos capítulos deste estudo. São obras que pertencem à chamada "fase heroica" do Modernismo e que marcam um momento crucial de reflexão sobre as tendências e os percursos possíveis para a literatura e a cultura do país.

Vimos, porém, que esse remontar às fontes da nossa história produziu resultados bastante diversificados, segundo a postura ideológica dos intelectuais e artistas que o projetaram e praticaram. Se para a Antropofagia a revisão ou a reinterpretação de histórias codificadas, feita sob a perspectiva do colonizado, deveria necessariamente ser irônica, satírica, iconoclasta, o grupo Verde-amarelo e o grupo Anta entendem o retorno às origens e às tradições como um culto destas.

A diversidade estrutural, conteudística e ideológica das obras que focalizaremos responde a essa diversidade na interpretação do "retorno às fontes". Pode-se retornar com um "pensamento de psicanálise" (Bopp, 1966, p.97), como em *Cobra Norato* e *Macunaíma*; pode-se retornar para destruir, por meio da ironia e da paródia, os textos iniciais que fixaram uma imagem do país que não corresponde mais à do Brasil moderno, como em *Pau-Brasil* e em *História do Brasil*; pode-se retornar para reatualizar velhos mitos, sem contestá-los na substância, aceitando-os como imagens de si próprios, como em *Martim Cererê*.

Como quer que seja entendido esse percurso histórico--retroativo, para Antonio Candido (1976, p.119), o Modernismo brasileiro produziu, em sua fase heroica, a "libertação de uma série de recalques históricos, sociais, étnicos". Paralelamente, verificou-se a recuperação sistemática de valores removidos e marginalizados da cultura nacional. Os três autores que estudaremos incorporam, embora de forma diferente, esses princípios contextuais e basilares, buscando também, dentro das possibilidades, individualizar e explicitar momentos e mecanismos que determinaram a distância entre o país real e o país idealizado nas letras e nas artes.

*Pau-Brasil*, de Oswald de Andrade, publicado em 1925, é constituído por breves poemas, nos quais o autor aborda a alternância de fases históricas significativas do país, partindo das primeiras décadas do período colonial para chegar à atualidade. Mas, aqui, a história é entendida como elaboração ideológica, cuja versão muda de acordo com os interesses e o ângulo de visão com o qual é interpretada.

*Martim Cererê*, de Cassiano Ricardo, publicado em 1928, é o poema da colonização, do bandeirante que alarga as fronteiras do país: expansão territorial, dominação e enquadramento do índio e do negro na economia colonial. Os heróis de *Martim Cererê* são os gigantes, mamelucos que conquistam a terra levados por duas forças temíveis: "a ambição e o maravilhoso" (1981, p.5). E conquistam rudemente porque a terra se lhes opõe: os "gigantes" não a compreendem, não se sentem parte dela.

*Cobra Norato*, de Bopp, escrito entre 1927 e 1928 e publicado em 1931, é, por outro lado, o poema do puro assombro diante da terra virgem: uma metáfora do primeiro homem chegando a um mundo mágico e sem fim. É o Brasil que se apossa poeticamente de sua infância, instaurando, com esse tempo perdido, uma relação empática.

Embora *Cobra Norato* seja, dentre as três obras que examinaremos, a última publicada, do ponto de vista conteudístico podemos dizer que ela precede as outras duas, já que propõe uma viagem pelo tempo-espaço arcano e arcaico, uma viagem onírica no mito. Os outros dois textos, profundamente heterogêneos entre si, repropõem um percurso que, da chegada à América dos primeiros europeus, vem até os dias atuais. *Martim Cererê*, em sua primeira parte, engloba também o fenômeno da migração Tupi em direção ao litoral e, portanto, um momento de história pré-colombiana.

De qualquer maneira, a ordem que seguiremos será estritamente cronológica em relação ao ano de publicação das obras, com *Pau-Brasil*, de 1925, que abre a série, e *Cobra Norato*, de 1931, que a conclui. Cada um desses autores privilegiou um aspecto do Brasil, segundo uma dada perspectiva: uma perspectiva de que cada texto é o emblema e a síntese eficaz. As três obras completam-se e, por essa razão, optamos por abordá-las num mesmo estudo. Trabalhos importantes e minuciosos foram realizados singularmente sobre cada uma, mas é a primeira vez que se efetua uma análise comparativa, capaz de revelar não só os pontos de contato, mas também as divergências profundas que as caracterizam.

# 4
## Oswald de Andrade: história e anti-história, uma releitura crítica do passado

Como poucos, eu conheci as lutas e as tempestades. Como poucos, eu amei a palavra Liberdade e por ela briguei.

*Oswald de Andrade*

## O *enfant terrible* e terno do Modernismo

Oswald de Andrade foi um dos mais inquietos e geniais protagonistas do Modernismo, e a sua poesia é, por muitos, considerada como visceralmente radical. No livro *Pau-Brasil*, ele se diverte a "escangalhar os brinquedos, para ver como eram por dentro. E viu que não eram coisa nenhuma" (Ribeiro, 1946, p.90-8). E os "brinquedos", a que se refere o crítico João Ribeiro, são os textos, ou pretextos, da história e da literatura brasileira, que são fragmentados, decompostos e remontados na sua obra, segundo uma nova visão e interpretação.

Sua conversão às estéticas vanguardistas se fez por meio do Futurismo, cujo manifesto o autor importa em 1912, na sua

Vera Lúcia de Oliveira

primeira viagem europeia. Mal retornou, começou a agitar o plácido e provinciano mundo intelectual de São Paulo, cidade que estava se industrializando, apesar de ainda despreparada para as rápidas transformações que viverá em breve tempo.

Em 1917, ocorreu o encontro de Oswald com Mário de Andrade, fundamental para a definição das novas estratégias de renovação das letras e das artes no país. A seguir, o grupo alargou-se com a adesão de outros intelectuais, como Menotti del Picchia (1892-1988), Guilherme de Almeida (1890-1969), Sérgio Buarque de Holanda (1902-1982), Manuel Bandeira (1886-1968), Graça Aranha (1868-1931), os artistas Victor Brecheret (1894-1955) e Di Cavalcanti (1897-1976) e o músico Heitor Villa-Lobos (1887-1959). Desses encontros, discussões e projetos nasceu a ideia de realizar a Semana de Arte Moderna, que deixará um longo rastro de polêmicas na imprensa local e nacional.

Oswald Andrade foi, sem dúvida, um dos máximos representantes do Modernismo. Com a sua verve transgressiva, irreverente e satírica, foi alma viva do movimento, sempre pronto a lançar-se como um Dom Quixote contra tudo aquilo que lhe parecia desprovido de espírito e vitalidade. Não hesitou em polemizar com os próprios participantes mais ativos da Semana de Arte Moderna, quando lhe pareceu que o movimento perdia ímpeto revolucionário. Além do amigo Mário de Andrade,[1] atacou, nas colunas da Revista de Antropofagia (já na segunda "dentição", nas páginas do Diário de São Paulo), também Paulo Prado, Antônio de Alcântara Machado (1901-1935) e Yan de Almeida Prado (1898-1987), tanto que esses autores romperam clamorosamente qualquer relacionamento com o poeta em 1929.

Ninguém sai ileso do contato com Oswald de Andrade, afirma Maria de Lourdes Eleutério (1989, p.119). É ele, todavia,

---

1 Sobre o relacionamento, fundamental para a literatura e a cultura brasileiras, entre Mário de Andrade e Oswald de Andrade, ver o tocante e intenso testemunho de Antonio Candido (1977, p.57-87).

a maior vítima de si mesmo, já que a sua irreverência provoca-
-lhe inúmeras e renitentes inimizades: "Magoa-se e pensa ser
um injustiçado. Afinal, suas piadas e ironia são para fazer rir".

Vimos como o Manifesto Pau-Brasil e, mais tarde, o Manifesto Antropófago, extremamente críticos e polêmicos, seriam
uma resposta aos que imaginavam que o Modernismo, tendo
corroído pela raiz a retórica parnasiana, proporcionaria ao país
uma arte nova, empenhada em relação às exigências do presente.
Mas Oswald sentia que não era assim. Porta-voz de uma nova
consciência histórica, livre e crítica, ele começa a evidenciar as
incoerências e as contradições do sistema: era o modo de conceber a realidade, era a visão do mundo, eram as próprias bases
da sociedade brasileira – uma sociedade que se assentava sobre
valores e modelos superados, comprimida e repressiva – que
deveriam ser revistas e rediscutidas. Por isso, ele não dava paz
a si mesmo nem a ninguém. Fustigador de consciências: assim
podemos definir o papel de Oswald de Andrade nos seus 65 anos
de existência inquieta e ativa.

Findou em mágoa e desilusão, incompreendido pelos contemporâneos, esquecido pelos amigos, denegrido pelos adversários,
recusado pelos editores. Aquele que contribuíra para transformar
os destinos de toda uma geração, que enriquecera a literatura
brasileira com obras revolucionárias, que se insurgira, enfim,
contra os falsos valores da sociedade do seu tempo, projetando ge-
nerosas utopias, acabou excluído e marginalizado da vida cultural.
Os últimos anos do poeta são realmente representativos do processo de ostracismo frequentemente imposto aos contestadores.

Oswald de Andrade atravessou diversas fases, passando
da poesia *Pau-Brasil* à Antropofagia, do período dominado pela
paixão política da década de 1930 ao interesse pelas especula-
ções filosóficas dos últimos anos de vida. Pode-se afirmar que a
transformação, a inovação e a mudança eram a essência da sua
personalidade inquieta, de homem perenemente insatisfeito,
de intelectual incapaz de ingressar nas fileiras do oficialato,
qualquer que fosse o aspecto de sua manifestação. Buscou

sempre novos caminhos, dimensões inéditas para a sua obra, percursos não trilhados pelo pensamento artístico da época, além de estratégias inéditas de incidência sobre o mundo, com um utopismo singular, que marcou cada um dos seus projetos estético-literários, cada programa de vida.

É um intelectual versátil, complexo e contraditório. Sua obra apresenta momentos alternados de impressionante intuição e antecipação dos tempos, como em *Memórias sentimentais de João Miramar, Pau-Brasil, Serafim Ponte Grande, O rei da vela*, e outros em que perde qualidade estética em razão de um repentino proselitismo político, como na peça de 1937, *O homem e o cavalo*, texto no qual, contudo, está presente todo o vigor corrosivo da sua contestação à sociedade.

Oswald não poupou nem a si mesmo na crua autocrítica presente no prefácio do livro *Serafim Ponte Grande*, escrito entre 1924 e 1928, mas publicado só em 1933, ano que marca a sua adesão marxista. Nesse texto emblemático, o poeta afirma:

> A situação *revolucionária* desta bosta mental sul-americana, apresentava-se assim: o contrário do burguês não era o proletário – era o boêmio! As massas, ignoradas no território e como hoje, sob a completa devassidão econômica dos políticos e dos ricos. Os intelectuais brincando de roda. De vez em quando davam tiros entre rimas [...]. Com pouco dinheiro, mas fora do eixo revolucionário do mundo, ignorando o Manifesto Comunista e não querendo ser burguês, passei naturalmente a ser boêmio. (1980a, p.131-2)

Nesse momento, ele renega toda a sua obra precedente, inclusive o livro *Pau-Brasil*. Define-o como "uma operação imperialista", que tinha que ruir, como era natural que ruísse também "quase toda a literatura brasileira *de vanguarda*, provinciana e suspeita, quando não extremamente esgotada e reacionária" (ibid., p.133). De tudo isso, o poeta "salva" somente o livro *Serafim Ponte Grande*, visto por ele como um documento, ou seja, o "necrológio da burguesia", o epitáfio do que ele mesmo tinha sido.

E declara que não seria mais possível voltar para trás: "O meu relógio anda sempre para a frente. A História também" (ibid.). O poeta questiona, dessa forma, o próprio mundo de onde provém, a falsa moral do seu grupo social, o conservadorismo, o formalismo, o apego aos ritos desprovidos de significado. Assim fazendo, porém, põe em jogo a sua biografia, a sua formação, a sua história pessoal. Ele confessará mais tarde:

> [...] a revolução modernista eu a fiz mais contra mim mesmo [...]. Se eu não destroçasse todo o velho material linguístico que utilizava, amassasse-o de novo nas formas agrestes do modernismo, minha literatura aguava e eu ficava parecido com D'Annunzio [...]. Não quero depreciar nenhuma dessas altas expressões da mundial literatura. Mas sempre enfezei em ser eu mesmo. Mau mas eu. (1991f, p.40)

E não obstante a verve revolucionária do poeta, o aparente caráter incompleto e fragmentado de sua produção literária, a sua necessidade de pôr sempre tudo e todos em discussão, inclusive a si próprio, Oswald de Andrade era um artesão da palavra, que reelaborava obsessivamente cada texto, como comentam alguns dos seus maiores exegetas. Afirma Mário da Silva Brito (1991a, p.15), testemunhando a meticulosidade do poeta de *Pau-Brasil*:

> O homem imprevisto e repentino, que aturdia os espíritos com suas réplicas instantâneas e ágeis, como autor tinha outro comportamento: era moroso, trabalhava laboriosamente os seus textos, punha-os em repouso para a eles voltar mais tarde, ora com o fito de cortar largos trechos, ora de acrescê-los. Era mais de diminuir do que de aumentar. É o que demonstram os seus originais rascunhados a lápis.

Também Mário Chamie (1976, p.9), estudando os originais do texto *O santeiro do mangue*, cheio de correções feitas a lápis pelo seu autor, sublinha o que ele define como "o instinto perfeccionista" de Oswald de Andrade, perfeccionismo que contrasta com a impressão de simplicidade e de espontaneidade quase automática dos seus versos. Mas isso se explica facilmente – afirma Chamie –, já que é "muito mais difícil conseguir uma estrutura de linguagem ágil e transparente a partir de elementos linguísticos da fala corriqueira, coloquial e de gíria, do que conseguir um equilíbrio formal a partir de uma fraseologia culta abonada pela tradição literária" (ibid., p.10).

Existe muito de autobiográfico em todas as obras de Oswald de Andrade, tanto que os vários críticos que as analisaram privilegiaram precisamente essa relação de interdependência entre vida e obra (Brito, 1972; Eleutério, 1989; Fonseca, 1982). O próprio poeta afirma que "a vida e a obra de um escritor são a mesma coisa. Principalmente quando ele é sincero. Quando nada esconde" (Andrade, O., 1990e, p.232). De fato, Oswald de Andrade viveu tão profundamente o próprio tempo que as metamorfoses radicais da sua vida se põem em correlação direta com os acontecimentos históricos que marcaram o Brasil e o mundo na primeira metade do século XX.

Para ele, o escritor plenamente consciente deve participar, com todo seu empenho cultural e até mesmo ideológico, das polêmicas e das lutas que agitam a sociedade em que vive e produz. Em artigo de 1946, o autor defende essa dimensão *engagé* do homem de letras, quando afirma que embora não exista nada mais odioso do que a tese na obra de arte, isso não justifica a alienação do intelectual: "não se infere daí que o escritor tenha de se abster ou de não participar das lutas de seu tempo" (Andrade, O., 1976, p.140). O autor de *Pau-Brasil* distingue-se, justamente, por essa disponibilidade absoluta, pela participação plena nas questões mais prementes de sua época, evidenciada no exercício da sua atividade jornalística, literária, teatral, ensaística.

Generoso, rebelde e anticonformista, teve uma vida tão plena de acontecimentos, eventos e lances sensacionais que Maria de

Lourdes Eleutério (1989, p.134) afirma que os vários momentos de sua biografia podem ser lidos como "ficção", porque se impregnam de um impulso quixotesco, lírico, inovador, desalentado e eufórico ao mesmo tempo.

Isso é comprovado por sua conclamada adesão ao marxismo e ao Partido Comunista Brasileiro em 1933. Incapaz, porém, de sujeitar-se ao sectarismo, polemizou com os dirigentes marxistas pela obtusidade com que marginalizavam os intelectuais e os constrangiam às tarefas mais absurdas, talvez com a secreta intenção de humilhá-los (estes, no fundo, eram vistos como expressão daquela burguesia a qual se estava combatendo). Assim, embora sempre se tenha declarado um intelectual de esquerda, já em 1945 rompeu com o Partido Comunista.

Por todas essas vicissitudes, são muitos os que afirmam que a figura e a aventura humana do poeta sobrepõem-se à obra literária, considerada inacabada, incompleta e fragmentária. Para Wilson Martins (1969, p.242), toda a vida de Oswald de Andrade é uma "angustiosa procura da obra-prima que se sabia incapaz de realizar", enquanto Alfredo Bosi (1994, p.357) declara que a obra de Oswald de Andrade é apenas um "leque de promessas realizadas pelo meio ou simplesmente irrealizadas".

Com tais argumentações, minimizou-se por muitos anos a importância desse pioneiro das letras brasileiras. O próprio poeta testemunha o inequívoco e tangível silêncio que circundou seja o autor, seja a sua obra (1991f, p.55):

> Quando, depois de uma fase brilhante em que realizei os "salões" do modernismo e mantive contato com a Paris de Cocteau e de Picasso, quando num dia só de *débâcle* do café, em 29, perdi tudo – os que se sentavam à minha mesa iniciaram uma tenaz campanha de desmoralização contra meus dias [...]. Criou-se então a fábula de que eu só fazia piada e irreverência, e uma cortina de silêncio tentou encobrir a ação pioneira que dera "Pau-Brasil" [...]. Tudo em torno de mim foi hostilidade calculada.

Antonio Candido ressaltava, em 1944, que a maior parte do público e da crítica conhecia de Oswald de Andrade apenas "a crônica romanceada de sua vida, as piadas gloriosas e a fama de haver escrito uma porção de coisas obscenas" (1992, p.18). Foram poucos, acrescenta, os escritores tão injustamente incompreendidos pela opinião pública e pelos próprios colegas e companheiros de geração. Também os críticos, em relação a sua obra, raramente se esforçaram em ir além dos pontos de vista estritamente pessoais.

A filha do poeta, Marília de Andrade, revela como Oswald de Andrade se sentia desencorajado nos últimos anos de vida, porque suas ideias não eram aceitas, sua obra era ignorada ou desprezada. Ele sentia-se abandonado, sem grandes esperanças (1987, n.6, p.68).

Mário de Andrade, no ensaio "O Movimento Modernista" (1974, p.237), procurou fazer justiça ao ex-amigo e companheiro de 1922, afirmando que Oswald de Andrade foi a figura mais característica e dinâmica do movimento modernista. E essa declaração do autor de *Macunaíma* – observa o estudioso Mário da Silva Brito (1954) – foi feita em 1942, ou seja, quando ainda vigorava a conjura de silêncio que procurava obscurecer a figura de Oswald de Andrade. O poeta naturalmente reagia de todos os modos possíveis ao silêncio que lhe era imposto, provocando e polemizando por meio de artigos, conferências e entrevistas em que reafirmava a importância do seu empenho e do seu papel precursor na renovação literária e artística do país.

Com a perspicácia que lhe era própria, porém, reconhecia que a ausência de perspectiva histórica prejudicava o sereno juízo dos contemporâneos (1991f, p.54):

De fato, o julgamento contemporâneo não pode favorecer os artistas que exprimiam os tumultos de nossa época. Justifica-se a má vontade: – quem vê de perto não vê. É necessário horizonte, distância, perspectiva. E o público não possui esses binóculos. A crítica também...

Não obstante a fama de *enfant terrible* do Modernismo, que pelo gosto de um trocadilho bem-humorado ou de uma piada mordaz punha em jogo as amizades mais queridas e duradouras, não omitindo certamente críticas e flechadas aos inimigos, Oswald de Andrade "é antes o menino inconsolável em face do mundo, onde não cresceu segundo a dimensão do imaginário" (Candido, 1990, p.16). Tal componente infantil ficara na conformação do adulto, e Antonio Candido, que foi também grande amigo do poeta, dá-nos uma síntese lúcida desse paradoxal aspecto de Oswald de Andrade:

> O menino reponta no adulto como tendência constante de negar a norma; como fascinação pelo proibido. A prática do proibido é a possibilidade de evasão, de negação duma ordem de coisas que lhe é intolerável. Daí uma rebeldia que começa pelo uso das palavras proibidas, passa pelos juízos proibidos e vai até os grandes pensamentos proibidos, com que orquestra a sua conduta de rebelde das letras e da vida. (Ibid., p.17-8)

Era capaz das maiores injustiças, confirma um dos companheiros de geração, Augusto Frederico Schmidt (1954), injustiças de que logo se arrependia, procurando reparar a qualquer custo. Basta observar o empenho com que buscou obstinadamente reatar com os amigos Paulo Prado e Mário de Andrade, tentativa sempre ignorada por estes. Não era pessoa de guardar rancor e esquecia facilmente as desavenças. Sob a máscara irônico-parodística mais conhecida do intelectual empenhado, encontramos um homem terno, sentimental e, por muitos aspectos, também ingênuo – "minha ingenuidade é das mais tenazes do mundo" (1991f, p.43) –, como testemunham companheiros, amigos e todos os que tiveram um relacionamento direto com ele.

Existe, sem dúvida, uma boa dose de ingenuidade na quimérica tentativa de forçar a Academia Brasileira de Letras a abrir suas portas para um rebelde como ele sempre foi. Por duas vezes, candidatou-se a essa instituição notoriamente tradicionalista, em 1925 e em 1940, e o fez no seu costumeiro modo polêmico, convidando a Academia a renovar-se, desafiando publicamente os seus membros e denunciando os mecanismos perversos de obtenção do voto. Na primeira vez, a Academia nem mesmo considerou seu nome; na segunda, Oswald obteve apenas um voto, o do ex-verde-amarelista Cassiano Ricardo.

Por tudo isso, uma séria revisão da obra oswaldiana tardou a ser realizada. Uma lenta retomada dos estudos sobre o poeta começa a verificar-se em meados dos anos 1960, como demonstra a frequência com que a imprensa do período se ocupou do autor e da sua obra. Para esse reflorescimento de interesse, contribuiu a reedição dos seus livros, iniciada em 1964, assim como a representação, pela primeira vez, do texto teatral *O rei da vela*, que provocou grande alvoroço e reações às vezes exageradas por parte do público mais conservador. Além disso, a vanguarda concretista, que nesses mesmos anos se organizava em manifestos, mostras e revistas, contribuiu de maneira decisiva a reafirmar a importância de Oswald de Andrade como precursor, mestre e guia indiscutível das novas gerações.

Numa mensagem endereçada aos jovens, em 1935, na qual ele reafirmava o seu papel de pioneiro da geração de 1922, o poeta, parafraseando Aldous Huxley, afirmou: "A massa, meu caro, há de chegar ao biscoito fino que eu fabrico" (1992b, p.49). Passaram quase cinquenta anos da sua morte e hoje o auspício em parte se realizou. Não se pode, de fato, prescindir da obra e do pensamento oswaldiano, sob o risco de não se compreenderem, plenamente, os percursos que realizaram os intelectuais brasileiros do século XX, nem as transformações que se verificaram na sociedade, na literatura, na música, nas artes plásticas, na linguagem cotidiana e até na moda e nos costumes deste país.

Como observou argutamente o crítico Benedito Nunes (1990b, p.10), em matéria de canibalismo "quem come num momento será comido noutro". Assim, a cultura brasileira se reapropria hoje do Oswald "canibal". Apenas foi necessário mais tempo do que o previsto para assimilar as suas teses estimulantes e provocatórias, as obras em que escarnece o *modus vivendi* burguês e desnuda sem piedade a iniquidade de uma sociedade classista e autoritária.

É difícil, confirma a filha Marília de Andrade, depois de tantos anos de indiferença, acostumar-se a ver o nome do poeta invocado com tanta frequência, associado a tantos eventos diversos da vida cultural do país. O poeta imprevistamente virou moda. Aliás, conclui a estudiosa: "Oswald subiu de repente ao patamar dos mitos" (1987, p.75).

## O projeto ético-social da Poesia Pau-Brasil e as suas repercussões

O livro *Pau-Brasil*[2] foi publicado pela primeira vez em Paris, em 1925, com um prefácio de Paulo Prado, datado de 1924, e com ilustrações de Tarsila do Amaral. A obra estava praticamente pronta já a partir de 1924 (Oswald iniciou sua composição em maio de 1924), mas é provável que alguns poemas tenham sido inseridos no ano seguinte, ou seja, antes da sua publicação. Os textos "Atelier" e "Recife" são de 1925, segundo informações do próprio poeta.

---

2 A primeira edição, de 1925, foi publicada pela Sans Pareil, em cuja direção, segundo informações de Aracy A. Amaral (1970, p.73), estava também Blaise Cendrars, grande amigo de Oswald de Andrade e admirador do Brasil. Em 1945, o livro foi republicado em *Poesias reunidas*. Em 1966, saiu uma nova edição, com um importante prefácio de Haroldo de Campos e com uma proposta de revisão de toda a poesia oswaldiana. Seguiram-se outras edições contextualmente à reabilitação do papel de Oswald de Andrade na literatura brasileira do século XX. Utilizaremos como texto-base para nossa análise as *Obras completas VII. Poesias reunidas*. Rio de Janeiro: Civilização Brasileira, 1974, obra que reúne os livros: *Pau-Brasil* (1925); *Primeiro caderno do aluno de poesia Oswald de Andrade* (1927), *Poemas menores* (1925 a 1929), *Cântico dos cânticos para flauta e violão* (1944) e *O escaravelho de ouro* (1947).

A obra obteve grande repercussão, embora a crítica da época, mesmo a modernista, demonstrasse em muitos casos não ter compreendido plenamente esse livro singular.

Mário de Andrade, em um texto de 1924, que ficou inédito até 1972, alterna comentários positivos e negativos. Condena, por exemplo, a procura excessiva "de efeitos": "O. de A. está se preocupando por demais com a forma escravizando o lirismo dele a uma poética de efeitos" (1972, p.227). Além disso, Oswald teria exagerado na fácil comicidade, abusando não tanto na quantidade, mas na qualidade desta: "Carecia tomar um poucadinho de cuidado e não cair no brinquedo fácil à flor da pele. Não ficar na pândega de superfície" (ibid., p.230).

A própria "Falação", a exposição programática de linhas e objetivos da nova poesia, com a qual se abre a obra, é, segundo Mário de Andrade, teoricamente inconsistente, "uma indigestão de princípios e meias-verdades colhidas com pressa de indivíduo afobado" (p.230). Apesar disso, o autor de *Macunaíma* acrescenta: "Com esses defeitos qualidades e fartura excepcional de lirismo sério ou cômico acho *Pau Brasil* a obra mais completa de O. de A." (ibid., p.228).

É interessante observar como Mário de Andrade revela a presença, já então, de certa resistência por parte de estudiosos e críticos em tomar a sério as obras de Oswald de Andrade, em virtude do temperamento irônico-parodístico desse autor. Mário demonstra, ao contrário, excepcional perspicácia em compreender a complexa personalidade do amigo, afirmando que não se deve querer forçar um escritor a escrever uma obra severa e erudita ou de sensibilidade austera para tomá-lo seriamente: "Isso para O. de A. seria insincero porque vai contra todas as naturalidades dele" (ibid., p.229).[3] E demonstra também ter com-

---

3  A tal respeito, afirmou mais tarde Oswald de Andrade: "Toda a minha vida tem sido uma constante dedicação à literatura. Sou escritor desde que me conheço e nunca fui leviano. O que desconcertava meus adversários é que minha literatura fugia ao padrão cretino então dominante. E chamavam a isso de *piada*..." (1990e, p.249).

Poesia, mito e história no Modernismo brasileiro

preendido o que se ocultava por detrás da leveza aparente da sua comicidade:

> Além de mais completo entre os livros de O. de A. *Pau Brasil* é dos mais divertidos de nossa terra entre os de literatura séria. Se utiliza da anedota da pândega mais grossa porém é literatura séria no sentido em que o valor torna sérias até coisas de pagodeira e pornografia como Gregório de Matos e Aretino. (1972, p.229)

Também Carlos Drummond parece dividido entre o elogio e a crítica. Em uma resenha de dezembro de 1925, ele afirma que a poesia oswaldiana "peca por pobreza de processos". Ela é "tecnicamente mal construída" (1972, p.239). Como Mário de Andrade, contudo, Drummond parece fascinado pelo livro, ressaltando suas características de originalidade e atualidade:

> Com todos os erros, é um livro de-li-ci-o-so. Leiam os Poemas da Colonização. Fixam admiravelmente o negro, o soldado, o capoeira. Leiam os dois poemas mais puros do livro: "3 de Maio" e "Ditirambo".

Martins de Almeida demonstra entusiasmo incondicional pela obra de Oswald de Andrade, em sua opinião um "criador feliz. A arte dele é toda de achados felicíssimos" (1972, p.246). Em um artigo de 1925, ele comenta, com notável intuição em relação aos críticos do período, o significado profundo e vasto de todo o projeto *Pau-Brasil*:

> A ação diferenciadora de certas particularidades de nosso solo, da nossa história, da nossa língua, da nossa vida se fazem sentir perfeitamente no último livro de poesias de Oswald de Andrade. [...] O livro é uma reação fortíssima contra a uniformização espiritual do cosmopolitismo. (Ibid.)

O autor comenta a revisitação de alguns textos e momentos da história pátria feita por Oswald de Andrade, afirmando que o livro contém páginas de grande valor histórico, em nada comparáveis aos "montões informes de fatos acumulados" por certos estudiosos, incapazes de perceber que a história não é apenas uma "inspeção administrativa do passado" (ibid.).

Afonso Arinos Sobrinho, numa resenha publicada em 1926 (p.37-8), exprime, por sua vez, hesitação e incerteza na avaliação de uma obra tão complexa: "No primeiro instante a gente fica perturbado. Depois começa a achar aquela menina meio esquisita, com cara de mulher feita. Quase que se desconfia de que aquilo é deboche". Mas, como os demais críticos, ele indica como dado negativo o excessivo formalismo do livro, que parecia concebido para demonstrar uma tese, não percebendo, em sua crítica, que é justamente este antilirismo, pelo menos segundo os parâmetros da poesia de então, a novidade maior da obra. Além disso, Arinos critica a proposta primitivista oswaldiana, já que "nunca se pode voltar ao que já se foi, ao que já não é mais. O primitivismo de *Pau-Brasil* é falso por ser voluntário" (p.38).

Alceu Amoroso Lima, que teve um relacionamento sempre conflituoso com o autor de *Pau-Brasil*, comenta, em um artigo de 1925, a afirmação de Oswald de Andrade segundo a qual grande parte da literatura brasileira precedente ao Modernismo não seria mais do que imitação, importação de modas estrangeiras, literatura desarraigada do próprio contexto. Pois bem, rebate Amoroso Lima, se isso corresponde à verdade, nem mesmo Oswald de Andrade seria imune a esse hábito nacional: "há um pequeno engano na frase enfática do Sr. Oswald de Andrade. A sua poesia é tão importada como as demais. A única diferença é a seguinte: é que ele importa mercadoria deteriorada" (Lima, 1966, v.1, p.917). E quanto à celebrada originalidade do poeta, ela seria apenas fruto de uma mistificação:

> Toda a originalidade novinha em folha do Sr. Oswald de Andrade, toda a sua literatura mandioca, aborígine, precabráli-

Poesia, mito e história no Modernismo brasileiro

ca, precolombiana, premongólica, toda ela é bebidinha, direta e indiretamente, em duas fontes europeias muito recentes e muito conhecidas: o dadaísmo francês e o expressionismo alemão. (Ibid.)

O crítico condena a proposta "pau-brasílica", atento apenas ao aspecto corrosivo da paródia oswaldiana, sem colher o generoso projeto que a permeia, de reconstrução de uma poesia original tanto nas formas quanto nos conteúdos. O ataque é tão vigoroso que motiva, logo depois, uma resposta de Oswald de Andrade (1990e, p.32):

Abandone, meu prezado censor, o espírito polêmico que o afligiu [...] e examine, com a serenidade imparcial que honra a sua crítica, a oposição lancinante que existe entre as minhas ideias e as citadas nos seus rodapés como chaves de Dada e do Expressionismo.

No mesmo artigo, Oswald de Andrade procura demonstrar o quanto a poesia Pau-Brasil era, ao contrário, uma criação autóctone, poesia que "sempre andou por aí, mas encafifada como uma flor de caminho. Era oportuno identificá-la, salvá-la" (ibid., p.31).

O livro dividiu, desde cedo, público e crítica, como se pode constatar por meio dessa rápida focagem das reações por ele provocadas no momento de sua publicação. E não poderia ser de outra forma. Para Maria Eugenia Boaventura (1986b, p.48), a concisão e a essencialidade da poética oswaldiana eram excessivamente radicais para a época. Ainda hoje, acrescenta a estudiosa, a poesia do livro *Pau-Brasil* é citada como modelo de atitude radical de renovação de linguagem.

O certo é que os críticos, até os mais atentos, demonstraram não ter percebido, integralmente, a novidade de uma poética que se distinguia, precisamente, pela simplicidade, concisão e clareza: "A ordem direta dos nossos rios", como a definiu o poeta (1990e, p.33) em 1925, manifestando plena consciência da sua prática criativa. Mas uma poesia que parecia ser só a confirmação de teorias precedentemente formuladas, uma poesia conscientemente construída a partir de elementos claros e concretos, uma poesia, enfim, antirretórica até o paroxismo, chocava-se contra os próprios programas de renovação modernistas, superando-os.

Paulo Prado, no prefácio ao livro *Pau-Brasil*, de maio de 1924, foi um dos poucos a colher toda a novidade daquela poética epigramática e essencial, que ele define como o "ovo de Colombo" da poesia nacional. Afirma que *Pau-Brasil* é a primeira real tentativa para a "libertação do verso brasileiro", auspiciando também que o livro acabe de vez com um dos grandes males do país, "a eloquência balofa e roçagante" (1974, p.69-70).

O estudioso prevê também toda a sequela de reações negativas – escárnio, indignação, incompreensão – que o livro suscitaria. E atesta a validade e a seriedade do esforço oswaldiano para a criação de uma literatura nacional: "A mais bela inspiração e a mais fecunda, encontra a poesia 'pau-brasil' na afirmação desse nacionalismo que deve romper os laços que nos amarram desde o nascimento à velha Europa" (ibid.).

O livro *Pau-Brasil* é, efetivamente, fruto da reflexão e da alta consciência crítica e artística de Oswald de Andrade. Nada nele é fortuito ou casual, ao contrário do que asseveraram por muito tempo os que minimizaram o papel do poeta no Modernismo brasileiro. Em *Pau-Brasil*, o autor acariciava o projeto claro e bem definido de retorno ao passado, com o objetivo não só de compreender o presente, como afirma Diléa Zanotto, mas de repensar, também, a história em razão do maior grau de consciência adquirido no século XX. A revisão deveria conduzir à reapropriação e à revalorização do passado, não mais em termos idealizantes, já que a perspectiva oswaldiana é crítica e demolidora.

Vimos que Oswald de Andrade, já no Manifesto Pau-Brasil, amadurecera a ideia de uma poesia de exportação, uma poesia que refletisse a cultura nacional de forma tão completa e eficaz que se transformasse na nova imagem do Brasil. Não mais cópia, ele repetia, mas "invenção e surpresa" (1990b, p.43).

Poesia, mito e história no Modernismo brasileiro

Para a criação de uma poesia com tais características, ele utiliza o símbolo por excelência da colonização, o pau-brasil, a preciosa madeira abundante nas florestas da América meridional, primeiro produto de exportação, do qual deriva o próprio nome deste país. Se o Brasil tinha se formado também em razão das estratégias mercantilistas europeias dos séculos XVI e XVII, a poesia Pau-Brasil, indo às raízes da questão, deveria inverter o processo que via este país apenas como objeto passivo na confluência de outros centros econômicos e culturais mais avançados e potentes.

A poesia Pau-Brasil iria se transformar na imagem dessa tomada de consciência nacional, na maturidade de um país cujos intelectuais haviam aprendido a conviver com os próprios complexos e a superá-los. Em artigo de 1925, Oswald afirmou que o seu objetivo nesse livro era "fixar com simplicidade, sem comentário, sem erudição, sem reminiscência, os fatos poéticos de nossa nacionalidade, pareça ela tosca, primitiva, humorística ou guindada" (1990e, p.25). A poesia Pau-Brasil deveria, ainda, participar do clima de reconstrução geral que caracterizava o país naqueles anos.

Também o seu primitivismo tinha um significado bem preciso, já que só por meio de um retorno às "bases reais" do país, ou seja, às suas raízes históricas e culturais, seria possível recomeçar, partindo de quanto havia sido originariamente depreciado ou deturpado. E isso valia tanto para a arte quanto para a cultura, *lato sensu*. A metáfora tomada do passado, o pau-brasil, deveria servir para resgatar uma identidade perdida, uma originalidade sufocada pelo processo de colonização, com suas imposições e abusos, processo que havia determinado aquela característica mentalidade servil, que configurava ainda vastos setores da vida nacional, inclusive o artístico-literário.

O programa era bastante vasto e radical, mas o modo provocativo com o qual ele foi apresentado – modo, aliás, comum em Oswald de Andrade – levou muitos contemporâneos (e, por vezes, os próprios companheiros de lutas modernistas) a subestimá-lo.

A sátira de cunho parodístico, que Oswald de Andrade tão bem empregou, tem, contudo, uma importante função social da qual ele tinha consciência. A sátira provoca o riso, mas ninguém, segundo o poeta, "faz sátira rindo sozinho. A eficácia da sátira está em fazer os outros rirem de alguém, de alguma instituição, acontecimento ou coisa. Sua função é, pois, crítica e moralista. E através da ressonância, a deflagração de um estado de espírito oposto. A sátira é sempre oposição" (1992b, p.69).

O autor capta aqui um aspecto peculiar e importante da sátira e do riso, a sua adogmaticidade, a sua capacidade de liberar-se das convenções e dos limites, da unilateralidade do ponto de vista dominante. Como sublinha Mikhail Bakhtin (1979, p.102), no clássico ensaio sobre o riso na obra rabelaisiana, "o poder, a violência, a autoridade não usam nunca a linguagem do riso";[4] linguagem do riso que Oswald privilegiou, exprimindo sempre uma excepcional liberdade interior.

A sátira é, para o poeta, um sinal de oposição, de "defesa individual ou social contra a opressão, o enfatuamento e as usurpações de qualquer espécie" (Andrade, 1992b, p.82). É um estímulo a liberar-se dos mecanismos internos e externos que oprimem o indivíduo, também pelo caráter bifronte e ambivalente que tem: "Uma das ideias que me seduziram é essa de que a base do *humour* é feita mais que de autocrítica, de autoflagelação" (1991f, p.93). A sátira, portanto, que se evidenciava nos comportamentos galhofeiros e impertinentes, nos trocadilhos engenhosos, improvisados e pungentes, nos textos literários em

---

4 Nesse ensaio fundamental, Mikhail Bakhtin deteve-se no aspecto e no papel liberatório, transgressivo e utópico do riso em campo literário e em campo histórico-cultural. O autor focaliza a tradição viva do riso que, das festas populares da Idade Média, passou à literatura no Renascimento, sofrendo depois um processo de empobrecimento do seu conceito no Romantismo, até às mais modernas e também mais limitadas manifestações.

Poesia, mito e história no Modernismo brasileiro

que atrás do riso desestabilizador se escondia sempre um propósito edificante, era uma operação seriíssima que o empenhou por toda a vida. Porque Oswald nunca recusou o comprometimento com o próprio tempo; era um homem profundamente inserido na história. E o seu foi um período de profundas agitações nacionais e internacionais, de ferozes ditaduras alternadas com momentos de grandes esperanças.

A crítica era, para ele, um elemento constitutivo indispensável da literatura, que leva à reflexão sobre o sistema e à possibilidade, se necessário, de conceber para este uma nova ordem. Qualquer que seja a estética, ela só poderá confirmar, segundo o poeta, que nada em literatura ou arte se produz sem alguns elementos essenciais, como "o impulso, a técnica, a expressão, a crítica" (1992b, p.98).

A questão sobre qual deveria ser o papel civil do escritor na sociedade sempre o moveu: "O poeta, o pensador e o artista são as vozes da sociedade [...]. São os semáforos cujas antenas captam o ar dos tempos novos" (ibid., p.97). Reivindicou, também, para si e para os modernistas de 1922, o fato de terem prenunciado muitas das transformações fundamentais que caracterizaram o século XX. A sua geração tinha cumprido o próprio dever e a mesma coisa ele esperava e pretendia também das outras, dos mais jovens, com quem nunca deixou de dialogar. Para ele, o escritor "que não desce à rua, que não briga com o condutor do bonde por causa do troco, não joga no bicho, não torce no futebol, é um pobre-diabo, que antes merece nossa comiseração, que crítica" (1990e, p.170).

Essa ligação concreta, mas também conflituosa, com a realidade (daqui a origem da tendência a conceber mundos utópicos) está na raiz do seu interesse pela história do passado como espaço em que se determinaram as vicissitudes do presente e, sobretudo, em que se fixaram e se codificaram formas de interpretação da realidade que o poeta pretende pôr irreverentemente em discussão. Para Maria de Lourdes Eleutério, o inteiro projeto estético oswaldiano, que valoriza a sátira e a ironia como instrumentos de crítica, "tem como contracanto o discurso da história", história que ele recupera e registra com a sua peculiar sensibilidade de intelectual inquieto com os destinos do seu país (1989, p.108).

A preocupação de perquirir a história é, efetivamente, uma constante em seus livros. Em texto muito posterior, o romance *Marco zero I: a revolução melancólica* (1991b, p.172), um dos personagens, Jack de São Cristovão, faz-se porta-voz do autor, quando afirma:

> O tempo só existe quando qualquer acontecimento o torna presente e atual. Que importa uma imagem fotográfica projetada sem luz? Ninguém a vê. O tempo é assim, precisa ser iluminado. Então num minuto a gente vive o conteúdo de séculos.

Reviver os fatos passados, refletir livre e realisticamente sobre os momentos representativos do processo de formação de uma consciência nacional e sobre os tantos aspectos e conteúdos da história, passada e presente, constitui a raiz do pensamento e do projeto oswaldiano. Tal preocupação caracteriza também, como vimos, o panorama geral da época, de generalizado nacionalismo nas letras e nas artes, de interesse pelos problemas mais graves e urgentes do país. A reflexão historiográfica ajudava a iluminar, de forma significativa, essa tomada de contato com questões deixadas por longo tempo em suspenso.

Segundo Alexandre Eulálio, o interesse historiográfico tangível nesse momento se deve à influência de Paulo Prado (1869-1943), o autor de *Retrato do Brasil*, obra publicada em 1928 e que marcou a visão de mundo da geração modernista. Era Paulo Prado, afirma o estudioso, quem atentava para a história, quem dava a conhecer aos amigos modernistas as crônicas e os documentos coloniais, às vezes comparáveis, pela intuição crítica, a "algumas das melhores sínteses e elipses dos poetas da vanguarda" (Eulálio, 1978, p.22-3). Esse interesse de Paulo Prado pela história nacional, sobretudo a do período colonial, sem dúvida influenciou o período, animou as discussões, fecundou a arquitetura de algumas das importantes obras modernistas (Avella, 1995, p.9-41).[5]

Oswald de Andrade, como seus companheiros de geração, impregnou-se desse húmus difuso, interiorizando antropofagicamente e ao mesmo tempo qualquer estímulo útil à concepção do seu projeto literário, ético e estético. Ainda mais que, no caso oswaldiano, tal impulso revisionista coincidia com a vontade de romper com as convenções e de desestruturar e inverter uma visão redutiva e parcial da própria realidade, visão que excluía, da reflexão dos intelectuais, vastas áreas culturais do país.

Veremos, a seguir, como ele concretizou, na prática do texto literário, seu projeto radical.

## A linguagem como agente revolucionário

O livro *Pau-Brasil* tem uma estrutura circular: começa e termina focalizando transversalmente etapas basilares do mesmo processo de tomada de contato com a realidade brasileira. E entre o primeiro momento (a descoberta oficial do Brasil, realizada por Pedro Álvares Cabral) e o último (a "redescoberta" operada por Oswald de Andrade na tentativa de reapossar-se da própria herança cultural), quase quinhentos anos de história se passaram. Mas não só. A partir de uma perspectiva original, meditada e crítica, o poeta realiza também um desnudamento das estruturas ideológicas que determinaram as visões frequente-

---

5 Sobre a importância de Paulo Prado e a influência que ele exerceu na vida intelectual do período, ver o ensaio de Avella, "Ritratto di un amore negato e riaffermato", In: Prado, P. *Ritratto del Brasile - Saggio sulla tristezza brasiliana.* Roma: Bulzoni, 1995, p.9-41.

mente alienantes que os brasileiros tiveram, ao longo do tempo, da própria situação política, econômica, social. Afirma a crítica Lúcia Helena (1985, p.66) que, em *Pau-Brasil*, encontramos a tentativa de neutralizar ou reduzir o vício metropolitano de representar, de fora, um Brasil exoticamente "tropical, extasiante, luxurioso e alienante".

O poeta refaz um percurso histórico plurissecular, detendo-se nos momentos de crise, de mudança de mentalidade e de adoção de novos modelos culturais: a chegada dos primeiros europeus, a introdução da monocultura do açúcar, o desvendamento das regiões internas, a organização escravista-patriarcal da sociedade colonial, a independência, a abolição dos escravos, o fenômeno da urbanização, a chegada de novos fluxos imigratórios e a industrialização das cidades do Centro-Sul.

Tudo isso, como foi observado, em uma linguagem poética ágil e essencial, sem ornamentos, que busca incorporar, por meio da colagem de materiais heterogêneos, o hibridismo e a multiplicidade que caracterizam o Brasil moderno. A linguagem é, portanto, a dimensão na qual Oswald de Andrade atua a sua revolução. O poeta realiza uma batalha contra a linguagem eloquente, retórica e ornamental, ainda vigente nas primeiras décadas do século, porque essa linguagem era o veículo de expressão de uma concepção substancialmente anacrônica do mundo. Pela ruptura com a sintaxe tradicional e pela busca de novos meios expressivos, congeniais à complexidade dos novos tempos, na verdade se efetuava um esforço de renovação da própria estrutura social que, pela linguagem, define as suas estratégias de incidência no mundo.

A tal propósito, Haroldo de Campos (1974, p.9-10) afirma que a poesia oswaldiana é radical porque vai à raiz das coisas, raiz que, para o homem, afirma citando Marx, é o próprio homem. O radicalismo de tal poesia manifesta-se no campo específico da linguagem, na medida em que a linguagem é a consciência real e prática da humanidade.

Poesia, mito e história no Modernismo brasileiro

Antes do *Pau-Brasil*, afirma Haroldo de Campos, Mário de Andrade havia já publicado dois livros, *Há uma gota de sangue em cada poema* (1917) e *Pauliceia desvairada* (1922), mas em ambos não se evidencia ainda a postura radical diante da linguagem, que é patente nesse livro de Oswald de Andrade. Enquanto em Mário temos a reforma da retórica parnasiana, encontraremos a verdadeira revolução na poesia oswaldiana: "A revolução – a revolução copernicana – foi a poesia *pau-brasil*, donde saiu toda uma linha de poética substantiva, de poesia contida, reduzida ao essencial do processo de signos" (Campos, 1974, p.15).

Dissemos, a propósito do primeiro Modernismo, que os corifeus da Semana de Arte Moderna se mantiveram distantes das questões políticas, sociais e econômicas que agitavam a sociedade brasileira no início do século XX. A contestação modernista, na sua primeira fase, era dirigida ao sistema artístico-literário caracterizado pelo mal da pomposidade e da prolixidade, mal que era, segundo Paulo Prado, uma das grandes chagas nacionais. Tal orientação começou, todavia, a mudar a partir de 1924, ano que marca também a publicação do Manifesto da Poesia Pau-Brasil. Oswald de Andrade é um dos responsáveis por esse alargamento do interesse modernista, como também pela mudança de postura, em sentido nacionalístico, dos diferentes grupos, que começam sempre mais a se distinguir em campo ideológico e político, chegando mesmo, em alguns casos, ao embate, a partir dos anos de 1930.

Oswald de Andrade, porém, é um escritor, e seu campo de atuação é a linguagem: "O material da literatura é a língua" (1992b, p.45). Mesmo nos momentos de maior empenho político, ele não renunciou a essa prerrogativa. Ao mesmo tempo – e a partir desse preciso ponto de observação – incidiu sobre o processo de tomada de consciência que ultrapassou o âmbito literário para envolver aspectos sempre mais vastos da cultura nacional. O próprio poeta (1992b, p.94) reivindica para os escritores brasileiros esse mérito:

Pela vossa pena, escritores, o homem mudo do nosso povo descerrou a boca, falou. Depôs no palácio da consciência nacional. Convosco ele contou a sua história. Convosco ele quebrou o silêncio secular do seu exílio e iniciou o debate do nosso inferno social.

Oswald de Andrade parte da reflexão sobre as potencialidades e as dimensões da linguagem literária para alargar sua crítica a todo o sistema social antiquado, rigidamente estruturado por classes. Contesta a língua exangue de uma literatura e de uma poesia artefata e artificial, como era a do Parnasianismo brasileiro, cujos máximos representantes foram Olavo Bilac (1865-1918), Alberto de Oliveira (1859-1937) e Raimundo Correia (1860-1911).

Uma poesia cindida da vida como a parnasiana, fechada nos seus castelos abstratos, era capaz de exprimir as transformações científicas e tecnológicas que caracterizavam a realidade de então? Estava em condições de desvelar o novo conceito de humanidade, que surgia das avançadas pesquisas nos campos antropológico, psicanalítico, sociológico e linguístico? Podia ela colher, em uma só totalidade artística, uma realidade marcada por contradições latentes como a brasileira, com mundos profundamente estranhos entre si, que conviviam sob o mesmo sol? Nessa direção iam as pesquisas oswaldianas e a sua tentativa de síntese dos elementos mais heterogêneos para produzir a nova poesia nacional:

> Apenas brasileiros de nossa época. O necessário de química, de mecânica, de economia e de balística. Tudo digerido [...]. Práticos. Experimentais. Poetas. Sem reminiscências livrescas. Sem comparações de apoio. Sem pesquisa etimológica. (Andrade, 1990b, p.45)

Antes do livro *Pau-Brasil*, Oswald havia publicado, em 1924, *Memórias sentimentais de João Miramar*, obra cuja gestação durou doze anos, o que é uma ulterior confirmação do seu método de escritura meticuloso, por nada improvisado. Nessa obra, considerada entre as mais revolucionárias do Modernismo, o autor renova os processos artísticos da prosa, com uma linguagem elíptica, ágil e nervosa, que retomará mais tarde, em *Serafim Ponte Grande*, de 1933.

Portanto, quando publica *Pau-Brasil*, Oswald de Andrade dera já início ao processo de atualização do seu instrumento de trabalho, intervindo primeiro sobre a prosa para alargar a sua ação sobre a linguagem poética, embora nele poesia e prosa estejam sempre intimamente correlacionadas. Muitos críticos afirmam, aliás, que a parte mais inovadora e genial de sua obra é justamente aquela na qual o autor consegue fundir as duas linguagens, ou seja, estender os processos poéticos a outros contextos, inclusive o narrativo.

Para melhor realizar o seu projeto corrosivo em relação à retórica oficial, Oswald de Andrade não deixa de incorporar toda uma série de elementos e aspectos da língua falada, como já haviam feito outros modernistas, a começar por Mário de Andrade, o seu direto inspirador, segundo o que declarou o mesmo Oswald (1990e, p.222):

> Quando Mário de Andrade publicou a *Pauliceia desvairada*, aquilo me pareceu, apesar do nosso estado de espírito, uma novidade. Novidade absoluta [...]. Era a poesia libertada. De *Pauliceia desvairada* nasceu o meu *Pau-brasil*. Mas nasceu por oposição. Mário havia falado da topografia da cidade; e eu quis estender a novidade do canto ao Brasil.

Oswald de Andrade, porém, vai mais longe do que o autor da *Pauliceia desvairada*. E não apenas porque, como afirma o poeta, ele estende "a novidade do seu canto ao Brasil", mas porque efetivamente realiza, de forma mais vasta e profunda, a sua renovação da linguagem artística e literária.

O que imediatamente ressalta aos olhos, em *Pau-Brasil*, é o estilo telegráfico, epigramático, das breves e incisivas poesias, em que as imagens são montadas por um processo de justaposição e a pontuação é totalmente abolida. Nunca se vira na poesia brasileira uma tal síntese e concisão:

ditirambo

Meu amor me ensinou a ser simples
Como um largo de igreja
Onde não há nem um sino
Nem um lápis
Nem uma sensualidade (Andrade, O., 1974, p.104)

longo da linha

Coqueiros
Aos dois
Aos três
Aos grupos
Altos
Baixos (p.137)

O autor opta pela sintaxe paratática, e quase nunca utiliza a hipotaxe. A enumeração caótica é, aliás, um dos seus processos sintáticos mais típicos, seja na poesia seja na prosa: "Confeitaria Três Nações/ Importação e Exportação/ Açougue Ideal/ Leiteria Moderna/ Café do Papagaio/ Armarinho União" (p.108); "Os magnatas/ As meninas/ E a orquestra toca/ Chá/ Na sala de cocktails" (p.128); "Moça bonita em penca/ Sete-lagoas/ Sabará/ Caetés/ O córrego que ainda tem ouro" (p.132).

Os quadros sucedem-se nos poemas, como tantos *flashes* da realidade colhida nas várias dimensões: sonora, tátil, visual, olfativa, enfim, sinestésica. Essa intersecção dos modos da percepção contribui para delinear, de forma sintética e abrangente, a realidade presente e a passada:

Poesia, mito e história no Modernismo brasileiro

ressurreição

Um atropelo de sinos processionais
No silêncio
Lá fora tudo volta
À espetaculosa tranquilidade de Minas (p.135)


bonde

O transatlântico mesclado
Dlendlena e esguicha luz
Postretutas e famias sacolejam (p.106)


As imagens não são estáticas, mas dinâmicas, como as do cinema, que tanto fascínio exerceu sobre o poeta. Tudo nelas são movimento e transformação, como a história, que para ele não é taxativa, e como a realidade, que nunca é vista de forma limitada ou monolítica:

paisagem

Na atmosfera violeta
A madrugada desbota
Uma pirâmide quebra o horizonte
Torres espirram do chão ainda escuro
Pontes trazem nos pulsos rios bramindo
Entre fogos
Tudo se desencapotando (p.137)


O livro é fragmentário, mas ao mesmo tempo coeso. O poeta decompõe e recompõe materiais de uma realidade vária, mutável e assimétrica. Não é por acaso que a metonímia é um tropo por ele privilegiado, pois favorece a percepção de seres e coisas não em sua plenitude e totalidade, mas em segmentos, em partes, em fragmentos: "Sujeito de olheiras brancas" (p.109); "um sujeito de meias brancas/ Passa depressa" (p.120); "Caipirinha vestida por Poiret/ A preguiça paulista reside nos teus olhos/ Que não viram Paris nem Piccadilly/ Nem as exclamações dos homens/ Em Sevilha/ À tua passagem entre brincos" (p.123); "Bicos elásticos sob o jérsei/ Um maxixe escorrega dos dedos morenos" (p.128).

A linguagem, em *Pau-Brasil*, é visual e plástica: nela evidencia-se a preocupação com o elemento gráfico, que mais tarde atrairá a vanguarda concretista. A plasticidade, a geometria e o cromatismo evidentes na poesia oswaldiana manifestam também o convívio assíduo com pintores e escultores, bem como a ligação afetiva com aquela que será sua companheira de 1925 a 1930, Tarsila do Amaral (1886-1973):

viveiro

Bananeiras monumentais
Mas no primeiro plano
O cachorro é maior que a menina
Cor de ouro fosco

As casas do vale
São habitadas pela passarada matinal
Que grita de longe
Junto à Capela
Há um pintor
Marcolino de Santa Luzia (p.139)

Oswald de Andrade amplia a questão da plasticidade à macroestrutura da obra, chegando, como sublinha Haroldo de Campos (1974, p.40), a problematizar o próprio conceito de livro. Primeiro, porque se estabelece, entre os textos poéticos e as ilustrações de Tarsila do Amaral, uma harmonia tão acentuada que o *Pau-Brasil* participa da natureza do livro de imagens e do álbum de figuras. Segundo, porque a obra é estruturada de forma que as poesias mal se adaptam a uma seleção de tipo antológico, já que o livro – não obstante a sua complexa articulação – é muito homogêneo.

Outro dado que devemos ressaltar na obra é a mescla de registros linguísticos desiguais, do português antigo, na primeira parte, ao telegráfico, tecnológico e ultramoderno, nas demais seções. Na primeira seção, encontramos três poemas em francês antigo, elaboradas a partir de trechos do texto do capuchinho Claude d'Abbeville.

Também os neologismos e as palavras estrangeiras presentes no texto são um elemento revelador, pois, como observa Diléa Zanotto Manfio (1992a, p.259), elas são mais frequentes na seção "Postes da Light", justamente nos poemas de *Pau-Brasil* em que o fulcro é o cosmopolitismo da cidade de São Paulo: "a noite cai/ como um swing" (p.126); "Tome este automóvel/ E vá ver o Jardim New-Garden" (p.126); "Sentados num banco da América folhuda/ O cow-boy e a menina" (p.120) etc.

O hibridismo evidencia-se, com efeitos parodísticos e satíricos, também no *pastiche* de materiais retirados dos mais diferentes setores, dos títulos de jornais aos fragmentos de cartas, dos anúncios publicitários aos elencos de livros, das anotações rápidas de sentimentos e reflexões pessoais aos *flashes* da cidade, no seu vaivém contínuo:

> passionária
>
> Meu amigo
> Foi-me impossível vir hoje
> Porque Armando veio comigo
> Como se foras tu
> Necessito muito de algum dinheiro
> Arranja-mo
> Deixo-te um beijo na porta
> Da garçonnière
> E sou a sinceridade (p.128-9)

O verso, como se pode constatar, é sempre livre, ágil; a linguagem é enxuta, sem floreios, com poucos adjetivos e verbos. Mário de Andrade (1976a, p.27), que no mesmo período procurava libertar sua poesia do leito de Procusto da métrica tradicional, teorizava, no "Prefácio interessantíssimo", que a nova poesia deveria seguir "a ordem imprevista das comoções, das/ associações de imagens, dos contactos exteriores./ [...] O impulso lírico clama dentro de nós como/ turba enfuriada". Ou seja, o poeta deveria deixar fluir o lirismo diretamente do inconsciente, e a preocupação com a rima e a métrica não fazia mais do que perturbar essa livre naturalidade (p.33).

Ora, se a questão da métrica instigou Mário de Andrade, pelo menos em uma primeira fase, ela nunca representou um verdadeiro problema para Oswald de Andrade, que confessou diversas vezes nunca ter se preocupado com esse aspecto do verso, já que para ele a verdadeira revolução da poesia ia além dessa questão, abrangendo o próprio conceito de lirismo, lirismo que deveria ser sinônimo de equilíbrio, síntese, invenção, surpresa, fruto de uma nova perspectiva e de uma nova escala (1990b, p.43). É esta a novidade da concepção oswaldiana e também o aspecto mais contestado pelos primeiros críticos, quando acusam o poeta de não ser bastante lírico. Recordemos a opinião de Carlos Drummond de Andrade (1972, p.239) a respeito de *Pau-Brasil*: "Agora é urgente que ele desbaste essa matéria tão densa, lhe infiltre lirismo, se comova mais"; ou de Mário de Andrade: "Pau-Brasil tem umas 10.000 arrobas de lirismo por colheita, sei, O. de A. não trata dele desperdiça-o se incomodando mais com a forma que vai falar essa fartura interior. Ruim isso" (1972, p.225).

Oswald de Andrade, porém, não era lírico apenas para quem permanecia vinculado a certo conceito de lirismo sentimental ainda vigente, não obstante todo o clamor da Semana de Arte Moderna, que deveria ter renovado pelo menos nas intenções as letras e as artes no país. No breve e incisivo texto "3 de maio", Oswald assim define o que ele entende por poesia:

Poesia, mito e história no Modernismo brasileiro

Aprendi com meu filho de dez anos
Que a poesia é a descoberta
Das coisas que eu nunca vi (p.104)

As "coisas que eu nunca vi" é o que ele buscava naqueles anos, mesmo que para isso tivesse que pôr em discussão não só a linguagem poética, mas o próprio conceito do que deveria ser considerado literário, ou lírico. *Pau-Brasil* é, de fato, denso de materiais considerados não poéticos, segundo os cânones tradicionais da poesia nacional, como confirma Oswald de Andrade (1990e, p.22): "Chamei Pau-brasil à tendência mais rigorosamente esboçada nos últimos anos em aproveitar os elementos desprezados da poesia nacional". E ainda (1990b, p.44):

> A poesia Pau-brasil é uma sala de jantar domingueira, com passarinhos cantando na mata resumida das gaiolas, um sujeito magro compondo uma valsa para flauta e a Maricota lendo o jornal. No jornal anda todo o presente.

Existe talvez imagem mais antilírica e, ao mesmo tempo, em sua simplicidade, mais intensa e eficaz do que essa?

## Sob a superfície clara da poesia oswaldiana: interpretações das seções de *Pau-Brasil*

Já no citado ensaio de Haroldo de Campos (1974), que contém também uma proposta de séria revisão de toda a obra do autor de *Pau-Brasil*, o estudioso questiona-se sobre quais seriam as funções da crítica diante de um legado poético como aquele de Oswald de Andrade. Pois bem, replica Haroldo de Campos:

> Diante de uma poesia como a de Oswald de Andrade, cujo mundo de signos, qual uma formação de cristais articulada sob

a água, apenas oferece à percepção de superfície as suas cristas, não temos dúvida de que a função da crítica será, precisamente, reconstituir (ou constituir), à luz e com os instrumentos de nosso tempo, essa *inteligibilidade*, incorporando à visível a face não visível do sistema. (p.59)

Procuraremos seguir, aqui, a dimensão latente de tal poesia a que se refere Haroldo de Campos, dimensão oculta sob a superfície clara de uma obra, cuja aparente leveza e simplicidade enganou não poucos estudiosos. Decifraremos o emaranhado dos materiais heterogêneos, com os quais o poeta estruturou uma obra que se distingue justamente pelo seu caráter orgânico, pela sua coerência e integridade. E se passamos a focalizar, separadamente, as oito seções nas quais a obra se subdivide, é apenas para facilitar a exposição didática e uma possível interpretação de seus motivos de fundo. Como afirmou Antonio Candido (1977, p.75), Oswald de Andrade é tão complexo e contraditório que talvez o único modo de esboçar-lhe um contorno "é tentar simplificações mais ou menos arbitrárias".

Dissemos que o poeta realiza nesse livro um percurso de redescoberta histórica e geográfica do Brasil, mas com uma ótica oposta à oficial. E se o olhar extremamente crítico ajuda o poeta a despojar-se de qualquer possível mistificação da realidade, a participação lírica, evidente no texto, demonstra o quanto essa mesma realidade é fundamental para ele. Livro de contrastes e antíteses radicais: encontram-se e chocam-se primitivismo e vanguardismo, presente e passado, interesses do colonizador e do colonizado, visão de mundo da burguesia abastada e das classes menos privilegiadas, do branco, do negro, do índio, dos habitantes da cidade e do campo. Livro antitético, que reflete um país de contrastes violentos, no qual o trágico convive cotidianamente com o lírico e o poético, o grotesco com o patético. O sincretismo é a solução encontrada por Oswald de Andrade,

Poesia, mito e história no Modernismo brasileiro

tese mais bem desenvolvida nos Manifestos Pau-Brasil e Antropofágico.

O livro *Pau-Brasil* abre-se com uma dedicatória a Blaise Cendrars: "por ocasião da descoberta do Brasil". A dedicatória foi suprimida na edição de *Poesias reunidas*, de 1945, provavelmente a causa da ruptura entre os dois poetas.

Sabemos que Blaise Cendrars (1887-1961), figura singular da vanguarda francesa, exerceu um papel relevante no Modernismo brasileiro. Oswald de Andrade e Tarsila do Amaral conheceram-no em Paris, em 1923, e entre o casal e o poeta franco-suíço estabeleceu-se uma imediata simpatia.[6] Paulo Prado, por sugestão do próprio Oswald, convidará Cendrars em 1924 a conhecer o Brasil, onde o poeta permanecerá por seis meses, experiência esta que marcará significativamente a sua obra.

Com o grupo modernista, Cendrars realizou uma série de viagens: ao Rio de Janeiro, para assistir ao Carnaval, a Minas Gerais, para conhecer as famosas cidades históricas do século XVIII, com suas igrejas barrocas e as esculturas de Aleijadinho. Visitou também as cidades do interior de São Paulo, hospedando-se nas fazendas de alguns dos participantes do grupo modernista.

Parte de tal experiência será retomada por Oswald no livro *Pau-Brasil*. Veja-se, por exemplo, a seção "São Martinho", na qual o poeta se refere explicitamente a Cendrars no poema "versos de dona carrie" (p.101-2); e, ainda, as seções "Carnaval" e "Roteiro de Minas", nas quais o poeta utiliza sugestões da viagem realizada com Cendrars ao Rio de Janeiro e a Minas Gerais.

---

6  Sobre o encontro de Blaise Cendrars com os modernistas de 1922, ver Amaral (1970) e Eulálio (1978). Vale notar, a esse respeito, que Blaise Cendrars já era conhecido no Brasil mesmo antes de sua primeira visita, em 1924. Suas obras tinham influenciado escritores como Mário de Andrade, Manuel Bandeira, Luiz Aranha e também, na fase primitivista-nacionalista, Oswald de Andrade. No caso deste último, de qualquer modo, a influência foi mútua e recíproca, já que Cendrars e Oswald, no período em que mais estiveram em contato, em 1924, trocavam entre si os textos literários ainda inéditos.

Podemos supor que a ideia de elaborar um livro de poemas que aderisse completamente às propostas contidas no seu Manifesto Pau-Brasil tenha nascido dessa viagem, em que Oswald de Andrade, junto ao seu grupo, procurava mostrar e ilustrar o Brasil a um turista francês, mas um turista especial, que caracterizara, por sua vez, a visão de mundo desses mesmos intelectuais. Além disso, o Brasil que se queria fazer conhecer era aquele real e verdadeiro, e não o país dos cartões-postais que o estrangeiro visitante costumava ver. A intenção era a de romper tanto com a visão superficial do estrangeiro apressado quanto com aquela – igualmente superficial e mistificadora – gerada pelo nacionalismo ufanista interno.

Ora, é notório que a França, depois da independência do Brasil, e mesmo antes, foi um modelo permanente e privilegiado de comportamentos, modas, movimentos, tendências literárias e artísticas para a *intelligentsia* brasileira. Eram raros os escritores e artistas que não haviam visitado a França ou que não haviam permanecido naquele país por longos períodos. A estudiosa Tânia Franco Carvalhal (1970, p.157) delineia com clareza, no ensaio "Presença da literatura francesa no Modernismo brasileiro", a que ponto tinha chegado a presença francesa no Brasil no início do século XX:

> Mas esse interesse não era privilégio dos intelectuais e dos que podiam viajar. Também de longe se sonhava. O brasileiro classe média vivia com os olhos na França neste período de pré-guerra. Lia-se em francês, saboreavam-se iguarias francesas e era a moda francesa que nos dizia como vestir [...]. Paris era o centro do mundo. E o das nossas atenções. Importávamos tudo, até... literatura.

Os modernistas, pelo menos num primeiro momento, não alteram essa tradição. A mesma estudiosa (ibid., p.169) destaca que, de 1912 em diante, praticamente todos os líderes do Modernismo – com exceção de Mário de Andrade – viajaram repetidas

Poesia, mito e história no Modernismo brasileiro

vezes à França. Foram precisamente o contato vivo e direto com os artistas da vanguarda europeia, a percepção da crise que atravessava o Ocidente no início do século e a consciência do atraso das letras e das artes no próprio país que levaram esses jovens às manifestações de rebelião que culminaram na Semana de Arte Moderna de 1922.

Em face do panorama delineado, era natural que a poesia de um Brasil apenas redescoberto, em suas características específicas (mas não puramente exóticas), tivesse a função de interromper e inverter esse processo de importação permanente em que vivia a cultura brasileira. Nesse sentido, *Pau-Brasil* deveria ser o novo cartão de visita, a imagem de um Brasil moderno, livre de recalques; em outras palavras, a "poesia de exportação", ou de como os brasileiros queriam ser vistos daquele momento em diante.

Fica, pois, evidente porque uma obra singular como *Pau-Brasil*, que investiga minuciosamente o presente e o passado nacionais, foi dedicada, justamente, a um representante de relevo da cultura francesa. É como se Oswald de Andrade quisesse chamar a atenção dos europeus para essa nova imagem, mais realista, emancipada e crítica, do Brasil de hoje. E isso é ainda mais significativo se considerarmos "o amor ao pitoresco",[7] que continuava a caracterizar a leitura e a interpretação da realidade brasileira também na obra de um autor contemporâneo, como Cendrars.

A esse propósito, Aracy de Amaral (1970, p.89) registra que Cendrars teria ficado fortemente impressionado durante a primeira leitura feita por Oswald de Andrade de parte ainda inédita do livro *Pau-Brasil*, na casa de Tarsila do Amaral, em 1924. A estudiosa ressalta também algumas analogias entre as duas obras: *Pau-Brasil*, de Oswald de Andrade, e *Feuilles de route*, de Cendrars,

---

7 A expressão é de Sérgio Milliet (in: Eulálio, 1978, p.208): "O amor ao pitoresco e à aventura leva efetivamente Blaise Cendrars a pintar, do Brasil, um retrato expressionista, de cores violentas e traços fortes".

esta publicada em Paris em 1924. Uma e outra, além disso, possuem ilustrações de Tarsila do Amaral.[8]

Embora o encontro entre os dois escritores tenha sido cronologicamente breve (Cendrars, em solidariedade ao amigo Paulo Prado, distanciou-se de Oswald depois de 1929, ano da ruptura entre Prado e o autor de *Pau-Brasil*), de qualquer modo deixou sua marca, pois concretizava de fato aquele diálogo de igual para igual com a cultura europeia que os modernistas desejavam há tempo. Roger Bastide (s.d., p.127-48) atesta a tal respeito que o interesse dos intelectuais franceses pelo Brasil (interesse que remontava ao século XVI, quando as naus francesas transportaram para a França os primeiros índios, cujo universo cultural tanto incidiu sobre a filosofia e a literatura daquele país) manifesta-se também no século XX, nas poesias de Luc Durtain, de Blaise Cendrars, de Jules Supervielle.

A poesia Pau-Brasil deveria, assim, inserir-se nesse diálogo aberto com as vanguardas históricas, invertendo o processo de transposição passiva de modas e modelos estrangeiros, concebidos em outros contextos e para outras exigências. De fato, Oswald de Andrade, em *Pau-Brasil*, desenvolve uma poesia que estabelece, por meio da polifonia e da intertextualidade, um diálogo contínuo entre textos e contextos do presente e do passado, abrindo-se às correntes de pensamento e aos principais movimentos artístico-literários da época, sem perder o seu espírito profundamente nacional.

O texto constrói-se como um conjunto de múltiplas relações, interações, sobreposições e contraposições de vozes diversas, estruturadas pelos séculos, as quais nos remetem a ideologias diferentes e mesmo opostas. A paródia e a sátira interseccionam-se, no sentido de que o autor parte frequentemente de um ou mais textos determinados para depois alargar a sua crítica a toda a

---

8 Sobre o relacionamento e as recíprocas influências entre os dois poetas, ver, além das obras citadas na nota n.6, também Campos (1974, p.35-9).

Poesia, mito e história no Modernismo brasileiro

realidade social e política, implícita em tal estruturação. O livro é denso, e cada verso, cada expressão, por mais simples que sejam, são carregados de significado, como já vimos, por exemplo, na simples dedicatória de abertura do livro. E sobre tudo perpassa o humor característico de Oswald de Andrade, que permeia a obra, às vezes levemente irônico, às vezes pungente e subversivo.

Da literatura à história, e vice-versa, e de ambas à realidade moderna, híbrida e anacrônica do Brasil dos primeiros decênios do século XX, tudo Oswald de Andrade procura assimilar e englobar nesse livro que revela amorosamente, mas também impiedosamente, a alma mais recôndita de seu país. E se o livro se compõe como um mosaico, como uma série de fragmentos incrustados artesanalmente e com precisão, essa composição apenas reflete um momento excepcional de fragmentação da realidade, no qual se desintegram antigos valores, velhas concepções de vida ligadas ao sistema produtivo de base rural e agrícola, sem que, contudo, o desenvolvimento tecnológico tenha contribuído para sanear as desigualdades e as incoerências do sistema social.

As seções do livro são introduzidas por um texto programático, "falação", que é de fato uma versão resumida do Manifesto da poesia Pau-Brasil, anteriormente publicado. O poeta relaciona e enumera as fases da história nacional e os vários aspectos da realidade brasileira. Destaca-se nesse semimanifesto o caráter dessacratório e destrutivo do projeto que se dispunha a realizar: "Contra a fatalidade do primeiro branco aportado e dominando diplomaticamente as selvas selvagens" (Andrade, O., 1974, p.76). Ao mesmo tempo, é evidente também o aspecto construtivo de tal projeto, ao qual já nos referimos.

Dissemos que *Pau-Brasil* possui uma estrutura circular e que é a crônica poética de uma viagem geográfica e histórica. Vimos, também, que as suas diferentes seções são pausas ideais em tempos-espaços paradigmáticos, que marcam fases de transformação, momentos de crise da sociedade em busca de uma nova ordem estrutural. A viagem é, pois, um dos *leitmotiv* da obra, e os instrumentos utilizados para essa incursão espaço-temporal são os mais variados: vão desde as páginas de documentos literários e historiográficos até as *facies* contrastantes do momento atual. O historiador Antonio Celso Ferreira (1991, p.12) observa, a propósito do ciclo *Marco zero*, constituído pelos romances *A revolução melancólica* (1943) e *Chão* (1945), que "os ângulos de visão de Oswald são, quase todos, móveis". É do interior dos veículos terrestres, marítimos e aéreos que o poeta vê desfilar, em uma rápida sucessão, como fotogramas de um filme, "tempo, território, sociedade e cultura". E apesar de o estudioso referir-se a uma fase sucessiva em relação à obra que estamos analisando, a recorrência em Oswald de Andrade de tal aspecto induz-nos a classificá-lo entre aqueles permanentes e característicos do autor.

É notória a importância atribuída por Oswald às viagens, momentos de contato privilegiado com a realidade, de desvelamento de novos universos e de enriquecimento de sua sensibilidade. Antonio Candido (1977, p.53) afirma, mesmo, que em sua obra "talvez as partes mais vivas e resistentes sejam as que se ordenam conforme a fascinação do movimento e a experiência dos lugares". Não é por acaso que duas dentre as obras mais importantes, *Memórias sentimentais de João Miramar* e *Serafim Ponte Grande,* desenvolvam-se a partir das viagens realizadas entre o Novo e o Velho Continente. Em Oswald de Andrade, até o estilo é movimentado e fragmentado: "Estilo de viajante, impaciente em face das empresas demoradas" (ibid., p.55). O livro *Pau-Brasil* não foge a essa caracterização, tendo a viagem como fulcro.

A obra é subdividida em nove séries de poemas coligados entre si: "História do Brasil", "Poemas de colonização", "São Martinho", "RPI", "Carnaval", "Secretário dos amantes", "Postes da Light", "Roteiro das Minas" e "Lóide brasileiro". Seguiremos essas pausas ideais propostas pelo autor, embora as hipóteses de interpretação aqui delineadas refiram-se ao significado e ao valor da obra em seu conjunto, considerando o caráter profundamente orgânico do texto.

## História do Brasil

A seção "História do Brasil" é subdivida em oito séries de poemas, em cujo título aparece o nome do cronista parodiado. São oito os autores sobre os quais se detém Oswald de Andrade: Pero Vaz de Caminha, Pêro de Magalhães de Gândavo, Claude d'Abbeville, Vicente do Salvador, Fernão Dias Pais, frei Manoel Calado, J. M. P. S. e D. Pedro I.

Quanto à organização de toda essa série, há uma ordem cronológica bem precisa e definida. O autor parte da descoberta do Brasil, passando pelo primeiro período da colonização, pela adaptação dos colonos em um novo continente, pelo desenvolvimento do sentimento nativista, até chegar à conquista da autonomia política em 1822. E todo esse percurso é realizado de forma crítica, privilegiando uma escrita polifônica, parodística, que desnuda e exacerba os contrastes entre as vozes que exprimem interesses opostos.

Oswald de Andrade promove uma relação dialética e conflituosa entre os textos sobrepostos, procurando uma decodificação diversa da história. A paródia é o instrumento principal de que o autor se serve nessa seção para estabelecer o destaque dos textos transcodificados, dos quais ele frequentemente inverte o significado.

A paródia é um texto que contém em si mesmo um outro texto. Segundo a definição bakhtiniana, é um texto em que o "autor fala com a palavra de outros", mas no qual ele introduz "uma intenção que é diretamente oposta à intenção original" (Bakhtin, 1991, p.251). Nesse sentido, a paródia contém o texto parodiado e, ao mesmo tempo, a sua negação. Ela afirma, em geral, o que o primeiro texto deixou de dizer, explicitando o não dito (Kothe, 1980, n.62, p.98), além de dialogar criticamente com a tradição: operando em nível do discurso estabelecido, corrompe-o por dentro, para dar lugar a uma nova perspectiva da qual se é porta-voz.

É o que faz Oswald de Andrade, no momento em que se apropria de excertos dos documentos de história oficial (crônicas, cartas e tratados dentre os mais heterogêneos) para transpô-los em um contexto atual. O autor quer fazer ouvir os testemunhos do passado, ou melhor, dos que codificaram as versões da história que se impuseram à consciência nacional. Quer fazer ressoar aquelas vozes, para desmascarar as suas concepções parciais e até mesmo sectárias. Por meio da justaposição intencional de mensagens e testemunhos contraditórios, esse rebelde das letras acabará por desvirtuar completamente o significado dos textos precedentes: o discurso, que era muitas vezes um reforço tautológico da soberania do opressor, transforma-se em veículo da crítica mais feroz, do ponto de vista do oprimido.

Nos primeiros quatro poemas de *Pau-Brasil*, Oswald de Andrade utiliza diversos parágrafos da famosa carta de Caminha, que anunciava ao rei português a descoberta do Brasil. O poeta privilegia, na escolha dos trechos da carta, os momentos de mais puro estranhamento entre os indivíduos de dois mundos que se encontram pela primeira vez: o assombro dos índios diante de uma galinha, dantes nunca vista ("os selvagens"), o alegre passo de dança de Diogo Dias, membro da tripulação de Cabral, que, ao som de uma gaita, improvisa piruetas com os indígenas ("primeiro chá"), e sobretudo a admiração e a malícia implícita diante da nudez das índias:

as meninas da gare

Eram três ou quatro moças bem moças e bem gentis
Com cabelos mui pretos pelas espáduas
E suas vergonhas tão altas e tão saradinhas
Que de nós as muito bem olharmos
Não tínhamos nenhuma vergonha (p.80)[9]

---

9  Giuseppe Ungaretti traduziu para o italiano, com o título "Pau-Brasil", quase toda a primeira seção deste livro, incluída depois em *Prose di viaggio e saggi. I. Il deserto e dopo*, 1961, p.383-90.

Poesia, mito e história no Modernismo brasileiro

"As meninas da gare" é um texto em que se evidencia claramente a intenção paródica do autor. Ele apõe ao excerto antigo, com o seu português peculiar de 1500, um título moderno que remete ao contexto atual, ou seja, ao processo de exploração da mulher, praticamente iniciado com a colonização e nunca mais interrompido no país. A realidade que o poeta pretende explicitar, afirma Affonso Romano de Sant'Anna (1985, p.51-2), permaneceu substancialmente a mesma, apesar dos quinhentos anos decorridos.

A escrita intertextual tem por intenção, aqui, desmascarar a malícia implícita no primeiro texto. A aproximação-confronto entre os dois momentos históricos distintos é pertinente, visto que o efeito de estranhamento desautomatiza uma percepção alienante da realidade, radicada no tempo, como são radicados os modelos e os valores que a promovem. O texto do passado é, paradoxalmente, ainda válido para descrever uma situação do presente: as ameríndias do século XVI confundem-se com as atuais "meninas da gare", vistas segundo uma ótica que as degrada em mercadoria.

Após a apropriação crítica da carta de Caminha, Gândavo é o próximo autor na mira precisa de Oswald de Andrade. Da *História da Província Santa Cruz* são extraídas oito poemas, "hospedagem", "corografia", "salubridade", "sistema hidrográfico", "país do ouro", "natureza morta", "riquezas naturais" e "festa da raça".

Ora, sabe-se que a *História* de Gândavo, publicada em Lisboa em 1576, é a primeira obra que saiu em Portugal com informações sistemáticas sobre a nova colônia. Foi, por isso, um texto que teve certa repercussão, influenciando as sucessivas crônicas e tratados sobre o assunto, publicados quer em Portugal, quer no Brasil. Oswald de Andrade faz a paródia daquela espécie de propaganda da colonização, que é o texto do humanista português:

hospedagem

Porque a mesma terra he tal
E tam favorável aos que vam buscar
Que a todos agazalha e convida (p.81)

O poeta, porém, parodia também a visão estática, enfática e grandiloquente, presente não só em Gândavo, mas em todos os primeiros cronistas do Brasil:

As fontes que há na terra sam infinitas
Cujas águas fazem crescer a muytos e muy grandes rios [...]
(p.82)

riquezas naturais

Muitos metaes pepinos romans e figos
De muitas castas
Cidras limões e laranjas
Uma infinidade
Muitas cannas daçucre
Infinito algodam
Também há muito paobrasil
Nestas capitanias (p.82)

Oswald de Andrade individua, além disso, um tópico entre os mais característicos sobre a configuração geográfica do Brasil: "Tem a forma de hua harpa" (p.81).

Significativo entre esses textos é o poema "festa da raça", no qual se descreve o bicho-preguiça, animal que tanta admiração provocou em todos os primeiros visitantes do Brasil. Oswald de Andrade é intencionalmente dessacratório em aproximar o título irônico, "festa da raça", à descrição de um animal lentíssimo, "que ainda que ande quinze dias aturado/ Não vencerá distância de hu tiro de pedra" (p.83). É uma crítica à sociedade

Poesia, mito e história no Modernismo brasileiro

nacional, lenta e conformista, refratária às novidades e agarrada às tradições.

Claude d'Abbeville é o terceiro autor revisto pelo nosso poeta nessa seção. Dos cronistas portugueses ele passa, portanto, aos franceses, os quais, como vimos, foram em geral mais abertos e mais tolerantes em relação às populações locais. São três os excertos retirados do livro de 1614, *Histoire de la Mission des Pères Capucins en l'Isle de Marignan et terres circonvoisines*: "a moda", "cá e lá" e "o país". Os textos estão em francês antigo, embora a eles – como ocorreu com os textos dos dois primeiros cronistas – o autor aponha títulos em português moderno.

Já vimos que, dos dois cronistas anteriores, o poeta privilegia no primeiro a percepção pitoresca da nova realidade e a descrição um pouco maliciosa das índias; no segundo, o caráter propagandístico, a representação enfática de uma terra que parece um sucedâneo do paraíso celeste. Do texto de Claude d'Abbeville, ele focaliza os mesmos aspectos já elencados, mas por uma ótica modificada. No religioso francês, notamos que o relativismo cultural, iniciado anteriormente por Jean de Léry, em meados do século XVI, é, aqui, ainda mais evidente. Basta fazer uma comparação entre as descrições das índias presentes no texto de Caminha e o modo quase neutro como Abbeville as representa. Estas, para o autor francês, apesar do costume de andar nuas, não parecem menos bonitas nem mais promíscuas e corruptas do que as mulheres francesas. Em *Pau-Brasil*, Oswald de Andrade explicita tal importante mudança de perspectiva no poema "cá e lá":

> Cette coustume de marcher nud
> Est merveilleusemente difforme et deshonneste
> N'estant peut estre si dangereuse
> Ni si attrayante
> Que les nouvelles inventions
> Des dames de pardeça
> Qui ruinent plus d'âmes
> Que ne le font les filles indiennes (p.84)

Oswald surpreende nesse cronista, também, uma imagem do país carregada de lirismo, que lembra os versos da "Canção do exílio", de Gonçalves Dias:

o país

Il y a une fontaine
Au beau milieu
Particulière en beauté
Et en bonté
Des eaux vives et très claires
Rejaillissent dicelle
Et ruissellent dedans la mer
Estant environnée
De palmiers guyacs myrtes
Sur lesquels
On voit souvent
Des monnes et guenons (p.84-5)

Da perspectiva portuguesa, a do colonizador, o autor passa à do antagonista de Portugal, a França, o país que disputou a posse do Brasil e, também (talvez por isso mesmo), o país com o qual o Brasil teve desde sempre um relacionamento privilegiado.

O próximo cronista da série é frei Vicente do Salvador, que também passou pelo crivo rigoroso e atento do poeta. Mas nesse autor temos, em relação aos outros já focalizados, a novidade do nativismo, do colono que começa a sentir o Brasil como uma pátria. Frei Vicente de Salvador foi o primeiro historiador brasileiro, e nele já se fazem presentes os sentimentos de apego e de afeto pela terra natal.

São quatro os textos retirados da *História do Brasil*, de 1627: "paisagem", "as aves", "amor de inimiga" e "prosperidade de são paulo". Em "paisagem" e "as aves", evidencia-se a percepção lírica, peculiar do cronista, que é bem caracterizada por Oswald de Andrade:

as aves

Há águias de sertão
E emas tão grandes como as de África
Umas brancas e outras malhadas de negro
Que com uma asa levantada ao alto
Ao modo de vela latina
Correm com o vento (p.86)

Em "amor de inimiga" e "prosperidade de são paulo", temos a descrição dos costumes indígenas e um dos resultados mais tangíveis e imediatos da obra missionária no Brasil: o aldeamento dos índios, ou seja, a reunião das tribos pacificadas pelos religiosos em vilas ou em conjuntos de vilas, e o consequente desenvolvimento dos primeiros aglomerados urbanos em volta dos colégios jesuítas, como é o caso de São Paulo:

prosperidade de são paulo

Ao redor desta vila
Estão quatro aldeias de gentio amigo
Que os padres da Companhia doutrinam
Fora outro muito
Que cada dia desce do sertão (p.86)

O poeta, aqui, não é particularmente polêmico na escolha das sequências textuais que parodia, como também na seleção dos títulos que aparecem em tais textos. Vicente do Salvador exprime, em sua *História*, um evidente sentimento de amor pelo Brasil, numa significativa identificação do homem com a terra (que assume um valor ainda maior se pensamos que esse autor nasceu no Brasil). Oswald de Andrade, focalizando um texto relevante do século XVII, assinala outra etapa importante do processo de tomada de contato com a realidade brasileira, uma tomada de contato que, nesse caso, se revela objetiva e já bastante crítica. Eis por que o poeta parece poupar da sua sátira irreverente a figura do frade franciscano, sugerindo uma leitura do texto que o valoriza e o recupera para a modernidade.

A ironia manifesta-se, contudo, no texto "prosperidade de são paulo", cujo título nos reporta ao presente da cidade paulista, que rapidamente crescia e se industrializava. Mas é um desenvolvimento heterogêneo e desequilibrado, no qual os elementos de modernidade convivem com alguns fatores primitivos e arcaicos. Essa poesia repete a técnica utilizada em "as meninas da gare" e em outros textos, nos quais o poeta justapõe títulos atuais à narração de sequências e segmentos da realidade que, em sua essência, continuaram imutáveis no tempo. Se no passado o encontro/desencontro cultural se verificou entre índios, colonos e jesuítas, hoje ele se dá entre o campo e a cidade, ou entre os autóctones e os imigrantes estrangeiros que a cidade deve absorver, sem perder sua identidade.

Depois das poesias extraídas da obra do frei Vicente do Salvador, segue o poema "carta", elaborado a partir de um trecho de uma missiva, de 1674, de Fernão Dias Pais (1608-1681), um dos mais importantes bandeirantes, que percorreu intrepidamente o Brasil em busca das famosas e tão almejadas esmeraldas. Oswald de Andrade seleciona dessa carta algumas sequências em que se descreve resumidamente uma bandeira e se registra o objetivo principal dessas expedições paramilitares ao interior do país, ou seja, a procura pelos minerais e pela mão de obra indígena:

> Vossa Senhoria
> Deve considerar que este descobrimento
> É o de maior consideração
> Em rasam do muyto rendimento
> E também esmeraldas (p.87)

Evidenciam-se aqui os interesses meramente econômicos que permeavam as heroicas empreitadas desses aventureiros, consi-

Poesia, mito e história no Modernismo brasileiro

derados de forma enfática pela historiografia tradicional como heróis. Evidencia-se também, de modo inequívoco, a diferença entre a reelaboração histórica realizada por Oswald de Andrade e a feita por Cassiano Ricardo, outro autor objeto de nossa pesquisa, que se coloca numa posição oposta em relação ao percurso oswaldiano. Cassiano Ricardo fundamentou a sua revisão do passado sobre a figura desses personagens, mais lendários que históricos, segundo a sua visão característica. Bem diferente é a concepção – desmitificada e irônica – que se encontra em Oswald de Andrade.

E se o texto "carta" descreve fatos e acontecimentos que se referem em um primeiro momento ao Sudeste do país, o poema seguinte, "civilização pernambucana", elaborado a partir de um excerto do texto "O valeroso Lucideno e triunpho da liberdade", do frei Manuel Calado do Salvador (1584-1654),[10] configura a sociedade latifundiária e patriarcal do Nordeste do Brasil durante o período colonial. De modo particular, a sequência selecionada pelo poeta coloca em evidência a ostentação, o luxo das vestimentas femininas, a preocupação com a aparência:

> As mulheres andam tão louças
> E tão custosas
> Que não se contentam com os tafetás
> São tantas as jóias com que se adornam
> Que parecem chovidas em suas cabeças e gargantas
> As pérolas rubis e diamantes [...] (p.88)

Oswald de Andrade põe em cena um dos aspectos mais característicos das classes privilegiadas do Brasil, cuja fatuidade não era muito diferente da do tempo em que o autor vivia. Ele mes-

---

10 Para a individualização das fontes do livro *Pau-Brasil*, ver o exaustivo estudo de Manfio (1992a, p.44-83).

mo é fruto dessa cultura e desse mundo, como frequentemente salienta em sua obra, embora continuamente os desmascare, sem hesitação.

O poema seguinte, "vício na fala", extraído do texto de J. M. P. S (?-?), náufrago português de quem, na verdade, pouco se sabe, salienta o conflito e a polêmica gerados entre lusitanos e brasileiros sobre a utilização da língua portuguesa, sobre as variedades linguísticas características da colônia, que Portugal suportava com irritação. O texto insere-se nas discussões que se verificaram naqueles anos e nas reivindicações de uma língua literária nacional que incorporasse as modalidades da língua falada:

vício na fala

Para dizerem milho dizem mio
Para melhor dizem mió
Para pior pió
Para telha dizem teia
Para telhado dizem teiado
E vão fazendo telhados (p.89)

O poema "carta ao patriarca", o último dessa série, refere-se a uma carta de 1822, de D. Pedro I (1789-1834). A missiva é endereçada a José Bonifácio de Andrade e Silva (1763-1838), conhecido também como o Patriarca da Independência pelo papel atuante que teve nos acontecimentos que conduziram à proclamação da independência do país.

Pela sequência selecionada, percebe-se o clima de desconfiança e de instabilidade que permeou o reinado de Pedro I, obrigado a abdicar, em 1831, em favor do filho Pedro II (1825-1891). Com essa escolha precisa, o poeta continua no desmascaramento de uma certa visão histórica que interpreta esse e outros períodos como momentos épicos do passado.

## Poemas da colonização

Em *Pau-Brasil*, na série "Poemas da colonização" – que contém ao todo quinze poemas –, a figura recuperada é a do negro escravo, que sustentava com seu trabalho toda a economia colonial. São textos densos, explícitos na descrição da realidade essencialmente injusta da escravidão:

medo da senhora

A escrava pegou a filhinha nascida
Nas costas
E se atirou no Paraíba
Para que a criança não fosse judiada (p.94)

E ainda:

levante

Contam que houve uma porção de enforcados
E as caveiras espetadas nos postes
Da fazenda desabitada
Miavam de noite
No vento do mato (p.94)

Nessa seção, o autor não se limita à colagem de textos preexistentes, ou seja, ele não trabalha somente no âmbito dos modelos literários ou, de qualquer forma, dos textos codificados, desmitificando-os na essência: a técnica utilizada é outra. Oswald de Andrade alarga sua visão e sua pesquisa histórico-geográfica a toda sociedade colonial. Revela a falsa moral daquele sistema econômico e social, baseado no latifúndio escravista e patriarcal, aparentemente respeitoso aos princípios humanísticos do catolicismo, mas que, de fato, mantinha sua força por meio da repressão e da submissão de faixas inteiras da população.

Ele privilegia, no percurso histórico que vai delineando, momentos que a história oficial deixa de lado: a vida dos escravos, o seu cotidiano, o abuso às mulheres, os sentimentos, o desespero, os terríveis massacres contra os negros que conseguiam fugir das fazendas. São *flashes* de vida real, cenas de uma história ainda não escrita, a da trágica epopeia negra. Com grande capacidade empática e com breves, mas densas, pinceladas, o universo do escravo é eficazmente reconstruído, utilizando-se para tal fim, também, o elemento linguístico, o modo de falar e as transformações fonéticas que o africano introduziu no português falado: "– Qué apanhá sordado?" (p.94), "Peredoa" (p.95), "É comê bebê pitá e caí" (p.95).

## São Martinho

A série "São Martinho", composta por quinze poemas, tem também como tema o Brasil rural, mas o momento histórico é outro. Estamos agora em pleno período de difusão da monocultura do café nas grandes fazendas de São Paulo:

> paisagem
>
> O cafezal é um mar alinhavado
> Na aflição humorística dos passarinhos
> Nuvens constróem cidades nos horizontes dos carreadores
> E o fazendeiro olha os seus 800 000 pés coroados (p.98)

São Martinho era uma das grandes propriedades rurais de Paulo Prado no interior do Estado de São Paulo, município de Sertãozinho (próximo a Ribeirão Preto), onde esteve o próprio Oswald de Andrade com outros artistas e intelectuais, seja pela procura de um oásis de paz, seja para um contato mais vivo e intenso com o mundo agrícola rural.

Poesia, mito e história no Modernismo brasileiro

O Brasil do interior, fleumático mas inconfundível em sua individualidade, estava dando os primeiros passos, em meio a mil contradições, em direção a um tímido desenvolvimento tecnológico. Veja-se a esse propósito o poema "metalúrgica", último texto da série, de ritmo intenso e acelerado, que descreve a atividade turbulenta de uma indústria metalúrgica:

1 300° à sombra dos telheiros retos
12 000 cavalos invisíveis pensando
40 000 toneladas de níquel amarelo
Para sair do nível das águas esponjosas
E uma estrada de ferro nascendo do solo
Os fornos entroncados
Dão o gusa e a escória
A refinação planta barras
E lá embaixo os operários
Forjam as primeiras lascas de aço (p.102)

Esse texto se contrapõe de forma explícita aos outros da série, em que o fluir do tempo é mais lento, ligado a outras cadências e valores:

bucólica

Agora vamos correr o pomar antigo
Bicos aéreos de patos selvagens
Tetas verdes entre folhas
E uma passarinhada nos vaia
Num tamarindo
Que decola para o anil
Árvores sentadas
Quitandas vivas de laranjas maduras
Vespas (p.99)

Essa associação antitética de diferentes aspectos da realidade é uma constante em todo o livro, com a qual o poeta tende a evidenciar a condição precária e contraditória do Brasil daqueles anos. Se o último texto da série, "São Martinho", é o emblema da dinamicidade e da vivacidade do mundo industrial, é eloquente o fato de que a seção se abra com o poema "noturno":

> Lá fora o luar continua
> E o trem divide o Brasil
> Como um meridiano (p.98)

A presença do trem separa, literalmente, o primeiro do terceiro verso, simbolizando, também graficamente, a divisão do país, que o fenômeno da rápida urbanização apenas acentuou. O trem, imagem do progresso e do desenvolvimento tecnológico, dividirá sempre mais, a partir de então, o Brasil bucólico do interior do Brasil das cidades industrializadas do litoral. Não obstante, o poeta colhe momentos únicos e talvez irrepetíveis desse universo rural, na tentativa de recuperar os valores, os sentimentos, a vitalidade e a especificidade de toda uma parte consistente, esquecida e marginalizada do país:

> o violeiro

> Vi a saída da lua
> Tive um gosto singulá
> Em frente da casa tua
> São vortas que o mundo dá (p.101)

Oswald de Andrade descreve ainda, no poema "versos de dona carrie", algumas das ocasiões de recreação do grupo modernista nas fazendas:

> O time feminino nos bate
> Mas Cendrars faz a última carambola
> Soldado de todas as guerras
> Foi ele quem salvou a França na Champagne
> E os homens na partida de bilhar daquela noite (p.102)

# RP1

A série "RP1", composta por quinze poemas, inicia com o texto "3 de maio", que é de fato uma definição concisa e inovadora de poética: "a poesia é a descoberta/ Das coisas que eu nunca vi" (p.104). Definição de poética válida seja em um sentido geral (por fornecer elementos úteis para a interpretação de toda a obra oswaldiana), seja por estabelecer o percurso específico que o autor realiza nesse livro.

O poeta de fato continua o seu *excursus* espaço-temporal pela realidade do seu país em nível diacrônico, isto é, trabalhando com textos que nos remetem a diferentes segmentos histórico--culturais, e em nível sincrônico, privilegiando situações, fatos, personagens que se referem ao seu próprio contexto.

Série mais caracteristicamente lírica, nela predomina a primeira pessoa do discurso: "aprendi", "estive", "Meu amor me ensinou", "fui", "Eu gosto", "passei" etc. São notações de breves e intensos momentos poéticos, em que o autor mistura informações de caráter biográfico à percepção concreta e objetiva de uma realidade com muitas conotações surreais. É como se tudo se confundisse: diferentes períodos de história pessoal e nacional, espaços geográficos, realidades culturais distintas. Tudo convive, e nem sempre de forma harmônica.

"RP1" é a sigla de "Rápido Paulista 1", o trem que naqueles anos ligava São Paulo ao Rio de Janeiro. Encontramo-nos diante de uma espécie de revisitação e de reconhecimento geográfico e afetivo das cidades do interior, praticamente às margens das duas principais capitais do país. Pequenas estações são retratadas, minúsculas localidades, assim como a modesta humanidade multiétnica que gravitava naquelas paragens:

Japoneses
Turcos

Miguéis
Os hotéis parecem roupas alugadas
Negros como num compêndio de história pátria
Mas que sujeito louro (p.105)

Ao justapor, na mesma seção, textos como o citado a outros em que descreve a capital, o poeta sugere o confronto entre os simples e humildes personagens dos centros menores – imigrantes, negros, mestiços – com os bem mais altivos e orgulhosos habitantes do Rio de Janeiro de então.

Eloquente em tal sentido é o poema "capital da república", que traça um panorama irônico e crítico do Rio, a cidade que representa para o mundo uma espécie de passaporte do Brasil. À imagem estereotipada da "cidade maravilhosa", o poeta sobrepõe uma outra visão dessacralizante, que tende a desmascarar os lugares comuns daquele falso – porque parcial – retrato. Os elementos folclóricos estão todos presentes (o pau-brasil, o Pão de Açúcar, os políticos, as belas mulheres), mas são vistos e interpretados segundo uma ótica pungente, altamente eficaz na desmitificação da realidade:

Temperatura de bolina
O orgulho de ser branco
Na terra morena e conquistada
E a saída para as praias calçadas
Arborizadas
A Avenida se abana com as folhas miúdas
Do Pau-Brasil
Políticos dormem ao calor do Norte
Mulheres se desconjuntam
Bocas lindas
Sujeitos de olheiras brancas
O Pão de Açúcar artificial (p.108-9)

## Carnaval

Segue-se à seção "RP1" a série "Carnaval", composta por dois poemas: "nossa senhora dos cordões" e "na avenida". Oswald de Andrade endereça a sua crítica à linguagem verborrágica e convencional das letras oficiais, e o faz descrevendo uma festa eminentemente popular, como o carnaval, com uma linguagem intencionalmente retórica. Nota-se, todavia, a substituição cômica do termo "submeter" com "sobremeter", no verso 11, corruptela do português considerado culto e bem falado, estropiado nos discursos populares dos dias festivos. O texto inteiro é uma sátira bem-humorada da inclinação nacional pelas palavras altissonantes, pelos discursos vazios e pomposos, que contagia indistintamente os grupos sociais:

nossa senhora dos cordões

Evoé
Protetora do Carnaval em Botafogo
Mãe do rancho vitorioso
Nas pugnas de Momo
Auxiliadora dos artísticos trabalhos
Do barracão
Patrona do livro de ouro
Protege nosso querido artista Pedrinho
Como o chamamos na intimidade
Para que o brilhante cortejo
Que vamos sobremeter à apreciação
Do culto povo carioca
E da Imprensa Brasileira
Acérrima defensora da Verdade e da Razão
Seja o mais luxuoso novo e original
E tenha o veredictum unânime
No grande prélio
Que dentro de poucas horas
Se travará entre as hostes aguerridas
Do Riso e da Loucura (p.112)

A técnica da contraposição antitética obtém, nessa seção, um dos momentos mais intensos da obra. É evidente a dissonância entre as duas realidades, entre os dois mundos que se encontram naqueles breves dias de festa – o da alta burguesia e o popular –, que se mantêm, de qualquer modo, separados, mesmo quando o primeiro, por uma espécie de viagem exótica, pretende recuperar aspectos e características do segundo; ou quando o segundo, ou seja, o popular, pretende apropriar-se da língua da elite, deformando-a na tentativa de seguir sua forma e seu estilo.

O poeta coloca-se como um espectador destacado e crítico da festa popular, exagerando propositalmente nas descrições de alguns dos seus aspectos mais típicos, que são assim caricaturados. Se pusermos em confronto essa seção com o poema quase homônimo, "Carnaval Carioca" (1923), do outro corifeu do Modernismo, Mário de Andrade (1976a, p.133-42), constataremos como são marcadamente distintas as posições dos dois autores diante de um fenômeno tão relevante, característico e tradicional como o carnaval carioca. Mário de Andrade insere-se nas folias carnavalescas e a própria estrutura do seu poema, a linguagem, o tom e o estilo procuram dar conta dessa atmosfera eletrizante, que elimina as divisões entre os diferentes segmentos da realidade social. Para essa interpretação de Mário de Andrade, é válida a asserção de Mikhail Bakhtin (1991, p.161), segundo a qual "o carnaval aproxima, une, coliga e combina o sagrado e o profano, o sublime e o ínfimo, o grandioso e o mesquinho, o sábio e o estulto".[11]

No carnaval moderno, contudo, é possível ainda a inversão de papéis, a existência daquele "mundo do avesso", que havia caracterizado por vários séculos tal festa, na qual toda hierarquia e toda distinção de sexo e idade são abolidas? Pois bem, na visão de

---

11 Sobre o significado original, liberatório, transgressivo e utópico da festa popular e do carnaval, ver também, do mesmo autor, *L'opera di Rabelais e la cultura popolare: riso, carnevale e festa nella tradizione medievale e rinascimentale* (1979).

Oswald de Andrade, o carnaval carioca não parece desempenhar mais esse papel, nem mesmo nos dias em que a festa popular atinge o seu cume, uma vez que não consegue anular as divisões de classe; pelo contrário, elas tornam-se ainda mais evidentes:

A banda de clarins
Anuncia com os seus clangorosos sons
A aproximação do impetuoso cortejo
A comissão de frente
Composta
De distintos cavaleiros da boa sociedade
Rigorosamente trajados
E montando fogosos corcéis
Pede licença de chapéu na mão (p.112-3)

## Secretário dos amantes

Em forma epistográfica, a seção "Secretário dos amantes" reúne, em seis breves episódios, cartas-poemas endereçadas da França e da Espanha a um namorado que se presume ter permanecido no Brasil. O assunto dessas missivas é geralmente frívolo, fútil, o tom é íntimo e coloquial. A linguagem é afetuosa, quase infantil, mas também escassa e banal: "Beijos e coices de amor" (p.116), "Bestão querido/ Estou sofrendo/ Sabia que ia sofrer/ Que tristeza este apartamento de hotel" (p.116).

Na verdade, como informa Aracy A. Amaral (1975, p.77, v.I. Ver, na mesma obra (1975), parte do epistolário de Tarsila do Amaral, p.359-99, v.I), alguns dos versos dessa seção são retirados das cartas que Tarsila do Amaral envia a Oswald de Andrade da Espanha, em 1923: "As cartas amorosas, que se trocam, então, inspirariam algumas delas a Oswald, que usaria, como 'colagens', frases de Tarsila em poemas posteriormente incluídos em *Pau--brasil*". Nessa seção, Oswald utiliza, também, a correspondência do filho Nonê e de Dulce, a filha de Tarsila do Amaral.

Mas qual é a essência desse "saqueio" da própria correspondência e da de amigos e parentes? A quem é dirigida, aqui, a sua provocação? Eram prerrogativas exclusivas dos grupos economicamente privilegiados do tempo – os aristocratas do café e a alta burguesia industrial – as longas viagens transatlânticas, às quais o próprio Oswald se refere nessa e em outras obras. Nesse sentido, podemos interpretar essa série de poemas como a paródia dos relacionamentos interpessoais dessa classe dominante, classe contra a qual investe Oswald, ridicularizando-a em sua linguagem, em suas posturas e em seus hábitos (que eram, de qualquer modo, os mesmos do poeta). Não é por acaso que Oswald afirmou ter realizado a revolução modernista também contra si mesmo. De fato, como ressaltam muitos estudiosos, os intelectuais e os artistas do Modernismo conduziam uma atitude inconscientemente suicida, já que reivindicavam mudanças estruturais da sociedade que comportariam a extinção da sua própria classe (Amaral, 1975, v.I, p.69).

## Postes da Light

A série "Postes da Light" é formada por 22 poemas. Constitui uma espécie de crônica de São Paulo, cidade que, apesar do rápido desenvolvimento que estava vivendo no início do século, conservava muitas características de pequena província, como, no fundo, ainda era. O título da série alude à instalação da eletricidade nas ruas da capital paulista, por volta dos anos 1920. "Light" era a companhia elétrica canadense que se ocupou dessa modernização da paisagem e da vida metropolitana, que viu a substituição dos velhos e sugestivos lampiões pelos mais modernos postes de luz.[12]

---

12 Oswald de Andrade recorda, nas memórias, que essa modernização de São Paulo foi vivida pelos seus habitantes como um verdadeiro acontecimento: "Um mistério esse negócio de eletricidade. Ninguém sabia como era. Caso é que funcionava. Para isso as ruas da pequena São Paulo de 1900 enchiam-se de fios e de postes. O fato público mexera com a opinião. Havia os favorá-

Poesia, mito e história no Modernismo brasileiro

Diversos momentos da vida citadina são capturados pelos olhos atentos do fotógrafo-poeta (ver o poema "fotógrafo ambulante"). A cidade resiste às transformações: ora é o cavalo e a carroça que se põem de atravessado nos trilhos da ferrovia, ora é a procissão que bloqueia o trânsito caótico das ruas. O poeta privilegia o contraste entre as duas almas antitéticas da capital:

Os chofers ficam zangados
Porque precisam estacar diante da pequena procissão
Mas tiram os bonés e rezam
Procissão tão pequenina tão bonitinha
Perdida num bolso da cidade (p.121)

A linguagem, como vimos, é uma montagem de formas, estilos, estruturas, tons e níveis entre os mais diversos: anúncios publicitários, bilhetes, convites, resultados de partidas de futebol, diálogos colhidos aqui e ali, elencos de livros, trechos de programas radiofônicos. São as vozes concomitantes e simultâneas da cidade, sua linguagem multiforme, contraposta, desarmônica e dissonante.

Ressalte-se também nessa série a ironia sutil do poema "ideal bandeirante":

Tome este automóvel
E vá ver o Jardim New-Garden
Depois volte à Rua da Boa Vista
Compre o seu lote
Registre a escritura
Boa firme e valiosa

---

veis, os que previam um grande progresso para a Capital com a aquisição da energia elétrica. Mas havia também os que cheiravam negociata na vinda de capitais estrangeiros para cá. Não se tratava ainda do capital colonizador, mas já se conhecia alguma coisa da exploração colonial de nossas possibilidades pelos países mais avançados" (1990d, p.47).

Vera Lúcia de Oliveira

E more nesse bairro romântico
Equivalente ao célebre
Bois de Boulogne
Prestações mensais
Sem juros (p.126)

De fato, o ideal dos netos e bisnetos daqueles intrépidos bandeirantes, em cujos feitos e aventuras tanto se detém a história
brasileira, é possuir uma cômoda residência em um "romântico"
bairro de São Paulo. Nada mais de aventuras, audácia, ânsia de
conhecer o mundo e descobrir novos universos. O paulista do
século XX tem ideais completamente diferentes dos antepassados, os quais, embora a custo de ações muitas vezes pouco
edificantes, traçaram as atuais dimensões do país.

Outro texto significativo é "pronominais", no qual se retoma
a discussão em torno da língua nacional, o português brasileiro,
que, de fato, existia já bem distinto do de Portugal, embora
obstinadamente ignorado pelo mundo das letras oficiais. Os
modernistas não perdem a ocasião de reivindicar essa língua,
como afirma Oswald de Andrade (1990b, p.42), "sem arcaísmos,
sem erudição. Natural e neológica. A contribuição milionária
de todos os erros. Como falamos. Como somos". Sem dúvida,
*Pau-Brasil* concretiza tal programa, assumindo um léxico de uso
corrente, assim como os módulos expressivos característicos
da língua falada:

Dê-me um cigarro
Diz a gramática
Do professor e do aluno
E do mulato sabido
Mas o bom negro e o bom branco
Da Nação Brasileira
Dizem todos os dias
Deixa disso camarada
Me dá um cigarro (p.125)

Poesia, mito e história no Modernismo brasileiro

# Roteiro de Minas

A série "Roteiro de Minas", como se vê no próprio título, é uma revisitação histórica e geográfica de Minas Gerais, uma região de tradições, arte e história entre as mais importantes e antigas do Brasil. Essa série de poemas inspirou-se na viagem de quinze dias realizada em 1924 por Oswald de Andrade com Tarsila do Amaral e os amigos Mário de Andrade, Blaise Cendrars, Gofredo da Silva Telles, René Thiollier, Olívia Guedes Penteado, e Nonê, seu filho, às cidades históricas de Minas Gerais. O período escolhido para tal viagem foi o da Semana Santa, caracterizado por sugestivas representações sacras, procissões, cerimônias religiosas, festas populares. Oswald de Andrade registra, então, a atmosfera de intenso misticismo e religiosidade que se respira nessa região.

Vimos que, nesse livro, o poeta busca recuperar segmentos de realidade submersa e marginalizada. São visões de mundo que pertencem à história dos humildes, são culturas em decadência e transformação, é a língua reprimida das classes populares, é todo um universo que vem à tona, posto diante das consciências, imposto à reflexão de todos. Desse mesmo modo procede Oswald de Andrade nessa seção. Agora é a história de Minas, suas tradições culturais, suas igrejas barrocas, as esculturas do Aleijadinho, as procissões, as festas, o espírito bucólico, barroco e místico do mineiro, que o autor consegue tão bem aprender: "A paisagem nos abraça" (p.138), ele afirma.

Essa é uma das seções mais longas do livro, formada por 28 poemas, além de ser uma das que alcançam maior êxito estético. Caracteriza-se pela síntese e plasticidade dos versos, que se justapõem como tantos recortes e ângulos da mesma paisagem:

lagoa santa

Águas azuis no milagre dos matos
Um cemitério negro
Ruas de casas despencando a pique
No céu refletido (p.139)

É um outro Brasil que nos vem descrito e apresentado, um Brasil regional de forte personalidade. Percebe-se que o poeta visita a região como que encantado, que enriquece a própria experiência com aspectos inusitados, que alarga a sua visão de mundo, embora lamente o abandono em que se encontram os monumentos da região. Como se tivesse uma câmera nas mãos, ele vai compondo diante de nós as tantas sequências da realidade caleidoscópica:

documental

É o Oeste no sentido cinematográfico
Um pássaro caçoa do trem
Maior do que ele
A estação próxima chama-se Bom Sucesso
Floresta colinas cortes
E súbito a fazenda nos coqueiros
Um grupo de meninas entra no filme (p.137)

As cidades de Minas Gerais são de tal forma carregadas de testemunhos históricos que temos quase a impressão de que, de um momento para o outro, podemos deparar em suas ruas com um dos tantos personagens do passado colonial: "A praça pública está cheia/ E a execução espera o arcebispo/ Sair da história colonial" (p.134).

A ironia cáustica é substituída por um tom mais lírico e participante; o poeta adere ao mundo que vai narrando, do qual participa empaticamente. Veja-se a esse propósito o poema "menina e moça", em que ele interpreta e narra em primeira pessoa os sentimentos de uma moça do lugar:

menina e moça

Gostei de todas as festas
Porque esse negócio de missa
E procissão
É só para os olhares
Vou agora triste no trem
Com aquela paixão

Poesia, mito e história no Modernismo brasileiro

No coração
Vou emagrecer
Junto às palmeiras
Malditas
Da fazenda (p.135)

O poeta, no entanto, lamenta que tudo isso se perca na incúria e na negligência geral, monumentos, igrejas e páginas de história. A própria memória da Inconfidência Mineira vai-se, aos poucos, cancelando por causa da desatenção com a qual o Brasil moderno se coloca em relação ao seu passado. Veja-se o poema "casa de Tiradentes":

A Inconfidência
No Brasil do ouro
A história morta
Sem sentido
Vazia como a casa imensa [...] (p.135-6)

Emblemático nesse sentido é também o poema "ocaso", no qual, focalizando o monumental conjunto das esculturas de Aleijadinho no Santuário do Bom Jesus, em Congonhas do Campo, o poeta afirma:

São degraus da arte de meu país
Onde ninguém mais subiu

Bíblia de pedra sabão
Banhada no ouro das minas (p.141)

## Lóide brasileiro

O livro conclui-se com a seção "Lóide brasileiro", constituída por doze poemas. É significativo que essa série comece com a paródia de um dos clássicos da poesia brasileira, a "Canção do exílio", de Gonçalves Dias, um texto que marcou profundamente a visão de mundo dos brasileiros e o conceito que tiveram de si mesmos, obtendo, ao longo do tempo, inumeráveis reelaborações em sentido paródico ou, simplesmente, parafrástico.

Depois de haver concluído a desconstrução dos textos-chave dos primeiros viajantes e testemunhas do Brasil colonial, o poeta agora se põe a reelaborar um texto básico do Romantismo e a recuperar uma interpretação da realidade de um dos mais importantes autores nacionais, o qual não omite o inevitável paralelo entre o seu país e a Europa. Na referida lírica de Gonçalves Dias, há de fato uma imagem paradigmática do Brasil, delineada quando o autor se encontrava no exterior, precisamente em Coimbra, em 1843. Tal poesia nasceu num momento de nostalgia, que iluminava a terra distante com uma nova luz: terra que se desvela, quase milagrosamente, diante dos olhos do poeta romântico, ainda mais querida e preciosa, mais verdadeira e concreta, apesar da distância.

A "Canção do exílio", contudo, é caracterizada também por um nacionalismo estático e apologético, que é, afinal, o mesmo nacionalismo ao qual aderiam os componentes do grupo verde--amarelista. Ora, é justamente esse modo de pôr-se diante da realidade que Oswald de Andrade rejeita aqui e, de forma ainda mais radical, no Manifesto Antropófago. A sua releitura do texto romântico não podia não ser crítica. A ingenuidade e a simplicidade do nacionalismo de Gonçalves Dias são explicitadas por Oswald de Andrade no verso ironicamente redundante: "Minha terra tem mais terra" (p.144).

Gonçalves Dias, ao amadurecer e delinear no exterior a sua característica imagem da terra natal, e ao consolidar pela saudade sua ligação afetiva com essa terra, não faz mais do que perpetuar uma tradição dos intelectuais brasileiros, que frequentemente tiveram a necessidade de se distanciar para ver melhor, para adquirir uma consciência mais profunda da realidade nacional. A essa regra tácita não escapou nem mesmo Oswald de Andrade, ao qual o estranhamento salutar, provocado pelo temporário distanciamento do seu país, serviu para amadurecer a sua visão estético-literária e para projetar a obra *Pau-Brasil*.

O significado dessa última parte do livro, todavia, não se conclui com a crítica ao nacionalismo epidérmico que havia mediado, por séculos, o relacionamento dos escritores e intelectuais com as condições reais do país: o autor vai além, e o próprio título da seção é, nesse sentido, indicativo: "Lóide brasileiro" é o nome de um dos navios em que Oswald de Andrade retornou ao Brasil de uma de suas viagens à Europa. E de uma viagem de retorno trata essa seção, viagem pelo Atlântico que, de Portugal, levará o poeta a deter-se em todos os principais portos brasileiros tocados pelas caravelas nos séculos XVI e XVII. Desse modo, ele parodia, antes de tudo, as narrações das viagens e dos naufrágios, tragicamente difusos no período dos grandes descobrimentos (veja-se o poema "cielo e mare", p.145), para depois passar aos autores que descrevem e documentam, de modo detalhado, aquela "terra dos canibais", em que todo gênero de superstições, lendas e mitos da Europa parecia ter encontrado abrigo.

Como um aventureiro dos tempos modernos, o poeta refaz o mesmo percurso dos navegadores do passado, visita as mesmas localidades e cidades descritas, rotuladas, catalogadas nos textos do período colonial ("rochedos são paulo", "fernando de noronha", "recife", "versos baianos" e "noite no rio"), para recompor uma nova imagem de seu país, elaborada dessa vez de modo mais realístico e consciente. Um país que não era nem paraíso terrestre, nem território de bárbaros selvagens e animais exóticos. Um país que possuía as suas peculiaridades, os seus valores e a sua cultura, que os brasileiros tinham o direito e o dever de redescobrir e valorizar:

fernando de noronha

De longe pareces uma catedral
Gravando a latitude
Terra habitada no mar
Pela minha gente
Entre contrafortes e penedos vulcânicos
Uma ladeira coberta de mato
Indica a colônia lado a lado
Um muro branco de cemitério
A igreja
Quatro antenas
Levantadas entre a Europa e a América
Um farol e um cruzeiro (p.146)

Vejamos, detalhadamente, como tal viagem marítima é realizada e reproposta pelo poeta. O primeiro poema da série é "canto de regresso à pátria", paródia do texto de Gonçalves Dias. Representa, como já se disse, o intelectual latino-americano no exterior ou, mais precisamente, na Europa a repensar a sua relação com a terra natal. Emerge aqui a problemática da saudade e do exílio, condições existenciais comuns a várias gerações de artistas e escritores, *tópos* entre os mais recorrentes na literatura brasileira.

O segundo texto, "tarde de partida", como se deduz do título, focaliza o momento da partida de Lisboa, "[...] o adeus da pátria quinhentista/ E o acaso dos Brasis" (p.145).

Os textos "cielo e mare" e "o cruzeiro" indicam, por sua vez, outros dois momentos da viagem. E não podemos deixar de relacionar tal relato irônico de dias inteiros transcorridos no tédio mais absoluto com as narrativas aventurosas e mesmo dramáticas das travessias oceânicas, realizadas pelos primeiros exploradores marítimos. A sátira é bastante explícita:

Poesia, mito e história no Modernismo brasileiro

Empanturra-se de uísque
No Bar
Famílias tristes
Alguns gigolôs sem efeito
Eu jogo
Ela joga
O navio joga (p.145)

Os sucessivos poemas, "rochedos são paulo", "fernando de noronha", "recife", "escala", "versos baianos" e "noite no rio", representam as fases de um processo de reaprendizado da realidade. São ilhas, rochedos, enseadas e portos vistos do mar, vastos panoramas das principais cidades ao longo do litoral brasileiro, que tanta importância tiveram na história do país:

Tua orla Bahia
No benefício destas águas profundas
E o mato encrespado do Brasil
[...]
A bandeira nacional agita-se sobre o Brasil
A cidade alteia cúpulas
Torres coqueiros
Árvores transbordando em mangas rosas
Até os navios ancorados
Forte de São Marcelo
Panela de pedra da história colonial
Cozinhando palmas (p.148-9)

Essa série de poemas sugere o confronto com o relato seiscentista do capuchinho Claude d'Abbeville (1945, p.49),[13]

---

13 ABBEVILLE, C. d'. *História da Missão dos Padres Capuchinhos na Ilha do Maranhão e terras circunvizinhas*, op. cit., p.49. No século XX, um outro francês, o etnólogo Claude Lévi-Strauss, nas pegadas dos seus predecessores dos séculos XVI e XVII, procura reconstruir, a partir de sua própria experiência, aqueles que poderiam ter sido os sentimentos, as impressões, o assombro, o senso

quando ele descreve, comovido, a paisagem brasileira que do mar vai se desvelando:

> Na quarta-feira, 11 de julho, começamos a ver, pela manhã, as montanhas dos canibais, princípio da terra do Brasil. Sabe Deus com que alegria, com que satisfação e contentamento víamos as terras tão desejadas e que, para encontrar, havia quase cinco meses, partíramos de França e vogávamos pelo mar!

Não nos esqueçamos de que Paulo Prado organizou a publicação da obra de Abbeville exatamente em 1922. Tal texto terá, sem dúvida, influenciado Oswald de Andrade, visto que Abbeville é um dos cronistas enquadrados pelo autor na seção "História do Brasil". Resulta clara a intenção parodística em relação ao autor francês, cujo percurso Oswald de Andrade repete, mas com intenções totalmente diversas. Ao repropor a crônica poética de uma original e inusitada redescoberta de seu país, é como se o poeta quisesse recomeçar a história, transformando a sua interpretação com a introdução de um ponto de vista inédito: o do colonizado. Tal proposta será retomada e radicalizada no Manifesto Antropófago, no qual o poeta chega mesmo a fixar uma nova cronologia histórica para o Brasil: "Ano 374 da deglutição do bispo Sardinha" (1990b, p.52).

Essa nova consciência de si não excluía, contudo, a percepção do outro nem o respeito por tudo aquilo que pudesse, de qualquer forma, enriquecer a própria visão de mundo. Nesse sentido, Oswald de Andrade nunca defendeu nenhum tipo de isolamento e fechamento da cultura nacional às correntes de pensamento

---

de estranhamento e ao mesmo tempo de maravilha que tomou conta dos primeiros exploradores do Novo Mundo. E como Colombo, Villegaignon, Jean de Léry e Claude d'Abbeville, ele se deixa capturar pela fascinação do contato com um mundo sobre o qual tanto sonho e fantasia se construiu: "Ei-la, agora vejo-a e adivinho suas luzes, nesta noite insone passada a aguardar da ponte a aparição da América" (Lévi-Strauss, 1992, p.88).

Poesia, mito e história no Modernismo brasileiro

estrangeiras, mas somente um modo mais crítico e consciente de pôr-se diante de tais influxos. Justamente por isso o poeta revela, nos últimos versos da obra, com seu humor inconfundível, que havia trazido, ao retornar desse percurso fundamental pela geografia e pela história de seu país, "uma saudade feliz/ de Paris" (p.151). Ele ironiza, assim, um dos mais estáveis e convencionais motivos da poesia brasileira: "a saudade da pátria", sentimento comum aos intelectuais de todas as escolas estético-literárias, quase uma marca de identidade nacional. Oswald inverte radicalmente esse *leitmotiv*: não somente a sua é uma "saudade feliz", mas é direcionada a Paris, cidade na qual ele amadureceu a sua consciência sobre o Brasil, assim como a cidade que mais estímulos oferecia à sua voracidade insaciável de intelectual aberto ao mundo.

Antes de concluir essa caminhada pela viagem oswaldiana, vamos nos deter ainda em um outro texto importante dessa seção: "anúncio de são paulo", no qual o poeta parodia um *depliant* publicitário, em inglês, da Secretaria da Agricultura, no qual a cidade de São Paulo é apontada como a "Chicago of South America", *depliant* que é ironicamente inserido no corpo do texto poético:

Antes da chegada
Afixam nos offices de bordo
Um convite impresso em inglês
Onde se contam maravilhas de minha cidade
Sometimes called the Chicago of South America

Situada num planalto
2 700 pés acima do mar
E distando 79 quilômetros do porto de Santos
Ela é uma glória da América contemporânea
A sua sanidade é perfeita
O clima brando
E se tornou notável

Pela beleza fora do comum
Da sua construção e da sua flora

A Secretaria da Agricultura fornece dados
Para os negócios que aí se queiram realizar (p.150)

Vale assinalar que tal poema nos sugere duas considerações importantes. A primeira é que ainda se repropõem, em pleno século XX, imagens estereotipadas do país para exportação, representações da realidade muito similares às dos primeiros viajantes estrangeiros, dos quais já se tratou na primeira parte deste estudo. É uma visão enfática, em uma linguagem igualmente enfática, contra a qual se opõe sistematicamente Oswald de Andrade (1990b, p.43), porque ela mitifica a realidade e propõe a mera cópia (e não a "invenção" e a "surpresa"), porque impõe, enfim, uma assimilação acrítica de valores e parâmetros alheios usados para interpretar a própria realidade. A segunda consideração a fazer é que, embora a postura ideológica basicamente se mantenha nessa figuração homologada do país, os termos de comparação já são outros. A realidade brasileira, no caso a cidade de São Paulo, não vem mais posta em confronto, como de costume, com Portugal ou com a França, mas com os Estados Unidos, cuja hegemonia econômica e política marcará, de agora em diante, o percurso das nações latino-americanas.

Resumindo o itinerário desse livro, observamos que o poeta trabalha com a paródia em diversas seções (de modo mais sistemático, na primeira e na última) e com o confronto e a sobreposição de linguagens e de materiais diversos, de várias procedências. Nesse sentido, a antítese é a figura predominante, e o poeta a utiliza para evidenciar o absurdo e o ridículo dos comportamentos, dos valores contrapostos e dos diferentes aspectos da realidade do país.

Oswald de Andrade expõe defeitos e qualidades, desnuda impiedosamente a alma nacional com tudo aquilo que ela con-

Poesia, mito e história no Modernismo brasileiro

tém, seja de negativo, seja de positivo. Nisso, como já vimos, o nacionalismo de *Pau-Brasil* distancia-se profundamente do de *Martim Cererê* e da sua visão mítica e mistificada da história e da realidade.

Fica claro, pois, o quanto o projeto Pau-Brasil foi sério, lógico e coerente, não obstante tantos terem afirmado que Oswald de Andrade não passava de um *blagueur* inconsequente. Nesse livro, o poeta concretiza de fato a criação de um novo lirismo, de uma nova poesia nacional, crítica e consciente, cuja necessidade e urgência ele havia evidenciado no Manifesto da Poesia Pau-Brasil. Para tanto, ele repercorre a história nacional, corrói lugares--comuns, explicita figurações falsas da realidade, denuncia as ideologias implícitas em tais figurações e promove a libertação de uma série de complexos seculares, abrindo, por consequência, a estrada para a consolidação de uma nova consciência no país.

# 5
# Cassiano Ricardo:
# o culto dos heróis, entre história, mito e mistificação

> Sou local, pelos pés.
> Pássaro universal
> Pelo pensamento.
> Há um espelho mútuo
> entre mim e as coisas.
> Um eco ferido
> entre mim e o vento.
>
> *Cassiano Ricardo*

## Cassiano Ricardo, poeta da inquietação

Cassiano Ricardo é autor poliédrico, versátil e inquieto: influenciou alguns dos momentos mais importantes da literatura brasileira do século XX, deixando sua marca inconfundível.

Personalidade diametralmente oposta seja a Oswald de Andrade, seja a Raul Bopp – ambos apaixonados e assíduos *globe--trotters* –, Cassiano Ricardo é metódico e sedentário. Preferiu realizar sua viagem existencial no interior do ser, numa dimensão íntima e misteriosa, embora condicionada pela escansão de hábitos e gestos da vida cotidiana, como se pode ver em "Globe-trotter" (Ricardo, 1957, p.611-3):

> Saí de uma fotografia há mais de meio século.
> Viajei por meu próprio sangue e eis-me onde sou em mim.
> É este o meu perfil de habitante da Terra.
> [...]
> Ser é viajar no sangue.
> Não é questão de geografia
> mas de primavera.
> Não se resume em dar a volta ao mundo,
> ir de mim a Pequim.
> Mas em viajar por entre as árvores, com as estrelas...
> É este meu perfil de habitante da Terra.

Intelectual moderado, Cassiano Ricardo é poeta essencialmente revolucionário, aberto ao experimentalismo e à pesquisa incessante de novas técnicas e temáticas. No livro *O sangue das horas* (1943), o autor confessa que ama só o que é "breve" e "vário" (*Poesias completas*, 1957, p.226), revelando, assim, uma das coordenadas da sua poesia, caracterizada pela renovação contínua. Se quisermos definir corretamente a poética de Cassiano Ricardo, devemos utilizar termos como "atualidade" e "contemporaneidade".

Tal versatilidade do poeta não deve ser confundida com oportunismo ou superficialidade, visto que Cassiano Ricardo aderirá ao novo somente quando intrinsecamente convicto da necessidade de renovação e mudança. Sua participação no Modernismo é, nesse sentido, emblemática. É digno de nota que o autor tenha, em um primeiro momento, observado com desconfiança as manifestações rumorosas e até mesmo caóticas do primeiro período modernista. Ao jovem ainda impregnado de eloquência e retórica parnasianas, que havia publicado, segundo

Poesia, mito e história no Modernismo brasileiro

tais tendências, três obras de sucesso, toda aquela polêmica e discussão sobre a necessidade de renovação literária e artística parecia bastante superficial e sem sentido (1970b, p.33):

De modo que a Semana de Arte Moderna foi, no começo, escarnecida por mim, como coisa louca.

Banquei o "do-contra", insuflando outros escritores a serem "do-contra" também. E fazia até as minhas perfídias.

Somente em 1925 ele deu um passo importante no sentido de uma "radical revisão" do próprio comportamento em literatura, como afirma o próprio autor (1970b, p.33). Sua "conversão" verificou-se, portanto, quando o Modernismo estava mudando as coordenadas em direção à valorização das realidades regionais e à criação de uma literatura capaz de exprimir a complexidade do Brasil contemporâneo, aspectos prioritários para o poeta. Como Raul Bopp, ele se aproximou do Modernismo apenas quando encontrou consonância entre os seus pontos de vista, os seus interesses político-sociais e a linha adotada pelo movimento, a partir de meados dos anos 1920.

E se é verdade que ele não aderiu imediatamente à inovação estética promovida pela Semana de Arte Moderna, por outro lado, a partir de 1925, ele se transformou num "modernista convicto" (ibid., p.35), protagonista de um dos mais importantes grupos, o Verde-amarelismo, do qual é um dos fundadores. Esse grupo se autodissolveu mais tarde, para refundar-se com o nome de Anta. O Verde-amarelismo é uma das faces do Modernismo, a face conservadora, característica do nacionalismo pitoresco e eufórico, e com essa face se identifica profundamente o poeta, como é evidente em *Martim Cererê*.

O grupo fundou-se em oposição aos que, segundo opinião dos intelectuais verde-amarelistas, tinham se distanciado da realidade brasileira, no afã de assimilar as novidades da vanguarda europeia.

O Grupo Verde-amarelo e o da Antropofagia, como vimos, tinham vários pontos de contato entre si, mas suas posições ideológicas e políticas incompatíveis impediam o reconhecimento de tais afinidades. O pressuposto de ambos era o retorno aos valores nacionais, à história pátria, ao estudo dos documentos e textos do passado.

É na interpretação desse retorno ao passado que encontramos as diferenças mais relevantes entre os dois blocos. Esse aspecto será reexaminado a seguir, nos dois itens sucessivos. Interessa-nos delinear, antes, o complexo percurso desse poeta angustiado e inquieto, que se reinaugura periodicamente, inovando em termos de poética e cosmovisão. Ele declara:

> O poeta
> com a sua lanterna
> mágica está sempre
> no começo das coisas.
> É como a água, eterna-
> mente matutina. (Ricardo, 1957, p.436)

Nelly Novaes Coelho (1972, p.5-6) afirma que, se existe na literatura brasileira um poeta capaz de perscrutar o lado oculto e misterioso por trás da aparência da realidade visível, este é Cassiano Ricardo, cuja sensibilidade privilegiada sempre consegue captar a dupla face do mundo: "Vê o bem no mal aparente; o feio na beleza radiosa; o belo na deformação; o demônio no anjo; a alegria na tristeza; o não ser no ser...".

Por essa capacidade de superar limitações e contingências da vida cotidiana, com seu peso de pequenas e grandes humilhações e angústias, o poeta consegue manter-se sempre fiel à poesia, que tem para ele um papel e uma missão fundamentais, sobretudo nesse século tão profundamente desumanizado. Afirma Cassiano Ricardo que existem na sociedade instâncias tão radicadas que só por meio da poesia podem manifestar-se (1972, p.XIV):

Poesia, mito e história no Modernismo brasileiro

Na verdade, sempre acreditei profundamente (e minha poesia deve revelá-lo) na enormidade da tarefa que cabe ao poeta no mundo. Quem poderá negar o papel do poeta no seu meio e em sua época? Forma de gnose, de autocrítica ou introspecção – para que o poeta se conheça a si mesmo, a poesia exerce, simultaneamente, uma decisiva função pacificadora face ao desespero lúcido do homem da pré-guerra atômica.

Dissemos a propósito da personalidade complexa de Oswald de Andrade que para ele vida e obra são um todo, e que é difícil estabelecer onde começa uma e onde termina a outra, tão profundo é o vínculo entre ambas. Para Cassiano Ricardo, ao contrário, vida e obra são bem distintas, não por uma opção do poeta, mas porque a realidade – que o obriga a camuflar-se, a aceitar compromissos e a assumir diferentes máscaras – não permite que vida e poesia se confundam. Existe, assim, uma cisão inevitável entre o homem público – o ser social que deve conviver com seus semelhantes e muitas vezes ocultar-se para subtrair-se a certos golpes repentinos da vida – e o eu verdadeiro, o homem diante de si, empenhado em um feroz exercício de autoanálise:

> Espelho, sub-reptício espelho,
> meu professor de disfarce.
> Quem poderá disfarçar-se
> sem recorrer ao seu conselho?
>
> É diante dele que componho
> não só a gravata, meu enfeite,
> mas o meu jeito de rir, tristonho,
> para que o mundo me aceite. (Ricardo, 1957, p.255)

Tal dissociação resulta ainda mais evidente se pensarmos no tato que teve que empregar, nos pactos e ajustes que Cassiano Ricardo precisou aceitar, impregnado de idealismo, no tipo de trabalho público que realizava e o obrigava à convivência direta e cotidiana com políticos e homens poderosos, quase sempre portadores de uma visão redutora e prosaica da realidade. Nas memórias, *Viagem no tempo e no espaço*, publicadas em 1970, Cassiano Ricardo nos dá um testemunho detalhado e sincero dessa longa, incômoda e muitas vezes perigosa convivência, para o poeta, com centros de poder.

O universo poético, em compensação, representou para ele o antídoto. É o mundo onde é ainda possível um contato vivo com a própria infância, período mágico, utópico e profundamente significativo, em que cada um de nós pode se olhar no espelho sem ver refletidas as tantas máscaras que a vida nos impõe. Por isso, poesia e infância, para ele, identificam-se: "o que é a poesia, mesmo depois que a gente envelhece, senão (como diz Baudelaire) a infância *retrouvée?*" (1972, p.XI). No livro *Jeremias sem-chorar* (1976, p.139), ele afirma:

> O mundo poderá ser salvo
> se o homem desfizer a distância
> que o separa de sua
> infância.

Existe, em Cassiano Ricardo, um perene apelo para que reentremos em contato com a criança que fomos um dia, com aquele ser verdadeiro e íntegro, embora inerme, que está dentro de nós. Também ele volta ciclicamente àquele período regenerador: "Não raro sinto o menino que renasce em mim pra me contar um insólito e matinal segredo. Pra me contar o menino que fui" (1970b, p.316).

Cassiano Ricardo atravessa diversas fases poéticas: a primeira, que vai de 1915 a 1925, é a aquela que Alceu Amoroso Lima (1957, p.9-16) define como "anacrônica ou parnasiana", e nela incluem-se os livros *Dentro da noite*, *A frauta de Pã* e *Jardim das Hespérides*. A segunda, que vai de 1926 a 1941, é a fase do nacionalismo modernista, na qual podemos enquadrar os

Poesia, mito e história no Modernismo brasileiro

livros *Vamos caçar papagaios, Borrões de verde e amarelo, Martim Cererê* e *Deixa estar, jacaré*. Em 1943, o poeta inicia um terceiro e fecundo momento, considerado por muitos quase como um novo exórdio poético, no qual o lirismo se faz introspectivo e filosófico. Na realidade, doze anos separam o verde-amarelista eufórico e solar do poeta melancólico e meditabundo dos livros *O sangue das horas* (1943), *Um dia depois do outro* (1947), *A face perdida* (1950) e *Poemas murais* (1950), anos que serviram, sem dúvida, para amadurecer o poeta, mas que marcaram também, profundamente, o homem.

A atmosfera dos versos se ensombra, as cores não são mais intensas e vívidas, como no período precedente; isotopias dominantes são agora a "palavra" e o "silêncio", uma oposta ao outro, uma quase sufocada pelo outro.

Encontramos a imagem sempre mais frequente do poeta diante de um espelho em autoanálise, um espelho que revela e, ao mesmo tempo, esconde a essência mais íntima do eu complexo e contraditório: "já comigo não me assemelho" (Ricardo, 1957, p.256). E, à imagem em movimento do espelho, contrapõe-se a efígie fixa, hierática e imóvel do homem no retrato:

> Os retratos em cor, na parede,
> dos homens ilustres
> que exerceram, já em remotas épocas,
> o manso ofício. (Ricardo, 1957, p.263)

> E vou do espelho ao retrato
> (de cabelo repartido)
> e do retrato ao espelho
> (caco de espelho partido)
> com qual dos dois me assemelho? (ibid., p.344)

Por trás do aparente, os seres e as coisas escondem sua verdadeira natureza, e o poeta sente o impulso de buscar essa voz secreta, essa palavra que passa despercebida à maioria: "Que estará dizendo/ o lábio quase humano/ da orquídea" (ibid., p.254). E acima – e dentro – de tudo, um sentimento de melancolia e de dor perpassa o mundo, um sentir que à vida falta nexo, razão, senso.

O tema angustiante da morte começa a tornar-se nele obsessivo, assim como a dor de um mundo que "é sempre mau" (ibid., p.309). E, todavia, Cassiano Ricardo não pode deixar de conjugar os "verbos no futuro", ou seja, os da esperança de que a realidade possa, de qualquer maneira, se transformar: "O mundo de hoje é uma lição de angústia/ e eu só conjugo os versos no futuro" (ibid., p.304).

Com a publicação de *A face perdida*, em 1950, o desencantamento parece acentuar-se, paralelamente, ao estoico desejo de viver até a exaustão toda a angústia: "A hora é de aceitar tudo:/ a rosa, o escarro. É a hora/ da grande aceitação/ em que tudo é oportuno" (ibid., p.379). O poeta sente que é o momento da participação na dor muda dos homens, unidos por um fio de esperança tênue, absurda, contraditória, necessária, porém, como antídoto ao desespero e à morte, sempre presentes: "Quero ficar, sofrer com todos/ os que sofrem,/ nesta dolorosa viagem/ entre a consciência e o mito,/ entre o chão e as estrelas" (ibid., p.417).

Percebe-se, porém, em muitas poesias a gestação de um novo percurso que o conduzirá ao cerne da linguagem, a qual será posta no centro da sua reflexão, ao lado dos temas que lhe são peculiares. Sua poesia, sempre mais densa e substancial, enriquece-se de uma dimensão metalinguística, já antes latente, que daí em diante se fará explícita. Mas se a atividade poética transforma-se em afilado exercício crítico, isso ocorre porque a linguagem humana – como ele afirmará, citando Heráclito – reflete a estrutura do mundo, marca o relacionamento de cada povo com sua história, com o próprio tempo, com o próprio destino (Ricardo, 1964a, p.73).

Poesia, mito e história no Modernismo brasileiro

O poeta, no ensaio "22 e a poesia de hoje" (1964), porá uma questão crucial: "a reformulação do mundo em termos de uma nova linguagem não será uma outra forma de participação, que não a do simples *engagé?*" (Ricardo, 1964a, p.74-5). E acrescentará: "só pela linguagem se salvará o mundo. Linguagem de que a poesia é o elemento afetivo, o poder físico-mágico" (ibid., p.74).

Justamente por essa pragmática e vasta concepção da linguagem humana e, no caso, da linguagem poética (coração pulsante do sistema), as reflexões sobre o tema são extremamente pertinentes para quem, como ele, sempre defendeu o empenho, o engajamento do intelectual com as problemáticas do seu tempo: "Nenhum poeta deixará de ser cúmplice da sua época; a não ser que dissocie a sua arte do destino humano e social que ela deve ter, tornando-a uma simples flor de luxo" (apud Alves, 1995, p.325-6).

É precisamente nesse aspecto que Cassiano Ricardo se aproxima do seu mais tenaz e valoroso opositor, Oswald de Andrade. Ambos conceberam a literatura como uma forma de participação social e cívica, ambos – embora antípodas – jamais tiveram receio de alinhar-se ideológica e politicamente. Não vem ao caso – ou talvez venha, próprio pelas implícitas coincidências – se os dois autores tiveram sempre um relacionamento problemático, feito de encontros e desencontros memoráveis, como testemunha Cassiano Ricardo (1970b, p.160):

> Resultou que, aborrecido, o inesquecível autor de *Marco zero* brigou comigo e feio. Pelo seu "Telefonema", no *Correio da Manhã* meu amigo se tornava meu inimigo, pra depois ser de novo meu amigo; depois meu inimigo outra vez para voltar a amigo incondicional definitivamente com aquela graça que Deus lhe deu e o Diabo temperou com o sal da heresia.

Quanto a Oswald de Andrade, ainda em 1943 ele exprimia juízos extremamente negativos sobre a obra de Cassiano Ricardo, embora se referisse explicitamente ao período nativista do autor

(Cassiano Ricardo estava então, de fato, iniciando uma nova fase, com a publicação de *O sangue das horas*). Não obstante, apenas dez anos mais tarde, atento à nova densidade, ao equilíbrio e ao vigor alcançados pelo autor de *Martim Cererê*, ao caráter inédito que tinha assumido o lirismo do seu velho antagonista, Oswald de Andrade (1990e, p.199) mudará totalmente de posição em relação à sua obra:

> Os homens de 22 estão aí mais firmes do que nunca. Veja o caso de Cassiano Ricardo. Só agora, nos seus últimos livros, se revelou de fato o maior poeta do Brasil. Quem faz entre nós melhor poesia do que Cassiano? Ninguém.

Oswald de Andrade não foi certamente o único a mudar de opinião e a reelaborar os próprios juízos no que concerne a esse poeta dialético e extraordinariamente lúcido.

Voltando à terceira fase de Cassiano Ricardo, observamos que ela se distingue pelo ecumenismo, pelo desejo de fraternidade com todos os homens, desejo que convive com a consciência da solidão física e metafísica de cada ser:

> Caminho nas ruas do mundo
> muita gente pelas janelas
> [...]
> Ah, não achei, por onde vim
> um só irmão, pra meu triunfo,
> nem antes nem depois de mim. (Ricardo, 1957, p.394-5)

Sua poesia alcança uma significação e um âmbito cósmicos e universais; a partir de um ângulo bem delimitado e específico – o do Brasil de então –, o poeta aproxima-se daquilo que caracteriza o homem em qualquer tempo e espaço, para lá das distinções sociais, econômicas, geográficas, étnico-culturais: os componentes constantes e absolutos do humano.

Poesia, mito e história no Modernismo brasileiro

Outra característica dessa fase (sobretudo no livro *Poemas murais*, de 1950) é aquela espécie de redimensionamento e desencanto pelos quais passam não só figuras, símbolos e mitos milenários da humanidade, mas cada gesto, intenção, instante de vida. Tudo acaba mancomunado, envolto por um prosaísmo difuso que homologa, vulgariza e corrói a poesia do mundo:

O que disputamos
já não é um lugar ao sol, é a manhã ensanguentada
caminho rubro para o acontecer.

É o número de ordem numa fila de pão. (Ricardo, 1957, p.485)

De meu anjo da guarda
tu passaste a ser,
por tardio receio,
o meu guarda-noturno. (ibid., p.503)

Sua poesia é caracterizada pela presença de símbolos e figuras bíblicas, anjos e profetas (Jacó, Jó, Noé, Caim, Adão, Abel, Jeremias, Gog, Magog etc.), embora esse mundo religioso e mítico também não escape ao processo de rebaixamento a que já nos referimos.

O poeta continua, todavia, a sua pesquisa incessante e vital. Os livros *João Torto e a fábula* (1956), *Arranha-céu de vidro* (1956), *Montanha russa* (1960), *A difícil manhã* (1960), *Jeremias sem-chorar* (1964) e *Os sobreviventes* (1971) marcam uma nova transformação. A Guerra Fria, que contrapunha o mundo em dois blocos, e a possibilidade concreta de aniquilamento total da humanidade por meio da utilização insensata e irresponsável das tecnologias mais avançadas provocam em Cassiano Ricardo um intenso período de reflexões e de crise. Seus textos impregnam-se de um sentimento de precariedade e de absurdo, as isotopias recorrentes passam a ser, de agora em diante, as conexas com a atividade bélica: "o avião" (ou as suas metáforas, como "pássaro de metal", "pássaro de fogo", "pássaro geométrico"), "cadeira elétrica", "bomba atômica", "gás lacrimogêneo", "eletrocutor", "paraquedistas", "metralhadoras", "chuvas de fogo":

> Hoje tudo é sintético... é geométrico.
> Teu eletrocutor será gentil; mais que gentil, exato
> e te fará morrer tão amistosamente
> como quem – num jardim – colhe uma flor. (Ricardo, 1957, p.634)

> E o grande pássaro de metal
> armado de metralhadoras
> jogava a morte sobre a terra
> sob a forma de estrelas voadoras. (ibid., p.638)

E se do ponto de vista temático os novos livros assumem a dimensão e a condição dramática da aldeia global, coerentemente com essa transformação o poeta aderiu, na década de 1960, ao experimentalismo radical das novas vanguardas. Em outras palavras, ele continuou a afinar o seu instrumento de trabalho até fazê-lo capaz de exprimir a multiplicidade e a fragilidade do nosso tempo, marcado pela ameaça de hecatombes nucleares. Cassiano Ricardo, sem perder de vista a organicidade do texto, chegou a atomizar os próprios vocábulos, no esforço de reproduzir a terrível fragmentação de uma realidade na qual o ser humano perde a sua dimensão, transforma-se em cifra, número de um mercado, parte de um sistema produtivo, sujeito e objeto de consumo (1976, p.7):

> Coloco no bojo do
> meu globo azul
> palavras truncadas
>     sufixos
> sílabas atomizadas.

Da última fase, o livro *Jeremias sem-chorar*, publicado em 1964, representa um dos momentos mais intensos, obra-prima de equilíbrio, "onde se fundem as mais surpreendentes experiências formais vanguardistas com a mais lúcida e profunda visão existencial e histórica" (Coelho, 1972, p.107).

O poeta chega às novas experiências vanguardistas da década de 1960, depois de um percurso coerente e significativo por fases diversas, e com a consolidação de uma obra entre as mais substanciais e emblemáticas produzidas pela revolução estético-literária modernista. Cassiano Ricardo ocupava, então, um papel importante no panorama literário brasileiro, e não tinha certamente necessidade de lançar-se em temerários experimentalismos para consolidar tal posição. Não obstante, ele mudou as regras do jogo, pôs tudo em discussão e aderiu aos movimentos poéticos emergentes no panorama nacional, a partir de 1956, os quais dominarão por quase duas décadas o mundo literário brasileiro: Concretismo, 1956; Neoconcretismo, 1958; Poesia Práxis, 1962; Poema-Processo, 1967; Tropicalismo, 1968.

Essa adesão ao Concretismo (e, sucessivamente, à Poesia Práxis) é coerente com aquele apelo intrínseco que sempre o condicionou: a procura incessante de uma palavra capaz de exprimir – em sua complexidade e ambiguidade – toda a gama de sentimentos e expectativas que caracterizam o homem contemporâneo. Mas também, e sobretudo, a busca de uma palavra capaz de comunicar, de fazer-se ouvir em um mundo que parece sempre mais surdo e refratário às instâncias humanizantes da poesia.

O entusiasmo pelo novo, que caracteriza sua busca poética e existencial, não foi, todavia, sempre avaliado e compreendido na justa dimensão e no devido valor. Sua adesão, por exemplo, aos grupos que propunham experiências radicais de linguagem e reagiam contra a poesia discursiva, o confessionalismo, o lirismo classicista da década de 1940, foi mal recebida por muitos dos seus exegetas (Silva, 1966, p.37-45; Nunes, 1966, p.115-37; Martins, 1965, p.154-9). Visto no conjunto, porém, ele é profundamente coerente com a sua personalidade, a sua biografia e a sua poética: Cassiano Ricardo não conseguia se manter indiferente, ou mesmo alheio, ao que o circundava. É em tal sentido que Mário da Silva Brito (1976, p.60) ressalta que a biografia desse poeta é a do nosso tempo, nas suas várias e distintas etapas.

Na verdade, afirma ainda Brito (1979, p.151), com Cassiano Ricardo estamos em presença de uma das raras figuras de "poeta de carreira", daqueles poetas que fazem da poesia um exercício perene, uma permanente atividade introspectiva e intelectual, daqueles que constroem cotidiana e teimosamente o próprio percurso, que sabem renovar e atualizar formas e conteúdos no diálogo sutil e articulado com os contemporâneos.

Cassiano Ricardo foi também um dos teóricos das correntes experimentalistas, com três importantes ensaios: "22 e a poesia de hoje" (1964), "Algumas reflexões sobre a poética de vanguarda" (1964) e "Poesia Práxis e 22" (1966), nos quais elucidou e comentou dialeticamente os fundamentos, os princípios e as técnicas da nova poesia. Considerando concluído o ciclo do verso, as novas correntes propunham a exploração de potencialidades inéditas do signo linguístico, a valorização de seus elementos gráficos e visuais, dos espaços brancos na página, das letras no espaço. A palavra transformava-se em signo objetivado, com uma autonomia, uma eficácia, uma valência que antes não possuía.

O poeta, contudo, condenou o esteticismo finalizado em si mesmo, afirmando que talvez a maior carência da experiência vanguardista em campo poético seja justamente o exasperado formalismo estético que "proclama o seu desprezo ao coração, sob o pretexto de combater o que ele representou de excessivamente romântico" (1970b, p.269). Em Cassiano Ricardo, de fato, o experimentalismo nunca se transformou em simples acrobacia hermética ou em virtuosismo vazio. Dos novos princípios e técnicas, o autor incorporou à sua experiência já consolidada somente o que lhe pareceu funcional e efetivamente original.

Foi crítico em relação às exagerações formais do Concretismo, para o qual a poesia às vezes se reduzia a um simples problema de estrutura, em que se perdia de vista o contexto extralinguístico. Omitia-se, dessa forma, afirma o poeta, um princípio fundamental de toda vanguarda que se respeite, ou seja, que a poesia é uma forma de participação social e deve sempre "dizer algo, numa época que não comporta a omissão" (1964b, p.XI).

O poeta reivindicava para o Modernismo de 1922 o mérito de ter antecipado muitas das questões que naquele momento estavam no centro da reflexão das novas vanguardas, como a importância dada ao elemento gráfico, geométrico, visual do texto, à plasticidade e ao cromatismo das palavras-imagens, à síntese e à redução da poesia a um mínimo telegráfico. Existia, assim, uma linha de continuidade entre o Modernismo e as novas gerações que promoviam, naquele momento, a renovação da poesia brasileira. Péricles Eugênio da Silva Ramos (1979, p.182-201) demonstra que Cassiano Ricardo, já nos livros precedentes, utilizava muitos dos processos e técnicas formais, em voga na década de 1960, de modo que, mais do que de influências, é melhor falar, nesse caso, de confluências entre a poesia do autor de *Jeremias sem-chorar* e a arrojada arquitetura da sintaxe gráfico-visual concretista.

A obra de Cassiano Ricardo confirma, por tudo isso, a perspicaz análise que faz Mário de Andrade (1974, p.242) de todo esse período no ensaio "O movimento modernista", no qual o autor de *Macunaíma* relaciona entre as conquistas do Modernismo o permanente direito à pesquisa estética, que solicita e estimula a atualização do intelectual. Trata-se, com efeito, de um aspecto evidente no percurso de Cassiano Ricardo.

O poeta da inquietação do ser, para quem a poesia é a mais pura forma de liberdade, soube assumir profundamente as faces várias e mutáveis de um período histórico extremamente complexo e problemático, como o século XX, revelando uma perene e generosa disponibilidade em recomeçar, como se para ele a vida fosse um renascer contínuo das tantas – pequenas e grandes – mortes cotidianas:

> Os rostos de hoje, que me encontram na rua,
> não sabem que o meu rosto é também de hoje mas eu moro
> no dia seguinte.

> Estou vivendo uma alegria e já sentindo
> que essa alegria morrerá e já experimentando uma espécie
> de advertência futura. (Ricardo, 1957, p.305)

De livro em livro, de fase em fase, Cassiano Ricardo impôs-se à atenção de público e crítica como um dos autores contemporâneos que mais enriqueceram e diversificaram a própria obra, sendo definido como um "fenômeno impressionante" (Gomes, 1979, p.211), um "caso único" (Simões, 1979, p.112), no panorama literário nacional.

Pluridimensional, planetário, cósmico, como afirma Antônio Carlos Villaça (1979, p.206), ele "debruça-se por sobre o drama da sobrevivência humana, com ansiedade". Visceralmente poeta do tempo presente, Cassiano é, também, poeta do futuro, por aquela inalienável esperança que soube difundir com sua obra – sem se aventurar em ilhas felizes, sem se isolar em torres de marfins providenciais, sem se distanciar da cena admirável e feroz do mundo:

> Não quero ir para a ilha
> onde sei que tudo é gozo,
> onde – maravilha –
> se tem tudo o que se quer,
> flores, glória, mulher.
> Nem para a fabulosa terra
> onde não se morre, a Utopia.

Poesia, mito e história no Modernismo brasileiro

Quero ficar, sofrer com todos
os que sofrem,
nesta dolorosa viagem
entre a consciência e o mito,
entre o chão e as estrelas. (Ricardo, 1957, p.417)

## Martim Cererê: a saga dos bandeirantes

Nereu Correia (1970, p.10) afirma que a obra de Cassiano Ricardo suscita ao crítico, pela sua polimórfica riqueza, uma tal multiplicidade de perspectivas que é impossível contê-la em uma única visão de conjunto, de modo que cada aspecto mereceria um estudo pormenorizado, pesquisas complexas e possivelmente articuladas entre si.

Sem perder de vista a integridade da produção, seja em verso, seja em prosa, no contexto deste estudo interessa-nos, sobretudo, avaliar o período nacionalista do autor, cuja obra mais significativa é, sem dúvida, *Martim Cererê*. Esse livro assinalou, junto a *Pau-Brasil*, de Oswald de Andrade, a *Cobra Norato*, de Raul Bopp, a *Macunaíma*, de Mário de Andrade, e a *História do Brasil*, de Murilo Mendes, um momento basilar, tanto de reflexão sobre a realidade nacional como de contato mais íntimo e profundo com as raízes da cultura brasileira.

*Martim Cererê* foi publicado pela primeira vez em 1928 (no mesmo ano do Manifesto Antropófago), com ilustrações de Di Cavalcanti, e dedicado aos companheiros verde-amarelistas. O texto foi reelaborado diversas vezes pelo autor, que retornava incansavelmente, com uma ânsia de perfeccionista, sobre as próprias obras.[1] Existem pelo menos doze edições diferentes de

---

1 Devido aos contínuos remanejamentos, a edição crítica de *Martim Cererê* apresentou inumeráveis problemas, como afirmam seus organizadores, Peres, D. C., Xavier, J. J. e Mendes, M. C. G., no ensaio "A edição crítica de *Martim*

*Martim Cererê*, o que demonstra como Cassiano Ricardo, apesar das várias fases pelas quais passou a sua poesia, permaneceu, de qualquer modo, sempre ligado a esse importante período primitivista e nacionalista.[2]

Como *Pau-Brasil*, *Martim Cererê* focaliza acontecimentos históricos da formação e do desenvolvimento do Brasil, da colonização e do alargamento, pelo interior, das fronteiras geopolíticas do país. Em *Martim Cererê*, todavia, a história se entrelaça e se confunde com a lenda, com o mito. Os eventos históricos relativos à colonização do Brasil são reelaborados miticamente e os protagonistas, os bandeirantes, assumem uma natureza versátil e pluriforme: são contemporaneamente homens de uma fibra extraordinária, heróis épicos de uma saga exemplar e os novos mitos fundantes da nacionalidade.

A propósito da complexa figura do herói, Károly Kerényi (1989, v.2, p.11) afirma que ele pertence à mitologia, embora o estudioso sublinhe uma diferença substancial entre as lendas dos heróis – ligadas, de alguma forma, à história e ao *chrónos* – e a mitologia dos deuses – normalmente alheia a parâmetros de um tempo real:

---

Cererê", *I Encontro de Crítica Textual: O manuscrito moderno e as edições*. São Paulo: Faculdade de Filosofia, Letras e Ciências Humanas, Universidade de São Paulo, 1986, p.121-62. Para um panorama completo das variantes que o texto apresenta, resultado de um trabalho que durou cerca de quarenta e seis anos (de 1928 a 1972), ver, org. pelos citados pesquisadores, *Martim Cererê (o Brasil dos meninos, dos poetas e dos heróis) – Edição Crítica*. Rio de Janeiro e Brasília: Edições Antares e I.N.L., 1987.

2   As doze diferentes edições da obra são, respectivamente: 1ª ed.: São Paulo, 1928; 2ª ed.: São Paulo, 1930; 3ª ed.: São Paulo, 1932; 4ª ed.: São Paulo, 1934; 5ª ed.: São Paulo, 1936; 6ª ed.: São Paulo, 1938; 7ª ed.: São Paulo, 1944; 8ª ed.: Rio de Janeiro, 1945; 9ª ed.: São Paulo, 1947; 10ª ed.: Rio de Janeiro, 1957 (in *Poesias completas*); 11ª ed.: São Paulo, 1962; 12ª ed.: Rio de Janeiro, 1972. Para a análise da obra, utilizamos a 15ª ed. (*Martim Cererê – o Brasil dos meninos, dos poetas e dos heróis*. Rio de Janeiro: José Olympio, 1981), já que reproduz o texto da 12ª ed., de 1972, a última revisada pelo autor em vida.

Poesia, mito e história no Modernismo brasileiro

Aos Heróis não podemos desconhecer por princípio uma efetiva existência histórica, uma historicidade [...]. E todavia, mesmo que algum dia tenham sido figuras históricas, eles integram de forma tão peculiar o mundo das "lendas" que acabam por destacar-se da história. Não lhes conferimos o justo valor quando queremos demonstrar sua "historicidade". Eles compartilham daquele aspecto mitológico que os une aos deuses e por meio do qual, como os deuses, operam como protótipos.

Cassiano Ricardo parece ter intuído perfeitamente a natureza ambivalente da figura do herói, quando fundamenta no mito as ações daqueles personagens intrépidos que por cerca de três séculos exploraram o continente sul-americano, a partir da pequena vila de São Paulo.[3] As façanhas dos bandeirantes assumem para o poeta o "aspecto mitológico" típico dos eventos heroicos. Para entender tais episódios em sua essência, é necessário, assim, extrapolar o âmbito histórico propriamente dito e abandonar a mera narração lógica e cronológica das ações humanas normais, penetrando naquela dimensão espaço-temporal intermediária na qual a história e a mitologia se encontram. O próprio poeta afirma:

E é tal a sua façanha
que precisava ser fábula
para ser acreditada;
pois só em fábula se encontra
verdade igual, ou tamanha. (Ricardo, 1981, p.85)

O autor declara, assim, o tipo de enfoque adotado em *Martim Cererê*, como ele procederá em relação à matéria tratada, a

---

3 Para um amplo panorama desse período, além dos ensaios de Cassiano Ricardo sobre o assunto (1970a, 1956b), consultar também: Ellis (1934), Machado (1972), Magalhães (1978), Taunay (1946, 1975), Vieira (1968), Cidade (s.d.), Chiavenato (1991) e Monteiro (1994).

sua intenção de unir verdade e fantasia, mitologia e história, cancelando as fronteiras entre essas duas margens, em outros contextos bem delimitadas. Cassiano Ricardo funde, no enredo dos fatos históricos narrados, fábulas, mitos e lendas cultas e populares, de origem diversa: o dragão (Ricardo, 1981, p.60) convive com a Cobra Grande (ibid., p.19) e com o Pererê (ibid., p.21); os monstros marinhos (ibid., p.26) convivem com Exum (ibid., p.43), com os Anjos da Guarda (ibid., p.49), com a Mãe--d'água (ibid., p.51), com o Minhocão (ibid., p.51), com o Bicho de Sete Caras, com o Upupiara, com o gigante Adamastor (ibid., p.51). E essas figuras da cosmogonia indígena, africana e europeia convivem, por sua vez, sem problemas, com personalidades históricas, como os "gigantes" Raposo Tavares, André de Leão, Manuel Preto, Fernão Dias Pais e Borba Gato.

O poeta utiliza todos esses materiais diversos na formulação da sua saga. A respeito da gênese do poema, o autor afirma que o mito lhe serve de tema: "E o *Martim Cererê*, conquanto moderno (ou modernista), tem muito de primitivo, de mitológico" (ibid., p.161).

Cassiano Ricardo toma como ponto de partida uma lenda tupi sobre a origem da noite, citada por Magalhães (1975, p.114) (1837-1898), que é provavelmente, segundo o próprio Magalhães, um "fragmento da Gênese" dos antigos indígenas da América do Sul.[4] A lenda "Como a noite apareceu" narra que, inicialmente, não havia noite na terra, só havia o dia. A filha da Cobra Grande, para poder unir-se ao seu esposo, pede a este de presente a noite. O esposo manda três emissários à Cobra Grande, a qual lhes entrega o fruto de tucumã com a recomendação de que não o abrissem, por nenhum motivo, antes de chegarem ao destino.

---

4 Traduzido em italiano por Giuseppe Ungaretti e publicado com o título "Favola tupi – Come si fece notte", esse texto deveria integrar um volume sobre o Brasil que o autor projetava realizar, obra que ficou incompleta porque Ungaretti teve que retornar à Itália em 1942. O texto foi depois incluído na seção "Páu Brasil", in Ungaretti (1961, p.381-445).

Poesia, mito e história no Modernismo brasileiro

Eles, no entanto, curiosos com o rumor que parecia provir do coco, abrem-no e, de dentro, salta fora a noite. Eis que, de repente, a luz se separa das trevas e os seres e coisas informes dos rios e dos bosques se transformam em pássaros, peixes, animais, ao passo que os emissários se transformam em macacos devido à desobediência (ibid., p.113-4).

Na primeira parte de *Martim Cererê*, o poeta remaneja e adapta tal lenda com o intento de recontar a infância do Brasil, o período da formação e desenvolvimento do país. Como na lenda, o poema inicia *in illo tempore*, quando existia somente o dia. O Brasil era o país do sol, do milagroso e eterno renascer das coisas, onde os homens viviam em harmonia e não existia a inquietude pelo escorrer do tempo: "no começo do mundo/ tudo era madrugada/ tudo era sol mais nada/ tudo amanhecia/ permanentemente" (ibid., p.8). Mas a Uiara, que vivia no país do sol, queria a noite como condição para poder se casar com Aimberê, o jovem guerreiro filho da floresta. Aimberê parte em busca da noite, mas acaba vítima da própria imprevidência, visto que desobedece à proibição da Cobra Grande e abre o fruto de tucumã: "E a Noite se fez, mas/ apenas em seu corpo./ E ele ficou no mundo/ sem caminho, sem noiva,/ ora adiante, ora atrás" (ibid., p.23).

Por haver utilizado elementos dessa lenda tupi na trama da obra, Cassiano Ricardo define *Martim Cererê* como um "poema indígena" (1979, p.103), acrescentando, porém, que ele é, também, uma "síntese étnica do nosso povo". Quando o escreveu, o autor participava ativamente do clima de intenso nacionalismo que caracterizou os anos de 1925 a 1930. Wilson Martins (1969, p.191) afirma a respeito:

> *Martim Cererê* não é um livro de poemas – eis o primeiro erro de apreciação a afastar. Trata-se de um poema único, o canto do nacionalismo literário, já colorido, a essa altura, de nacionalismo propriamente político. Mais do que um documento do Modernis-

mo, *Martim Cererê* é um documento do Verdamarelismo, o que lhe restringe e, ao mesmo tempo, caracteriza, o alcance e a significação.

De fato, basta uma leitura comparativa entre essa obra e o Manifesto Nhengaçu verde-amarelo, publicado no *Correio da Manhã* de 17.5.1929, para perceber a íntima relação existente entre os dois textos. E, embora o *Martim Cererê* tenha sido publicado antes do manifesto "Verde-Amarelo", os conceitos e as propostas de tal manifesto já circulavam entre os componentes do grupo, como demonstra a obra *O Curupira e o Carão* (1927), que reúne vários artigos sobre os mesmos temas, publicados entre os anos de 1922 e 1927, de autoria de Menotti del Picchia, Plínio Salgado e Cassiano Ricardo.[5]

O fato é que não se pode esquecer, ao ler-se *Martim Cererê*, da postura ideológica do autor e da sua interpretação, pessoal e de grupo, dos aspectos que dizem respeito à realidade passada e presente do Brasil, interpretação que não só está na base dessa obra, mas que serve também de fundamento teórico para o seu mais importante ensaio histórico-sociológico, *Marcha para Oeste*.

Quanto à acusação de nacionalismo exagerado, atribuído à poesia dessa fase, Cassiano Ricardo (1979, p.104) a rebate afirmando que ele apenas quis que o seu poema fosse "brasileiro", e que uma obra pode pertencer intrinsecamente a uma dada literatura sem por isso ser menos universal. O poeta, todavia, omite um detalhe importante: não é o nacionalismo em si que se contestava, visto que o período no qual ele compunha *Martim Cererê* era essencial e profundamente nacionalista. O que muitos intelectuais e artistas condenavam era, em substância, o tipo ou a qualidade do nacionalismo verde-amarelista, pitoresco e acrítico.

---

5  Salgado, Ricardo, Picchia (1927). A obra reúne ao todo nove artigos: dois de Menotti del Picchia, três de Cassiano Ricardo e quatro de Plínio Salgado.

Poesia, mito e história no Modernismo brasileiro

O mesmo sentimento, ainda mais acentuado em sua tipicidade, caracteriza os outros dois livros dessa fase do autor: *Vamos caçar papagaios* e *Borrões de verde e amarelo*, ambos publicados em 1926, ou seja, dois anos antes de *Martim Cererê*, com o qual compartilham seja a atmosfera, seja a temática. O tom desse nacionalismo é dado pelas isotopias que configuram a característica paisagem tropical do Brasil, com a abundância das cores verde e amarelo e com a copiosa e exuberante presença de papagaios, araras, sabiás, palmeiras, plantações de café.

Não se deve esperar, em tais obras, nenhum enfoque crítico dos aspectos mais tradicionais da realidade nacional, que, ao contrário, se pretendia conservar essencialmente inalterada. "Convidamos a nossa geração a produzir sem discutir" (Manifesto Nhengaçu Verde-amarelo, Teles, 1978, p.306), exortava o manifesto do grupo. Os verde-amarelistas, como se viu, aceitavam a situação histórico-social e política do país: "Aceitamos todas as instituições conservadoras" (ibid., p.307). E se era urgente uma renovação literária, como era evidente, ela deveria ser realizada por meio dessas mesmas instituições, que deveriam promovê-la e, quando necessário, refreá-la.

Com isso, não se deve concluir que o significado de uma obra tão complexa como *Martim Cererê* possa se exaurir em suas relações ideológicas, políticas e histórico-sociais com a realidade circunstante. Um texto poético possui sempre uma especificidade intrínseca, uma autonomia própria, e o livro em questão não escapa de tal axioma.

Na verdade, a chave de *Martim Cererê* e, ao mesmo tempo, seu modo de superar a rigidez dos modelos ideológicos que o condicionam estão na síntese dos opostos que o autor consegue realizar: síntese de realidade e mito, de lenda e história, de cores, linguagens, etnias, culturas, que compõem e caracterizam o cenário nacional.

Cassiano Ricardo possui uma extraordinária capacidade de harmonizar conteúdos e meios expressivos, de adaptar cada verso, cada canto e seção aos elementos, entes ou seres, que os compõem. O poema é um concerto de vozes, aquelas naturalmente dos protagonistas do processo de colonização do Brasil – índios, brancos, negros e mestiços –, mas também aquelas das divindades e mitos de cada uma dessas etnias, de animais da floresta, da própria floresta, dos montes, das águas, dos campos. A todos o poeta empresta palavras, sentimentos, procurando, também, assimilar-lhes, dentro do possível, a perspectiva e a cosmovisão:

(Aimberê):

Sou o Rei do Mato.
quero me casar
Mas é com você. (Ricardo, 1981, p.11)

(Uiara):

Se você, meu amigo,
quer se casar comigo,
tenho uma condição.
É haver Noite, na Terra. (ibid., p.12-3)

(Cobra Grande):

"Vá por esse caminho
mas não abra o segredo
antes da hora marcada [...]" (ibid., p.19)

(A noite):

"[...] moro aqui dentro
mas não durmo nem sossego
pois sou um pássaro cego." (ibid., p.21)

(A cruz):

Eu sou a cruz do cruzamento!
O cruzeiro do amor universal.

Eu tenho estes braços abertos
assim, na amplidão dos espaços,
como que pra dizer: vinde todos!
que este céu é bastante profundo
e servirá de teto a todos quantos
sofrem no mundo. (ibid., p.63)

Poesia, mito e história no Modernismo brasileiro

(Raposo Tavares):     Saiam todos da frente
que eu quero passar!
Não perguntem quem sou,
que não posso parar.
Saiam todos da frente
que eu quero passar! (ibid., p.81)

O poema é uma orquestração polifônica, em que os protagonistas se sucedem no tempo e no espaço, como nas páginas de
uma história revisitada e também refecundada pela admiração
com que o poeta vai-se apropriando dos fatos presentes e passados do país. Nessa saga colossal, não há um protagonista único,
mas dezenas deles, guiados pela atenção e participação vigilante
do poeta, que não se deixa desviar de seu projeto inicial.

O universo do poema é estruturado e construído logicamen-
te. Os acontecimentos sucedem-se de modo coerente, as figuras
alternam-se sem que se sobreponham. Há uma organização
evidente nessa elaboração arquitetada e racional, sem que, por
isso, o texto resulte artificial ou menos poético. A unir à multidão de personagens reais e mitológicos que se alternam, há um
narrador, uma espécie de trovador moderno, que evoca e exalta
aventuras de heróis épicos e de antagonistas de toda sorte, entre
realidade, mito e utopia:

No país do sol
onde só havia sol
(noite não havia)
havia uma mulher
verde olho de ouro
vestida de sol
[...]
chamava-se Uiara. (ibid., p.10);

E começa a longa história
do navio que ia e vinha
pela estrada azul do Atlântico:

Ia, levando pau-brasil
e homens cor da manhã, filhos do mato,
cheios de sol e de inocência;
vinha trazendo degredados... (ibid., p.40)

O narrador não se limita a relatar os fatos de modo destacado
e objetivo, mas os interpreta, comenta, elucida e justifica, assumindo, assim, uma função ideológica de porta-voz dos princípios
e teorias ligados às próprias convicções e às do grupo ao qual
pertencia Cassiano Ricardo. Citamos, por exemplo, estes versos:

Branca no espírito de aventura,
na direção, no grito de comando;
índia no movimento
e africana nos pousos, nas lavouras,
ou em torno das minas, a bandeira,
não era tanto uma cidade em marcha
senão uma democracia viva, obscura
e ainda espectral, no sonho e na loucura. (ibid., p.99)

As teses aqui expostas aparecem de forma quase idêntica nos
livros *Marcha para Oeste* e *Pequeno ensaio de bandeirologia*. Também
nestes o papel e a importância de cada grupo nas expedições
bandeirantes foram bem delineados pelo autor (1956b, p.30):

A contribuição branca e mameluca está no pensamento que a
conduz, governando a ação; a contribuição índia está no ímpeto das
avançadas, na mobilidade do grupo, tão a jeito do seu nomadismo
tradicional; a contribuição negra está nos pousos, nas concentra-
ções em torno dos descobertos, na organização das lavouras para
abastecimento da tropa [...].

Poesia, mito e história no Modernismo brasileiro

Toda a argumentação em favor das bandeiras, assim como a narração, em termos épicos, de sua saga, aproxima *Martim Cererê* dos citados ensaios histórico-sociológicos, como veremos detalhadamente mais adiante. É o próprio Cassiano Ricardo que enuncia que "o historiador se vê obrigado a aumentar o tamanho físico de cada figura pra oito ou dez vezes maior do que a do homem normalmente considerado, a fim de explicar o 'calção de couro' que põe o pé aqui sai lá, no outro lado do continente" (1970a, p.66). O vínculo entre o texto poético em questão e os ensaios é tão evidente que, às vezes, se repetem as mesmas expressões ou palavras, o que serve, de qualquer forma, para poetizar sua prosa.

Dissemos anteriormente que Cassiano Ricardo utiliza mitos de origem indígena, africana e europeia, e que o faz com intenções bem precisas. O autor não esconde a relação que há no texto entre sua interpretação pessoal, compartilhada com seu grupo, a respeito do fenômeno do expansionismo bandeirante, e a realização da obra em si, quer em nível de forma, quer de conteúdo. Podemos acrescentar, seguindo a terminologia adotada por Kerényi (1964), que o poeta utiliza o mito "tecnicizado", isto é, o mito evocado intencionalmente, com objetivos precisos e determinados. Mas de mitos, nesse âmbito, afirma ainda Kerényi, se pode falar só no sentido impróprio, de forma que seria talvez mais correto adotar o termo "não genuíno": "são 'mitos não genuínos' *as lendas, fantasias e invenções* que passam por verdades" (ibid., p.155), embora sirvam somente para certos intentos, que podem ser os da política.

*Cobra Norato*, que examinaremos mais adiante, é uma obra que também efetua uma reevocação mitológica, mas a experiência do mito nela contida é mais visceral do que a de *Martim Cererê*. Esta não é somente uma alegoria da pré-história e da história brasileira, racionalmente estruturada, racionalmente descrita. Raul Bopp, em *Cobra Norato*, revisita, em profundidade, o universo do qual o mito emana, precisamente para colhê-lo em flagrante, para captar-lhe a essência. Em *Martim Cererê*, ao contrário, o autor utiliza material mitológico, mas não segundo a perspectiva mitológica. Bopp vive o mito, Cassiano Ricardo o reinterpreta, fornecendo-lhe uma versão que, em vários momentos, reflete aspectos sociológicos e ideológicos verde-amarelistas.

O fato é que, em *Martim Cererê*, entramos plenamente na dimensão cronológica do tempo: é a narração da formação, evolução, tomada de consciência de um país; não estamos mais no âmbito da gênese, como em *Cobra Norato*. *Martim Cererê* relata um processo, uma sucessão linear-progressiva de acontecimentos, em que os agentes, na concepção do poeta, são contemporaneamente homens e heróis, embora assumam também o papel de mitos, que realizaram suas façanhas condicionados pelo contexto no qual viveram.

Para percorrer, narrar e valorizar tal percurso histórico, Cassiano Ricardo serve-se de elementos da mitologia das três principais etnias que compõem a cultura brasileira. E o faz para aproximar e, aos poucos, graduar as fronteiras entre realidade e mito, já que, segundo ele, as aventuras e os fatos que narra participam de ambas as dimensões. De modo particular, em *Martim Cererê*, o poeta reelabora três importantes mitos: o do Matinta Pereira, o da Uiara (ou Iara) e o da Cobra Grande.

Segundo o folclorista Câmara Cascudo (1976, p.122-42), a Iara, mito muito difuso no Pará e na Amazônia, não possui origem indígena nem africana. Trata-se de uma tradição introduzida no Novo Mundo pelos europeus, que rapidamente se impôs no cenário do Brasil colonial. A Iara é uma espécie de sereia de cabelos loiros e olhos verdes, que habita um palácio nas profundezas das águas.

A Cobra Grande, ou Boiuna, é, ao contrário, um mito caracteristicamente indígena (para o qual convergem outros mitos, como a Mãe-d'água europeia), muito difuso na Amazônia. Figura assustadora de serpente aquática, não assume aspecto humano, mas pode se transformar em barco, navio, transatlântico. Quando

Poesia, mito e história no Modernismo brasileiro

os índios avistaram as primeiras caravelas europeias, pensaram que elas fossem metamorfoses do grande réptil.

Narra-se, a respeito desse mito, que todo rio, lago ou igarapé possui sua própria Mãe, que se manifesta sob forma de um enorme e potente réptil e incute um temor reverencial às populações locais. Ele é impiedoso e famélico, aparece de repente, afunda embarcações, mata e devora os que estão se banhando nos rios, tritura animais e seres humanos (ibid., p.129).

Na realidade, a Cobra Grande é um mito etiológico que explica a conformação móvel e instável dos igarapés, cujos cursos continuamente são redesenhados pela floresta e pelas águas dos rios. Segundo se crê na região amazônica, os igarapés seriam traçados pelo monstro, em seus deslocamentos.

Quanto ao Matinta Pereira, ele provém do Pará, e dali se difunde por todo o Norte e Nordeste do Brasil. Tal mito acabou se confundindo com outros típicos das regiões do Centro-Sul, como o Curupira-Caapora e o Saci Pererê. O Matinta Pereira apresenta-se como um rapazinho preto como o carvão, astuto e travesso, com uma só perna, um gorro vermelho na cabeça e um cachimbo na boca, que se diverte em fazer travessuras. O Curupira é uma figura mítica fundamental para os verde-amarelistas, que o transformam em símbolo de renovação, uma espécie de espírito invisível responsável "pelo milagre da criação de uma nova consciência no Brasil" (Salgado, Ricardo, Picchia, 1927, p.11-5).

Como se pode constatar, na elaboração de *Martim Cererê*, o autor selecionou mitos que, embora de proveniência e formação heterogêneas, possuem em comum o fato de serem bastante difundidos e conhecidos no território. Elaborou alegoricamente, a seguir, a partir desses elementos híbridos, o relato da infância do Brasil, personificado no texto em um menino que toma consciência de si, da própria história, do próprio patrimônio cultural, assim como da sua formação multiétnica. Representativa desse procedimento é a criação do título do poema:

O seu nome indígena era Saci-pererê. Devido à influência do africano, o Pererê foi mudado pra Cererê. A modificação feita pelo branco foi pra Matinta Pereira [...]. Daí "Martim Cererê" como conciliação, em que colaboram as três raças de nossa formação inicial. É o Brasil-menino. Ou melhor, o mito do Brasil menino. (Ricardo, 1981, p.163)

O livro é constituído por 77 poemas, intimamente unidos pela mesma trama, e subdividido em seis partes (que denominaremos "seções", como já fizemos na análise do livro *Pau-Brasil*), cada uma assinalando um período histórico, ou pré-histórico, bem preciso. A obra é precedida por um esquema resumido em prosa, que provavelmente serviu ao poeta como projeto inicial, desenvolvido depois no poema épico-lírico que conhecemos. O que parece curioso, todavia, é que o autor tenha incluído no corpo da obra esse plano inicial, talvez com o intuito de orientar o leitor pelos intricados meandros de um texto tão complexo. Veremos agora, separadamente, as partes constituintes do poema. Para intitular as várias seções, inspiramo-nos nos breves trechos que as precedem, utilizando às vezes o *incipit* de cada um deles.

## Na Terra Grande morava uma sereia chamada Uiara

Formada por doze poemas, a primeira seção narra o que teria sido a pré-história do Brasil, o momento precedente à chegada dos europeus. O poeta mistura às figuras reais e concretas dos índios Tupis, representados por Aimberê e pelos seus guerreiros, mitos de origem predominantemente ameríndia (a Cobra Grande, o Boto, a Onça Preta), para melhor configurar a atmosfera onírica que se presume existir no início dos tempos:

Poesia, mito e história no Modernismo brasileiro

Todos os homens que havia
se puseram de pé
na manhã de cinema
onde se desenrola
o desenho animado
do mundo primitivo.

Yara rama ae recê!
como broncas figuras
armadas de arco e flecha
feitas de barro vivo
que se erguessem da terra
cada qual com seu povo,
pra escuitar o barulho
          da guerra
na solidão dos araxás! (Ricardo, 1981, p.14)

Cassiano Ricardo reevoca, nessa primeira seção, a epopeia da migração dos índios Tupis, do coração do continente americano em direção ao Oceano Atlântico, ocorrida bem antes da chegada de Colombo e de Cabral:

Então o Rei do Mato
pintado a jenipapo
          e urucum,
partiu lesto, levando
os povos da manhã
para os lados do Atlântico [...]. (ibid., p.14)

Estão implícitos, porém, nessa reelaboração do mito, por parte do poeta, a predição, o vaticínio do futuro dramático que assinalará a derrocada desses povos, a partir do início da colonização. Fatos históricos notórios, como a fuga maciça dos indígenas para as regiões impenetráveis do continente para evitar os colonos brancos, cujo contato se revelara extremamente

195

trágico para eles, encontravam, dessa forma, uma justificativa fundada não na história da conquista, que contrapôs um povo ao outro, mas na mitologia: era o castigo, porque Aimberê, como um Adão indígena, havia desobedecido a Cobra Grande e aberto o fruto proibido:

> E você, Rei do Mato,
> depois de tanto afã,
> ficará o vagabundo
> do sítio acaba-mundo.
> E vagará, à toa,
> à frente do seu povo
> de rechã em rechã,
> na grande Noite cega,
> sem amor, sem cunhã. (ibid., p.20)

O poeta atenua, assim, o impacto dos elementos históricos mais trágicos, graças ao uso que faz da mitologia, que assume, nesse caso, também uma função justificadora, por vezes conciliadora, dos conflitos latentes.

## Certo dia, chegou um Marinheiro

Na segunda seção, constituída por cinco poemas, entram em cena os europeus desembarcados dos seus "monstros marinhos" (como vimos, os índios consideraram as naus europeias como metamorfoses da Cobra Grande).

O autor evoca a chegada dos portugueses ao Brasil como se tivesse tomado parte dela, como um dos tantos aventureiros exploradores, identificando-se com aquele mundo mágico e encantado. Na descrição da terra e de seus habitantes, o senso de assombro e maravilha dos primeiros viajantes é reconstruído e evidenciado com versos extraordinariamente plásticos:

Poesia, mito e história no Modernismo brasileiro

Tupis em alvoroço,
tribos guerreiras, mansas,
troféus verdes na ponta
dos chuços e das lanças.
Jequitiranaboias.
Colar de osso ao pescoço,
vermelhas araçoias,
cocares multicores.
Cada qual com seu sol
de plumas à cabeça. (ibid., p.27)

E, como um cronista do tempo, o poeta elabora a nova "Carta do Achamento", parafraseando a de Pero Vaz de Caminha:

A terra é tão fermosa
e de tanto arvoredo
tamanho e tão basto
que o homem não dá conta. (ibid., p.27)

Quanto ao encontro entre os dois povos, índios e brancos, Cassiano Ricardo repropõe e reafirma a versão verde-amarelista, segundo a qual esse teria sido um evento predestinado: "Parece que dois povos/ tinham marcado encontro/ à sombra de tal Serra,/ nessa manhã sem par" (ibid., p.28).

Quando o protagonista é um representante português, como na poesia "Declaração de amor", na qual o personagem é o marinheiro lusitano, a estrutura dos versos muda completamente. Todo o canto é estruturado em decassílabos e a linguagem é áulica, clássica, literária, com uma explícita referência à épica portuguesa ou, mais precisamente, a *Os Lusíadas*, de Camões:

Eu vim do mar! Sou filho de outra raça.
Para servir meu rei andei à caça
de mundos nunca vistos nem sonhados,

por mares nunca de outrem navegados.
[...]
Eu vim do mar! Sou filho da procela.
Trago uma cruz de sangue em cada vela. (ibid., p.30-1)

Oposta é a estrutura dos versos em que os protagonistas são os índios. Neles, o autor procura reconstruir a linguagem ao mesmo tempo cândida, telúrica e animística desses povos:

Quero me casar
mas é com você.
Trança cor de mato,
olho flor de ipê. (ibid., p.11)

Notável, nessa seção, é a poesia "A missa e o papagaio", em que o autor mescla vocábulos em latim, português e sons onomatopaicos de vários tipos. Trata-se do relato poético da primeira missa celebrada no Brasil: canto lúdico, alegre, cromático e musical. Há um assombro em tudo e uma harmonia profunda entre os personagens desse evento citado e relatado por quase todos os historiadores, dada sua importância. É tanta a compenetração e a consonância entre mundos diversos que pode ocorrer que um religioso, Frei Henrique, sinta-se tentado a se embriagar de *cauim*, a bebida indígena, e que os papagaios aprendam latim:

Na manhã enrediça,
rosatinga, risonha,
há um frade que soluça
dizendo a sua missa
entre as crianças grandes
da Terra sem pecado
e quase se debruça
no auge do seu latim

Poesia, mito e história no Modernismo brasileiro

emitte lucem tuam
e um Sol nu, Sol-cacique,
dançando ao pé da cruz
andirá jupari,
umucú ce ratá
quer forçar Frei Henrique
a um gole de cauim.

Depois acaba a missa
e então os papagaios
voltam, todos, pro mato,
já falando latim... (ibid., p.32)

## A Uiara disse ao Marinheiro: "Traga-me a Noite"

A terceira seção, formada por sete poemas, assinala o início
da colonização intensiva, na qual a contribuição dos escravos
africanos assume um papel determinante. O dramático tráfico
de escravos, evento histórico em todos os sentidos, acabará também por assumir no texto o contorno da lenda que o autor está
reconstruindo, com elementos da realidade efetiva. Ele atenua
ou mesmo aplana, como foi colocado, os conflitos, omitindo a
referência aos aspectos mais trágicos.

Na reconstrução dessa página do passado, a Uiara, a sereia
dos cabelos verdes e dos olhos de ouro, continuava pretenden-
do a Noite como dom nupcial. O astuto marinheiro português,
que nesse meio tempo se apaixonara por ela, sabe – graças à
sua experiência de navegador, que naturalmente Aimberê não
possuía – que a Noite estava em outro continente: "a Noite esta-
ria/ não mais no País das Palmeiras,/ nem no fundo das Águas,/
mas numa terra, ainda mais longe" (ibid., p.39).

E a Noite, no poema, é representada simbolicamente pelos
escravos africanos que desembarcam no Brasil quase contem-

poraneamente aos primeiros colonos. Tem início assim, narrado em termos míticos e mágicos, o grande tráfico de homens e de mercadorias entre a Europa, a África e a América, que será por longo tempo a linfa econômica vital do império português, consumindo tantas vidas em suas engrenagens:

> Vinham sujos de fuligem...
> Tinham a tinta da origem
> nas mãos, nos ombros, na face:
> como se cada figura
> de negro fosse um fetiche
> que a treva pintou de piche
> marcando-lhe a pele escura
> a golpes fundos de açoite
> para que todos soubessem,
> bastando vê-los, que haviam,
> realmente, trazido a Noite.
> Vinham de outro continente
> onde jaziam povos
> a quem, misteriosamente,
> Deus negara a cor do Dia... (ibid., p.42)

O poeta descreve os negros utilizando palavras de origem africana, assim como elementos que são próprios das culturas daquele continente: mandinga, candonga, Exum, calungas, macumba, mucama, Xangô etc.

Com o escravo, evidencia ainda o poeta, chega a mulher africana, que teve um papel fundamental na história do Brasil, visto que era considerada como a segunda mãe (às vezes a única) dos "sinhozinhos", aquela que, afinal, amamentava e criava os filhos dos senhores brancos:

> São Cristo-sinhô!
> que Oxalá já chegou

pra dançar na macumba;
que veio Xangô!
que a sua mucama
cabinda ou macua
     chegô.

Chegou já fecunda
espremendo o seu leite
pra Zozé, Columi
     e Ioiô.
[...]
Chegou pra ser mãe
por obrigação. (ibid., p.44)

## Foi então que nasceram os Gigantes

A quarta seção do livro celebra a união dos primeiros portugueses com as índias e o início da colonização intensiva do país. Nascem os mitos do Eldorado, que empurrarão sempre mais gente para as regiões desabitadas do Brasil central. Composta por 38 poemas, essa é a parte mais longa do livro e, também, o seu núcleo principal.

O poeta é muito minucioso ao narrar essa página da história ligada ao ciclo das bandeiras. Ele enumera, para esse propósito, as principais etapas: da fundação do Colégio de São Paulo às primeiras expedições pelo interior; da descoberta do ouro ao surgimento de vilas e cidades nas regiões de mineração.

O sentido de continuidade da saga bandeirante, da sucessão, no tempo e no espaço, de homens tenazes, que haviam desafiado toda sorte de dificuldades e perigos, impelidos pela ambição e pelo sonho de riqueza, é dado pela enumeração progressiva dos "gigantes": Gigante nº 1 (André de Leão), Gigante nº 2 (Raposo Tavares), Gigante nº 3 (Fernão Dias Pais), Gigante nº 4 (Borba

Gato), Gigante nº 5 (Pay Pirá), Gigante nº 6 (Anhanguera), Gigante nº 7 (Apuçá, o "Gigante Surdo") e, por último, o Gigante "Sem Número", que representa os tantos protagonistas anônimos da "marcha para o Oeste":

> [...] todos os Sem
> Número da redondeza, fugidos do litoral e da estatística:
> canhamboras, cafuzos, caneludos, índios de olhos azuis,
> pretos republicanos, pés-largos.
> Todos os que sofressem sem brilho.
> Todos os que houvessem aprendido a chorar em silêncio.
> (ibid., p.112)

A seção inicia com o matrimônio de Uiara com o marinheiro português Martim, que se poderia identificar na figura de Martim Afonso de Souza, personagem histórico que chegou ao Brasil em 1530, com o encargo oficial de dar início à colonização do país, além de ter sido um dos primeiros donatários, cabendo-lhe a região Sudeste.

No poema, como vimos, Martim presenteara Uiara com a Noite, e por isso ela o preferirá ao outro pretendente, Aimberê, o chefe Tupi. A união, celebrada pelo Padre Anchieta, simboliza os muitos matrimônios mistos ocorridos nos primeiros séculos, sobretudo entre brancos e índias, em razão da escassez de mulheres europeias.

A narração do matrimônio entre Martim e Uiara é intensamente lírica: a natureza inteira adquire vida, alma, participando alegremente dessa união. A notícia difunde-se pelo Brasil: "Então os ecos/ saíram das grutas/ levando a notícia/ por todos os lados" (ibid., p.48).

O passo sucessivo é a travessia da Serra do Mar, barreira natural que, no início, inibiu a entrada dos portugueses às regiões agrestes do interior:

Poesia, mito e história no Modernismo brasileiro

> E agora? e a Serra do Mar?
> E logo os três, Santo Anchieta
> (com os seus trinta Anjos da Guarda)
> e mais o velho Marujo
> (Cabral me contou e eu vim)
> e sua mulher, a Uiara
> (cabelo verde, olho de ouro)
> subindo pela parede
> azul e perpendicular
> (caminho jogado no ar)
> sobem a Serra do Mar. (ibid., p.49)

Na adaptação do europeu ao Novo Continente, o índio terá um papel fundamental, pois é com ele que o português aprenderá as técnicas de sobrevivência na região, adquirirá conhecimentos importantes sobre plantas e animais, reconhecerá as vias praticáveis para atravessar florestas, rios e montanhas. No poema, será Uiara quem desvendará todos esses conhecimentos a Martim e a Anchieta; será ela quem servirá de ponte entre os estrangeiros e aquele mundo desconhecido e particularmente hostil com os primeiros exploradores.

A figura do Padre Anchieta reveste-se no texto de uma auréola de santidade. Ele parece em comunhão com todos os seres e coisas animados ou inanimados, e os versos nos quais é o protagonista se distinguem por um lirismo puro e delicado. A imagem do jesuíta delineada pelo poeta quase se confunde com as mais clássicas representações do *poverello* São Francisco de Assis:

> Santo Anchieta teve logo
> a ajuda não só dos índios
> mas dos bichos, pois uma onça,
> tomada de humilde assombro,
> lhe veio lamber a mão.
> E um bando de uirás em festa

203

lhe veio cantar no ombro.
E o rio lhe trouxe a água
para a primeira parede.
E a água se fez orvalho
pra sua primeira sede... (ibid., p.54)

Entram então em cena os filhos de Uiara e Martim, os mamelucos, como eram chamados os mestiços, muitos dos quais filhos bastardos, guiados pelo desejo férreo de resgatar-se da própria condição por meio de um enriquecimento rápido que só o sertão parecia capaz de permitir (não nos esqueçamos, a propósito, do tipo de sociedade rigidamente hierárquica do tempo).

Os gigantes protagonistas da obra, inicialmente, eram três: "Gigante tostado no sol da manhã;/ Gigante marcado com o fogo do Dia;/ Gigante mais preto que a noite" (ibid., p.56). Ou seja, eram os índios, os brancos e os negros, bem individualizados e definidos naquelas que são para o autor as especificidades psicológicas de cada grupo: "o homem da Terra, com o seu nomadismo;/ o homem do Mar, com a sua carga de aventura;/ o homem da Noite, para afrontar o sol dos trópicos" (ibid., p.56).

O pequeno Colégio jesuítico de São Paulo de Piratininga, situado no planalto além da Serra do Mar, começa a crescer e a se tornar importante. Em breve será uma vila, e os três gigantes iniciais serão uma multidão de mestiços, resultado de todos os cruzamentos possíveis, dos quais se originou uma geração particularmente determinada. Entre eles, o autor cita alguns dos mais famosos bandeirantes, cujas proezas narrará detalhadamente na obra, enumerando-os em ordem rigidamente cronológica.

Os "mitos econômicos" (assim definidos por Cassiano Ricardo no livro *Marcha para Oeste*), como a Serra de Prata (ibid., p.64) ou a Serra das Esmeraldas (ibid., p.66), solicitam a fantasia e os sonhos dos paulistas. Prepara-se uma aventura memorável da história sul-americana, aquela que verá uma horda de homens incultos, mas determinados a percorrer a pé um continente inteiro:

Poesia, mito e história no Modernismo brasileiro

A barraca ambulante,
as arrobas de pólvora e balame,
os enxós, as enxadas,
as bateias, as cuias,
as foices, as redes de embira,
as bruacas de couro, os anzóis,
os gibões de algodão,
os facões, os machados,
e uma viola de pinho...
e que mais?

E chumbo com armas de fogo
mosquetões, escopetas,
pra espantar o selvagem (ibid., p.68)

O autor continua a amalgamar na trama da obra elementos de várias proveniências, como as referências bíblicas (poesia "Reis magos"), a partir das quais as três etnias formadoras da cultura brasileira são comparadas aos três Reis Magos da tradição cristã, cada uma com seu dom específico.

O primeiro gigante da série é André de Leão, que parte em busca do "Sol da Terra" (ibid., p.69), ou seja, do ouro. Mas naquelas terras que ele percorre tudo lhe parece hostil, da vegetação aos animais, dos índios aos seus mitos, que protegem as florestas e os rios, como o Curupira ou o Cererê. O Curupira fará de tudo para se opor a tal invasão, indicando ao gigante falsos caminhos e atalhos, roubando-lhe o mapa que servia para orientar a expedição. É tanta a resistência dos elementos naturais e sobrenaturais que o bandeirante, abatido e desencorajado, redige um testamento que representa um depoimento da tragicidade da vida de muitos desses pioneiros. O hábito de redigir o próprio testamento, antes ou durante a expedição, torna-se, aliás, uma exigência para homens que partem sem saber se retornarão, como revela o historiador Alcântara Machado (1972):

Ao fisco deixo o meu suor.
Ao sol reservo o meu sangue
e à lua, que menos brilha,
nessa futura partilha
que posso deixar? os ossos.
Minha mãe, Nossa Senhora,
arrimo de que me valho,
bendita sois entre os pássaros
que cantam de galho em galho.
Onde estás, ó Sol da Terra? (ibid., p.73-4)

Na realidade, André de Leão é uma figura bastante relevante do ponto de vista histórico, visto que em 1601 realizou a primeira expedição, de São Paulo em direção ao Norte, em busca das riquezas minerais de Minas Gerais, região que revelará finalmente, daí a não muito tempo, o ouro que o Brasil pareceu ocultar ciosamente por dois séculos. A incursão explorativa de André de Leão durou ao todo nove meses e, embora não tenha dado os frutos desejados, serviu para abrir a estrada a muitas outras que a sucederam, tanto que a trágica expedição de Fernão Dias, 73 anos mais tarde, refará o mesmo percurso à procura das esmeraldas.

Na obra, André de Leão perde-se graças à astúcia do Curupira, que, por fim, se compadecerá com o abatimento do gigante e lhe dará uma lanterna de pirilampos. Nesse episódio, a meio caminho entre o histórico e o mágico-onírico, destaca-se também outro personagem, o feiticeiro Conimá, que se fará de porta-voz involuntário de algumas das convicções do autor a respeito da expansão bandeirante, expansão que deixou o seu rastro de violência contra as populações locais. O que surpreende, no entanto, é o fato de que argumentos tendentes a redimensionar os aspectos negativos das expedições paulistas sejam enunciados justamente por um índio, vítima predestinada de tais empreitadas:

Poesia, mito e história no Modernismo brasileiro

> Serás também herói e bandido ao mesmo tempo,
> quando chegares à fronteira; herói para o lado de cá,
> bandido para o lado de lá.
> Serás, ainda o Gigante que foi fazer uma Coisa e fez
> Outra.
> E se chorares, chorarás sangue, mas dirão que cho-
> raste ouro. (ibid., p.77)

Observe-se como a afirmação é feita de modo quase idêntico em *Marcha para Oeste* (Ricardo, 1970a, p.274):

> Considere-se ainda que todo "fronteiro", todo conquistador,
> é sempre herói por um lado e bandido pelo outro. Herói pelo lado
> de cá (no caso de bandeirismo) bandido pelo de lá. Parece que o
> bandeirante não iria fugir a esta incoercível dialética [...].

A atividade de exploração e prospecção dos rios, dos áridos bosques e das densas florestas do interior, foi uma empreitada coletiva realizada por milhares de homens que, partindo do litoral, se puseram em marcha em todas as direções do continente, tendo como figura exemplar Raposo Tavares, que realizará a proeza máxima de atingir o Pacífico, depois de uma viagem a pé que durou trinta anos. E Raposo Tavares é o segundo Gigante, aquele cujo canto inicia com as palavras imperiosas: "Saiam todos da frente/ que eu quero passar!" (Ricardo, 1981, p.81).

Esse bandeirante é descrito na longa poesia "O Gigante nº 2", da qual é protagonista, visto como "tempestade", "deus veloz" (ibid., p.81), "deus magnífico" (p.83), "deus vagabundo, menino" (p.85), "herói geográfico terrível" (p.83), "homem supremo" (p.84). Uma característica desse texto, ao contrário do referente a André de Leão, é o modo bastante realista como são narrados os episódios históricos ligados ao nome desse famoso bandeirante, a sua rota platina, andina e amazônica. Por cerca de trinta anos, Raposo Tavares percorreu a pé o continente sul-americano; por trinta anos, enfrentou toda espécie de dificuldade e de perigos sem esmorecer. Quando voltou para casa, não foi reconhecido nem por sua própria família.

Uma figura como essa e suas façanhas despertaram, desde cedo, muitas discussões, polêmicas e debates entre os historiadores. Se são, de fato, notórios os seus dotes de corajoso explorador, não menos conhecidos são as devastações e os massacres realizados pelas suas expedições nas missões jesuíticas de Guairá, expedições que reduziram à escravidão um número ainda hoje impreciso de índios (segundo alguns, cerca de 300 mil), sem contar os mortos.

No poema, Cassiano Ricardo não omite esse aspecto bem pouco edificante do seu herói:

o Gigante número 2
vai levando de vencida
bichos, padres, espanhóis.

No fim eram só destroços
de aldeias e de jesuítas
rezando os seus padre-nossos. (ibid., p.81)

O poeta busca, no entanto, enquadrar tais ações dentro dos parâmetros comportamentais da sociedade local da época, bastante belicosa, conseguindo, dessa forma, atenuar as responsabilidades do discutido personagem: "E que Raposo, em confronto/ com os crimes da sua época,/ ainda seria um anjo..." (ibid., p.82).

São mencionadas, também, as acusações dirigidas a Raposo Tavares já pelos seus contemporâneos. Nessa ordem, por exemplo, aparece a opinião dos jesuítas espanhóis, cujas missões indígenas foram destruídas por ele: "Meu Deus, que maldade a deste/ bandolero de San Pablo!" (ibid., p.82). O poeta, contudo, consegue igualmente minimizar o impacto de tais denúncias, já que acrescenta: "o historiador, ainda tonto,/ quando conta au-

Poesia, mito e história no Modernismo brasileiro

menta um ponto" (ibid., p.82). Cassiano Ricardo é convicto de
que muito se exagerou sobre as culpas atribuídas a Raposo Tavares, seja pelos jesuítas, seja, sucessivamente, pelos historiadores.

Fernão Dias Pais é o Gigante nº 3, que, depois de Raposo
Tavares, é talvez a figura mais significativa do período. Nascido
em São Paulo em 1608, organizou diversas expedições, das quais
uma das mais memoráveis é a de 1661, ao sul do Brasil, quando
ele convence, pacificamente, os índios Guianaã a segui-lo e a
instalar-se nos arredores de São Paulo.

É, no entanto, como "caçador de esmeraldas" que esse pioneiro entrou para a história e para a literatura. Fernão Dias Pais
partiu, em 1674, em direção a Diamantina, Minas Gerais. Essa
expedição, que durou oito anos, foi cheia de infortúnios, pois
seus participantes, na sua maior parte, pereceram de fome ou de
doenças como a malária, tal como ocorreu com o próprio Fernão
Dias Pais, que morreu acreditando ter, finalmente, encontrado a
"Serra das Esmeraldas". Contudo, ele confundiu as turmalinas
com as cobiçadas pedras verdes que o haviam levado àquela
aventura quase sobre-humana.

Ao apresentar esse personagem, Cassiano Ricardo revela
uma inesperada afinidade entre si próprio e o desafortunado
bandeirante. Define-o "poeta do mato" (ibid., p.88), porque é
como poeta que ele avança, juntamente com seus companheiros –
"tropas de poetas" (ibid., p.88) – em busca de uma pedra rara
como é a poesia, tão preciosa quanto inatingível. Certamente, só
o sonho de riqueza não explica aquela obstinação em superar os
obstáculos e continuar, além de toda e qualquer esperança. Fernão
Dias Pais já era um homem rico, tinha propriedades, família, era
respeitado pela sociedade. O que o teria impulsionado a deixar
tudo em busca de uma aventura incerta, por meio de territórios
selvagens, dominados por tribos hostis e animais ferozes?

Governar esmeraldas...
É preciso, pra tanto,

que a poesia aconteça.
E Fernão Dias Pais
já sabe o que é preciso.

É preciso levar
um poema em cada perna
nessa viagem penosa
que já se fez eterna.
[...]
É preciso ser forte,
aceitar a poesia
da verdade, que é a morte. (ibid., p.92-3)

Para evidenciar a série infinita de aventuras que marcaram a expedição de Fernão Dias, o poeta utiliza a personificação e a prosopopeia, infundindo alma e vida aos elementos da natureza: a flora, a fauna, os caminhos abertos na mata, a lua, a noite, o sertão e, até mesmo, as léguas que a expedição deverá percorrer. Todos esses agentes se unem para tornar a empreitada ainda mais árdua:

E as léguas todas vieram recebê-lo,
mal ele entrou no mato, com o seu povo.
E enrolaram-se, todas, em novelo
ferocíssimo em redor de suas botas. (ibid., p.87)

Os cantos que se referem à aventura de Fernão Dias Pais ("O Gigante nº 3", "As pedras verdes", "Lua cheia", "Que mais será preciso?", "Só Deus por testemunha") resvalam o onírico, por descrever o estado psíquico de um protagonista que vaga no encalço de um sonho, misturado ao delírio provocado pela malária. Os versos são intensamente dinâmicos, impregnados de uma beleza desesperada, que não tem como não tocar o leitor:

Poesia, mito e história no Modernismo brasileiro

O fantasma da lua vem chegando
devagarzinho por dentro das árvores
pra não quebrar o sono do sertão
que dormiu, com a cabeça azul tardonha,
no imenso travesseiro da montanha...
Agora, ninguém sabe o que ele sonha... (ibid., p.89)

Notável, nesse sentido, é a poesia "Lua cheia", na qual a presença da lua no céu evoca no bandeirante distante de casa, debilitado e provavelmente faminto, imagens de suavidade materna:

Boião de leite
que a Noite leva
com mãos de treva
pra não sei quem beber.

E que, embora levado
muito devagarzinho,
vai derramando pingos brancos
pelo caminho... (ibid., p.91)

É precisamente com uma reflexão sobre o sonho que o autor termina a série de poesias centradas na figura de Fernão Dias Pais, o sonho que faz viver o homem, o sonho cuja importância é frequentemente evidenciada por Cassiano Ricardo, porque é uma "forma de acreditar, não sendo mais criança..." (ibid., p.96).

Mal acaba, no entanto, a investida de uma expedição, logo outras se lançam no coração da América do Sul. Depois de Fernão Dias Pais, é a vez do Gigante nº 4, Borba Gato, ao qual sucederão outros, como Pay Pirá, Anhanguera, Apuçá e, por último, o "Gigante Sem Número", que representa, como vimos, todos os personagens anônimos da história, aqueles que, na expressão de Cassiano Ricardo, "foram fazer uma coisa e fizeram outra".

Personagem identificável no Gigante nº 4, Borba Gato é outra figura famosa de pioneiro. Era genro de Fernão Dias Pais e o acompanhou na fatídica expedição de 1674. Tendo assassinado em uma emboscada o administrador geral, Castel Blanco, embrenhou-se no sertão, vivendo tanto tempo entre os índios que se tornou, ele próprio, um índio, assumindo muitos dos costumes dos íncolas: "e tão bugre como bugre/ ele estava em sua casa" (ibid., p.102). Cassiano Ricardo privilegia, precisamente, esse aspecto de Borba Gato, o conhecimento profundo dos elementos de uma terra selvagem, o domínio adquirido nos longos anos vividos, a caçar animais ferozes, como a onça:

> Pobre, sem lei e nem rei
> se fez caçador de onça.
>
> Se fez também, desde o início,
> tão exato, tão seguro,
> no seu arriscado ofício,
> que vendia couro de onça
> ainda viva, no futuro. (ibid., p.101)

Os paulistas, depois de terem sulcado, incansavelmente, territórios intermináveis, encontram finalmente o ouro na região de Minas Gerais, no final do século XVII. E o encontram em quantidade tão grande, que o evento terá repercussões sobre toda a economia mundial.

Borba Gato é um dos protagonistas desse clamoroso acontecimento, circunstância evidenciada por Cassiano Ricardo no poema "O pai do sol". O ouro é representado como uma espécie de ente misterioso, o Pai do Sol, cuja cabeça será cortada por Borba Gato: "Lá estava o tal, olhos de ouro,/ sentado em meio ao Sertão./ Tendo cinco labaredas/ de alegria em cada mão." (ibid., p.104). Cassiano Ricardo continua, assim, a compor seu poema com elementos reais e fantásticos, entrelaçando episódios

Poesia, mito e história no Modernismo brasileiro

históricos com eventos de natureza mítica, embora de uma mitologia reinterpretada pelo poeta e, às vezes, completamente inventada por ele.

Emblemático desse característico amálgama é o canto "O Gigante nº 5", dedicado à narração dos episódios ligados à figura de Antônio Pires de Campos, o Pay Pirá, bandeirante que viveu nos últimos decênios do século XVII. Esse bandeirante realizou 24 incursões contra as tribos do Brasil central, penetrando até as regiões de Goiás e de Mato Grosso, na tentativa de individualizar novos filões de ouro.

A narração da vida desse personagem é um crescendo de aventuras e de ações quase épicas. O ritmo denso e cerrado dos versos contribui para criar a sensação da dinamicidade quase febril dos deslocamentos das expedições, assim como o sentido de precariedade que assinalava o passar dos dias desses desbravadores de caminhos. As vicissitudes da vida de Pay Pirá sintetizam o significado de toda a saga dos pioneiros, feita, certamente, de ações heroicas, mas também de privações e sofrimentos:

> E assim, amando e sofrendo,
> aquele drama tremendo
> que ora é um grito de alegria,
> ora é um grito de araponga,
> cada vez mais se prolonga,
> mato a dentro, noite e dia;
> e um é irmão do outro, por força
> daquela dor coletiva
> que a todos chumba e congrega
> na grande bandeira cega
> que arrasta os seus próprios ossos
> até a última agonia! (ibid., p.110)

Bartolomeu Bueno da Silva, o Anhanguera ou o "Diabo Velho", como era chamado pelos índios, é o Gigante nº 6. Ficou conhecido pela astúcia com que conseguiu fazer que os indígenas lhe revelassem a localização do ouro na região de Goiás. Depois de haver incendiado diante deles uma pequena bacia de aguardente, ameaçou proceder do mesmo modo com os rios de toda região se não lhe revelassem onde se encontravam as jazidas auríferas. Os íncolas, não conhecendo a inflamabilidade do álcool, ficaram aterrorizados.

Em *Martim Cererê*, o poeta consegue expressar de modo bastante realista tanto a violência das ameaças e das ações intimidadoras de Anhanguera como o terror dos índios, de virem a perder, pela ação do fogo, animais, florestas, rios e todos os elementos de seu mundo.

O canto é quase todo centrado na primeira pessoa. Somos, de repente, transportados ao momento em que se verifica a ação, assistimos de perto ao discurso veemente de Anhanguera aos índios:

> "Ó filhos do mato, ó selvagens
> coroados de penas verdes!
> Eu sou o filho do fogo!
> Sou dono de todas as luzes
>         do Céu e da Terra,
>         citatás e boitatás:
> Neste sertão de Goiás,
> [...]
> "Não me quereis indicar
> o ouro que o chão revelou.
> Pois bem, pra melhor saberdes
> o quanto valho, o quanto sou
>         feroz,
> vou atear fogo no mundo,
> e assim vivos, e assim nus,
> sereis queimados, todos vós, [...]. (ibid., p.114-5)

Poesia, mito e história no Modernismo brasileiro

E não são somente os índios que se rendem à astúcia e às ameaças do "Diabo Velho", mas toda a natureza, das montanhas aos riachos.

A essa altura, parece ainda mais sugestiva – pelo contraste que cria com os cantos centrados em belicosas figuras de bandeirantes – a poesia "Zozé, Columi e Ioiô", na qual o autor abandona, temporariamente, a ótica épico-heroica dos "calções de couro" e passa a narrar os fatos do ponto de vista dos filhos desses personagens, dos meninos que ficavam em casa esperando pelo retorno dos pais. E, enquanto esperam, também eles sonham, como os pais distantes, embora seus sonhos sejam mais puros e inocentes: esperam, talvez, que na noite de Natal seus sapatinhos se encham de pequenos dons.

A atenção aos sentimentos límpidos da infância é recorrente na poesia de Cassiano Ricardo. Vale notar que os raros momentos da obra *Martim Cererê* em que o autor abandona o tom heroicizante da narração são precisamente aqueles que têm por objeto as crianças [ver, a propósito, a poesia "Mãe preta" (ibid., p.65) e "Cidadezinha do interior" (ibid., p.131)] ou que assumem a ótica infantil. Tudo então se faz mais íntimo e cotidiano, a vida adquire uma dimensão simples e inocente, mas também profunda e lírica:

> Aqui perto, numa casa
> de janela azul, na rampa
> da vila de ruas tortas,
> à luz tosca de uma lâmpada
> acesa com óleo de peixe,
> Zozé, Columi e Ioiô
> (filhos de um país criança)
> esperam o Vovô Grande
> [...]
> Noite de Natal. Faz frio.
> Noite de coisas remotas... (ibid., p.118)

Esse canto lírico, intercalado por outros em que se narram proezas dramáticas de heróis (no caso Anhanguera e Apuçá), não somente cria uma sensação de suspense e expectativa no leitor, já que a ação é momentaneamente interrompida, mas evidencia – com uma focagem vertical – aspectos inéditos da epopeia dos bandeirantes, de que em geral os historiadores não se ocupam.

Na sucessão cronológica e causal dos fatos, todavia, a trama se enriquece de novos personagens. É a vez do Gigante nº 7, identificável na figura de Francisco Dias de Siqueira (o Apuçá, como era chamado), personagem entre os mais violentos e duros do ciclo econômico da captura de mão de obra indígena, segundo o historiador Affonso de Taunay (1975, p.169). No poema, não há nenhuma referência a esse lado negativo do caráter e da vida de Apuçá. O que se evidencia é, ao contrário, a dimensão épica do homem que "caminha agora a vida inteira;/ é surdo a todas as distâncias./ é gigante de tanto andar!" (Ricardo, 1981, p.120). O Apuçá é "gigante" porque é um explorador de novos mundos, impulsionado, ele também, pelo sonho de encontrar a "Serra da Esperança" (ibid., p.120).

O ritmo do movimento contínuo e repetitivo do herói, em seu peregrinar sem esmorecimento, é dado pela iteração dos versos ao final de cada estrofe, como um estribilho, com leves modificações:

"Não te dou terra, te dou ouro!"
uma montanha toda ouro
apareceu em seu lugar.
[...]
"Não te dou ouro, te dou prata!"
uma montanha toda branca
apareceu em seu lugar.
[...]
"não prata, te dou esmeraldas!"
uma montanha toda verde,
apareceu em seu lugar. (ibid., p.119)

Poesia, mito e história no Modernismo brasileiro

"Tropa de gente em São Paulo", o poema seguinte, é uma espécie de síntese dessa longa seção, na qual se narra a história dos exploradores. O poeta enumera, novamente, os principais personagens do período e as suas proezas, a começar pelos mais famosos, como Raposo Tavares e Fernão Dias Pais. São esses os responsáveis pelas atuais dimensões do Brasil, que alargaram, em quase três vezes, o território brasileiro em relação ao Tratado das Tordesilhas, de 1494. O texto encerra-se com uma saudação enviada pelo próprio rei de Portugal, com quem, muitas vezes, os bandeirantes se acharam em contraste e luta:

"Tropa da gente de São Paulo
que vos achais na cabeceira
do Tocantins, do Grão-Pará,
eu, El-Rey, daqui de longe,
vos envio o meu saudar." (ibid., p.121)

O poema seguinte é dedicado ao "último Gigante" da série, o último a ter sulcado o sertão. Canto fundamental porque o poeta retorna, aqui, à polêmica ligada aos bandeirantes, considerados tanto bandidos como heróis segundo a ótica em que são enquadradas as suas ações: "O espanhol, o jesuíta, os do outro lado/ quanta vez o chamaram de bandido!/ Outros o tinham como herói, apenas" (ibid., p.125). O poeta sublinha a ambiguidade intrínseca de tais figuras, em precário equilíbrio entre interpretações radicalmente opostas, e opostas mesmo em virtude das conjunturas econômicas e políticas nas quais agiram e viveram; heróis, sem dúvida, e também bandidos, mas, sobretudo, homens: "Em seu peito batia-lhe o coração,/ entre os dois, como um pêndulo doído" (ibid., p.125).

A maior façanha desses exploradores está, contudo, no fato de que eles não só conseguiram vencer o espaço imenso com as suas botas de gigantes, mas superaram o tempo, permanecendo na memória histórica dos brasileiros. E isso é explicitado de forma evidente pelo poeta, que se identifica – "E eis hoje em nós esta ansiedade" (ibid., p.126) – com inquietações e anseios semelhantes aos que provavelmente moveram os pioneiros à obra expansionística. O homem de hoje, Cassiano Ricardo, vê-se de alguma forma refletido nos exploradores de ontem. O último bandeirante poderia ser, assim, ele próprio, ou qualquer paulista do século XX.

Realizam-se, dessa forma, a intersecção e o engaste da saga bandeirante com a história atual, circunstância evidenciada pela adoção, na última parte do poema "O último Gigante", do "nós" coletivo, que simboliza, provavelmente, a comunidade nacional. O narrador exprime sentimentos, estados de espírito que são próprios da coletividade e que ele busca interpretar. A identificação é tamanha que, em "Metamorfose" – o último poema dessa seção –, o "nós" coletivo se transforma em um "eu" lírico, e a voz do narrador começa a se confundir com a do poeta. A figura do bandeirante é evocada como aquela de "meu avô", o que revela o reconhecimento de um vínculo de parentesco e de consanguinidade com aqueles personagens do passado, vínculo não apenas de tipo ideal e abstrato, já que o poeta, como paulista, é possivelmente descendente dos velhos bandeirantes.

## As pegadas dos gigantes no Brasil moderno

A quinta seção, formada por nove poemas, focaliza os resultados atuais da ação dos pioneiros bandeirantes. Aqueles rudes caminhos batidos transformaram-se em vias de comunicação importantes, aqueles vilarejos, por eles fundados, tornaram-se cidades e metrópoles. O país cresceu, o café tomou lugar do bandeirante como agente responsável pela sucessiva expansão territorial em direção ao Oeste do país:

Poesia, mito e história no Modernismo brasileiro

O cafezal é a soldadesca verde
que salta morros na distância iluminada,
um dois, um dois, de batalhão em batalhão,
na sua arremetida acelerada
contra o sertão. (ibid., p.129)

Em "Soldados verdes", a paisagem é configurada em termos bélicos, como se cada planta de café representasse, de fato, um aguerrido bandeirante em marcha para a conquista de novos territórios. Toda a natureza pulsa, os seres e as coisas parecem perpassados por um sopro vital. Essa intensa vitalidade dos versos, assim como o seu caráter cinético e sinestésico, ao mesmo tempo, decorre de imagens ligadas a esferas sensoriais diversas, visuais-cromáticas, táteis e sonoras, característica bastante difusa em *Martim Cererê*:

Bate o sol no tambor de anil do céu redondo.
O dia general que amanheceu com o punho azul cheio de
                                                    estrelas,
com dragonas de sol nos girassóis
comanda os cafeeiros paralelos
de farda verde e botões rubros e amarelos.
Soa nos vales o clarim vermelho da manhã. (ibid., p.129-30)

Poema, ao contrário, de grande suavidade e delicadeza é "Cidadezinha do interior", no qual tudo é visto segundo uma ótica infantil e o vocabulário utilizado remete-nos a tal universo: "inocência", "Menino Jesus", "Janela azul", "bandas de música", "canários", "arco-íris" (ibid., p.131) etc. O texto enfoca a infância de uma pequena cidade que se desenvolve ao redor de uma igreja e de um curral, origem em comum de inumeráveis centros do interior:

Logo depois brota a cidadezinha branca.
É uma menina, ainda descalça.

As casas tortas de janela azul
dançam de roda, de mãos dadas. (ibid., p.131)

Vale sublinhar nessa seção, também, o poema "Caboclo à hora do descanso", no qual o autor desconstrói, polemicamente, a figura do "Jeca Tatu", personagem criado por Monteiro Lobato (1882-1948) para caracterizar o caipira do interior. Jeca Tatu é um símbolo negativo, a imagem irônica do anti-herói nacional, doentio, apático e preguiçoso, posto em correlação com os símbolos apologeticamente positivos – e também mistificadores da realidade – elaborados pelo idealismo romântico (sobretudo alencariano) e pelo nacionalismo ufanista, sempre presente no país.

Cassiano Ricardo recusa a figura de Jeca Tatu e rebate, uma a uma, as supostas características negativas do caboclo, que são, como procura demonstrar, fruto de uma ótica superficial. A imagem de um camponês "quieto, imóvel, triste, manso e calado" (ibid., p.132-3) corresponde somente à aparência, bem como manifesta a visão que o homem da cidade tem do agricultor, visão de quem pouco conhece sobre o fadigoso – mas também digno – trabalho do homem do campo:

> Você o está vendo assim, quieto e imóvel,
> mas é ele quem monta o picaço a galope
> e some na poeira da estrada à hora certa
> de trabalhar, quando a manhã o convida
> a tomar parte no espetáculo da vida. (ibid., p.132)

O autor, aliás, põe em relevo a grande heroicidade da vida desse personagem característico de vastas regiões do interior do Brasil: "obscuro herói de um drama formidável/ cuja maior beleza é a da renúncia à vida" (ibid., p.132).

Em tal cenário, que parecia estável e definido nos contornos mais típicos, entra uma nova figura, que reativará a engrenagem dos cruzamentos étnico-culturais que define e caracteriza o Brasil. É o imigrante, são os milhares de "judeus, lituanos,/ sírios e russos" (ibid., p.134) que chegam com suas bagagens de tradições, expectativas, sonhos. A paleta étnica amalgama-se, novamente, com os novos personagens que tanta importância cultural tiveram na formação do Brasil e que começam a ingressar no país a partir do fim do século XIX.[6]

Particularmente significativo nessa seção é o "Poema de arranhacéu", no qual temos, a partir do título, a indicação do período cronológico em que a ação se insere. Estamos em pleno século XX, em uma grande cidade que pode ser São Paulo, com seus arranha-céus e seus modernos anúncios publicitários. O eu lírico do texto – o narrador? o poeta? – dialoga com uma figura da teogonia indígena, Jacy, a lua. Sonha em poder transformar esse mito, que nos remete à infância do Brasil, em um grande cartaz luminoso, para se colocar sobre um arranha-céu da cidade:

> E o arranhacéu, com o seu nome
> na fronte
> sonhará tanta coisa bonita:
> [...]
> Que o espírito inocente da terra criança
> veio brincar de quatro cantos
> pelos cantos da rua
> botando um pouco de ilusão em cada coração
> e um pouco de saudade em cada trecho da cidade
> e um pouco de inocência em cada angústia da existência
> e um pouco de poesia em nosso "pão de cada dia". (ibid., p.139)

---

6 Desse contingente, calculado em 5 milhões de imigrantes, 1,7 milhão são portugueses que se acrescentaram aos já estabelecidos no país, desde os primeiros séculos da colonização, 1,6 milhão são italianos, 700 mil espanhóis e 250 mil alemães, não faltando outros contingentes extraeuropeus, como os japoneses, que são 230 mil. Cf. Ribeiro (1995, p.241-2).

Existe, no texto, o explícito desejo de revitalizar o presente por meio de um mergulho, mesmo que precário, no passado, no momento em que Jacy, mãe dos frutos, irmã e esposa do sol, era protagonista nas florestas e nos rios do "Brasil-menino". Mas, evocando Jacy na era dos aparelhos automáticos – que têm, estes também, alguma coisa de mágico –, o autor espera restabelecer uma ponte entre o universo mágico (mítico) e o universo automático (das máquinas), tema que será sucessivamente um dos *leitmotiv* da obra de Cassiano Ricardo.

Havíamos assinalado, nos últimos poemas da quarta seção, o abandono da terceira pessoa narrativa e, consequentemente, a adoção do eu lírico, assim como uma sempre maior identificação entre essa voz, lírica, e a do próprio poeta. O poema "Meus oito anos" é, nesse sentido, paradigmático, um texto provavelmente autobiográfico, no qual se retorna ao tema da infância por meio de uma referência explícita (veja-se o título homônimo) ao famoso "Meus oito anos", de Casimiro de Abreu (1839-1860), escrito em Lisboa em 1857. Nele, Casimiro de Abreu recorda saudosamente a infância, que para ele não é somente um tempo, mas também um lugar dolorosamente longínquo, já que o poeta romântico, naquele momento em Lisboa, se encontrava distante do próprio país.

Os dois textos – além do título idêntico – revelam em um primeiro olhar não poucos paralelismos e equivalências. Ambos narram o período pleno de magia e de inocência da infância, ambos estabelecem um confronto entre o presente e o passado. As diferenças, todavia, também são marcantes: enquanto Casimiro de Abreu vê a infância como o momento talvez mais denso de significados para o homem, quando tudo é harmonia e bem, a infância descrita por Cassiano Ricardo é conturbadora. O menino de oito anos passa os seus dias a caçar e a matar passarinhos, e à noite é perseguido pelo sentimento de culpa e pela cuca, figura do imaginário popular utilizada para incutir temor às crianças:

Poesia, mito e história no Modernismo brasileiro

Quando eu era pequenino
vivia armando arapuca
pra caçar "vira" e urutau.
Mas de noite vinha a cuca
com o seu gato corrumiau...
Como esse menino é mau! (ibid., p.143)

A distinção mais significativa entre os dois textos está no fato de que, para Casimiro de Abreu, o presente é apenas desalento e sofrimento, enquanto somente no passado se pode reencontrar aquela harmonia e felicidade ardentemente aneladas pelo homem. Cassiano Ricardo estabelece a mesma relação entre o hoje e o ontem, mas o adulto não renega nem o presente nem o passado. Ele, ao contrário, descobre um fio sutil que liga o adulto à criança: também o poeta desejaria, como o menino, armar uma arapuca, não mais para caçar os pássaros e sim a vida: "a vida num poema,/ em seu minuto de dor/ ou de alegria suprema" (ibid., p.143).

Se, por um lado, Cassiano Ricardo assinala uma linha de continuidade, no plano diacrônico, com outros autores e textos do passado (nesse caso, um autor romântico), por outro, sublinha as distinções entre as respectivas interpretações da realidade. Em Cassiano Ricardo há, sem dúvida, uma visão de mundo menos pessimista, que caracteriza o seu contexto e a sua época, mas que é própria também do poeta nessa fase pessoal criativa.

## Hoje o Tietê narra a história dos velhos Gigantes

Chegamos, em seguida, à sexta e última parte do livro, constituída por seis poemas. O tempo escandido pelos versos é, inequivocamente, o do presente, embora o autor não deixe de evidenciar a correlação existente entre esse presente e o processo de lenta formação da atual conjuntura econômica, político-social e cultural do país. Como ponte entre presente e passado e também metáfora desse trajeto secular, realizado por tantos pioneiros – dos quais somente alguns são evocados –, temos o rio Tietê, que narra, em primeira pessoa, no poema "Canção geográfica", a sua história: "O que procuro é a Terra firme,/ pois nasci junto da Serra/ de costas voltadas pro mar" (Ricardo, 1981, p.146).

Esse rio, com sua atípica conformação geológica (em vez de correr para o mar, nasce próximo da costa, mas suas águas defluem em direção oposta), serviu de guia, ponto de orientação, caminho natural, que impulsionou e conduziu os bandeirantes para o interior. O fluxo ininterrupto de suas águas representa o percurso desses exploradores, o alternar-se de tropas de bandeirantes que penetravam no sertão com a esperança de encontrar alternativa para uma vida feita de privações. O rio Tietê é testemunho e agente basilar da saga dos pioneiros, tanto que se transformou, ele próprio, em bandeirante: "Sou um simples bandeirante/ nascido de costas pro mar" (ibid., p.147).

Sempre na tentativa de estabelecer uma ponte entre o presente e o passado, o poeta retoma a lenda indígena da criação da noite, em "Pecado original": só que a Uiara mitológica se transforma em uma "morena de olhar verde" (ibid., p.150). Há uma patente demitização, nessa figura normal de mulher, possivelmente livre e emancipada, para quem a "criação da noite" torna-se um assunto privado, de duas pessoas que se encontram e inventam uma noite, isto é, um tempo e um contexto propícios para o amor: "Porque a noite/ é uma pequena invenção de nós dois..." (ibid., p.150).

Permanece, assim, como vocação nacional à aculturação e ao cruzamento étnico, a mesma magia do amor que, segundo o poeta, permitiu e estimulou os primeiros encontros entre portugueses, índios e negros. Por isso, o poema seguinte é uma exortação ao imigrante (o título é, justamente, "Exortação"), para que ele conheça e repercorra a história do país que escolheu para viver, para que assimile como próprias as tradições,

Poesia, mito e história no Modernismo brasileiro

os costumes, os mitos, a literatura, para que consiga, enfim, integrar-se à nova pátria:

> Ó louro imigrante
> [...]
> Sobe comigo a este píncaro
> e olha a manhã brasileira,
> [...]
> Naquele palmar tristonho
> que vês ao longe os profetas
>      da liberdade
> anteciparam o meu sonho.
> Mais longe, o sertão imortal:
> foi onde o conquistador
> fundou o país da Esperança. (ibid., p.151)

É evidente, nesses versos, o orgulho nacionalístico de quem apresenta ao estrangeiro o próprio país, de quem reivindica o valor do próprio passado e a glória dos heróis que o edificaram. É, no entanto, igualmente evidente a natureza do nacionalismo de Cassiano Ricardo, o mesmo que Oswald de Andrade e os intelectuais de seu grupo condenaram, pelo que representava de idealização da realidade, de culto de valores distorcidos ou superados, quer do presente, quer do passado.

O culto aos heróis do passado é, contudo, um eixo portante do *Martim Cererê*, tanto que não se poderia compreender plenamente a obra se não se tivesse em consideração essa visão épico-heroica da história. Em tal ótica insere-se, por exemplo, o poema "Brasil-menino", no qual o processo de personificação se verifica com o próprio Brasil. Ora, vimos quanto a prosopopeia é recorrente na obra e de que modo ela contribui para criar a atmosfera intensamente vital e dinâmica dos versos. É com esse recurso retórico que, em *Martim Cererê*, Cassiano Ricardo consegue reproduzir a configuração peculiar dos contos mitológicos e das lendas, em que até objetos e coisas inanimadas parecem dotados de movimento e vida.

Mircea Eliade (1985, p.171-8) destacou, a esse propósito, como o mundo, embora cifrado e misterioso, "fala" ao homem das sociedades primitivas, o qual, para compreender essa linguagem, deve apenas conhecer-lhe os mitos e decifrar-lhes os símbolos. Em tais sociedades, o indivíduo não vive em um universo inerte e opaco, mas em um mundo dotado de potência vital, que com ele se comunica, ininterruptamente, por meio de astros, plantas, animais, rios e montanhas, estações do ano, noites. Essa é uma característica do chamado pensamento primitivo, teorizado por Lévy-Bruhl (retornaremos a esse ponto, de modo mais particularizado, na análise do texto boppiano). Segundo Lévy-Bruhl (1975), não há para o homem arcaico uma divisão precisa entre mundo real e mundo das forças sobrenaturais, místicas e mágicas da natureza.

Em *Martim Cererê*, o poeta soube recriar em muitos momentos essa atmosfera onírica de um mundo primitivo, em consonância com a temática da obra. É bem mais evidente em Cassiano Ricardo do que em Raul Bopp, contudo, a natureza intelectualista de tal reconstrução. Cassiano Ricardo não parece conseguir intuir, plenamente, os significados mais recônditos, implícitos na experiência do mito, conexa à experiência poética e à religiosa. O mito, para ele, é estímulo de trabalho, motivo de inspiração, tema de literatura, não uma perspectiva ou um modo de percepção.

A sua incursão nos meandros do mito efetua-se pelo filtro da razão, mas a substância secreta do mito, como ressaltam os estudiosos Jung e Kerényi (1990), é bastante refratária aos processos da lógica. Ao poeta, parece escapar uma parte substancial e imprescindível de tal experiência inaugural, e a sua obra – que ele define, como vimos, "poema mitológico" (Ricardo, 1981, p.161) – resulta, sob esse aspecto, menos plausível e envolvente. E, certamente, mais literária.

Poesia, mito e história no Modernismo brasileiro

Literária é, precisamente, a alegoria de um Brasil "criança", ente personificado que, com uma linguagem familiar, narra em primeira pessoa, no poema "Brasil-menino", as principais vicissitudes que marcaram sua jovem existência. Inicialmente, esse personagem não possuía consciência plena de si, como é natural nas crianças. Foi necessário que ele "acordasse", isto é, que aprendesse a conhecer e a valorizar o seu passado e as suas tradições:

> [...] Até que um dia
> fiz que não vi mas vi; acordei da ilusão:
> meu pai era um gigante, domador de léguas;
> um feroz caçador de onças pretas,
> terror do mato, assombração das borboletas
> mas tinha um grande coração. (ibid., p.154)

Em outras palavras, a consciência nacional que se deveria adquirir passava por um reconhecimento do significado dos feitos dos bandeirantes, como um momento de grandeza heroica do país, feitos dos quais resultaram uma geografia e uma história, enfim, uma pátria, o Brasil moderno, finalmente "adulto": "Por fim cresci. Hoje sou grande" (p.154).

Por isso, o Brasil "adulto", com as cidades que surgem em ritmo frenético, com a industrialização crescente e o sonho de rápido desenvolvimento tecnológico e econômico, não pode esquecer ou omitir o passado dos pioneiros bandeirantes, o mesmo que o Tietê continua a recordar cotidianamente: "E o Tietê conta a história dos velhos gigantes,/ que andaram medindo as fronteiras da pátria" (p.155).

Há um certo bairrismo nessa particular revisão do passado, nesse tomar como paradigma nacional apenas uma página da história que diz respeito, especificamente, a uma determinada região do Brasil: São Paulo. É verdade que os paulistas acabaram percorrendo o Brasil inteiro e que foram até bem além das atuais fronteiras nacionais, incidindo, com sua presença e com suas ações, sobre alguns dos eventos que concernem à história de toda a América do Sul. Eles são parte, todavia, de uma saga local, visto que, em outras regiões do Brasil e até do continente, a colonização procedeu segundo bases e coordenadas bem diversas. Basta ver, por exemplo, o tipo de organização econômico--social do Nordeste brasileiro nos mesmos séculos da expansão bandeirante, ou seja, a sociedade latifundiária patriarcal que ali se impôs, fundada na produção açucareira.

Esse sentimento "paulista" presente em Cassiano Ricardo não se contrapõe, porém, ao sentimento nacional; ao contrário, para o autor, eles se fundem e se complementam. O destino de São Paulo estava ligado em modo estreito ao do Brasil, e vice-versa. Como ocorria nos anos modernistas, nos quais São Paulo era, indubitavelmente, um dos centros mais dinâmicos e desenvolvidos do Brasil, também no passado essa região havia definido, por meio das proezas e vicissitudes dos seus heróis, os acontecimentos de todo o país. Havia, portanto, uma reivindicação regionalista nesse tomar a parte pelo todo, no que concerne à história. Maria de Lourdes Eleutério (1989, p.36) afirma que "a 'civilização paulista' orgulhava-se de suas raízes geradas no expansionismo bandeirante do século XVI, revitalizadas agora pelo expansionismo do café". Esse sentimento de orgulho paulista manifesta-se também nos ensaios de Cassiano Ricardo sobre o tema em questão.

De qualquer maneira, os destinos de São Paulo e do Brasil são, em *Martim Cererê*, interconexos. No poema "Retrolâmpago", o autor evidencia novamente a inseparabilidade de tal coesão, quando inventaria aqueles que, segundo ele, são os atuais bandeirantes, os quais – nos caminhos batidos pelos desbravadores do passado – continuam a obra dos velhos exploradores, com o mesmo afinco e coragem:

Poesia, mito e história no Modernismo brasileiro

E o paroara, o caucheiro,
o matuto cearense;
valentões, pala ao ombro,
chilenas de prata
arrastadas no chão
com o barulho das botas;
topetudos de todos
    os naipes;
tabaréus, canhamboras,
capangas, jagunços,
caborés, curimbabas;
piraquaras, caiçaras,
boiadeiros, laranjos,
canoeiros agrestes,
caboclos, cafuzos,
vararam a terra
pra Oeste, pro Sul
    e pro Norte. (ibid., p.156-7)

Nesse diversificado elenco, Cassiano Ricardo utiliza vocábulos de proveniência regional para indicar figuras ligadas a atividades e costumes intimamente vinculados a regiões específicas do país, tipos e personagens locais que completam o mosaico dos estados brasileiros, de norte a sul.

Tal poema sintetiza o significado de *Martim Cererê*, e não é por acaso que o título seja "Retrolâmpago", uma palavra inventada pelo poeta, composta a partir do substantivo "relâmpago", isto é, clarão, luz breve e intensa, e o prefixo "retro", que indica movimento, ou ação para trás, no espaço e no tempo. "Retrolâmpago" define assim, brevemente, o esforço do poeta de iluminar o passado, de acender os refletores sobre a história. *Martim Cererê* é o relato desse trajeto secular, cujo significado fundamental se resume no encontro de três povos e na construção de uma nação. Dessas três etnias – o índio, o branco e o negro – nasceram os gigantes temíveis e heroicos, dos quais descendem os atuais habitantes do Brasil.

Com "Retrolâmpago" conclui-se a sexta seção e, com ela, a obra inteira, que podemos resumir nessa imagem exemplar do menino que narra o seu processo de crescimento e maturação. Como vimos, a obra oscila em um movimento instável entre o épico, o dramático e o lírico; e tudo enriquecido por elementos mágicos e míticos, radicados no patrimônio étnico-cultural nacional. O recurso ao mítico possui, na verdade, uma intencionalidade bem definida: fundar no mito cosmogônico a origem de um povo, os seus costumes e as suas tradições.

*Martim Cererê* é um caleidoscópio de episódios, de tramas, de atores diversos que se sucedem, por trás dos quais se divisa uma estrutura precisa, elaborada objetiva e conscientemente pelo autor. Não há um único herói, mas são protagonistas todos os pioneiros que, com dramáticas peripécias, contribuíram para a fundação de um estado nacional. Esses personagens afrontam vários opositores, extraídos da história ou da fantasia do autor. Cada um percorrerá um trecho de estrada, realizará conquistas que o herói sucessivo completará e ampliará posteriormente.

A narração é conduzida em terceira pessoa, embora passe ao discurso direto em diversos momentos da obra, nos quais os próprios personagens aparecem narrando suas vicissitudes. Assim, são introduzidos no texto recursos de dramaturgia que contribuem para reavivar o relato. Tanto a ótica épico-narrativa quanto a dramática cedem lugar, em determinados momentos, a um tom mais lírico no qual a voz do narrador se intersecciona e se confunde com a do poeta Cassiano Ricardo.

São abundantes, na obra, referências aos textos clássicos das literaturas brasileira e portuguesa, como o *Navio negreiro*, de Castro Alves (Ricardo, 1981, p.41), *Iracema*, de José de Alencar (p.151) e *Os Lusíadas*, de Camões (p.39), ao lado de provérbios, litanias (p.33), canções de ninar (p.65) e cantos populares (p.44). O conjunto apresenta-se como um verdadeiro mosaico não

Poesia, mito e história no Modernismo brasileiro

somente de registros linguísticos diversos, mas até de línguas diferentes, com frases inteiras em tupi, latim, espanhol ou palavras de origem africana, embutidas no texto: "Yá só pindorama koti/ itamarana pó anhatin,/ yara rama ae recê!" (p.14);[7] "Refugium peccatorum [...] Terra papagalorum..." (p.32); "São Cristo-sinhô!/ que Oxalá já chegou/ pra dançar na macumba;/ que veio Xangô!/ que a sua mucama/ cabinda ou macua/ chegô" (p.44); "Conjugo vobis" (p.47); "Se há prata no Peru/ e se a terra é toda huma/ tem que haver prata no Brasil/ por boa rezão de filosofia." (p.64); "Meu Deus, que maldade a deste/ bandolero de San Pablo!" (p.82); "Vassuncês tão pensano/ que isto aqui não tem dono?" (p.122) etc.

Característico da linguagem de Cassiano Ricardo é também o dinamismo, o manifesto cromatismo, a presença do tom coloquial, a reiteração de palavras e de ideias, o uso de neologismos criados pelo poeta, a inter-relação entre os diversos níveis do texto.

*Martim Cererê* é um canto híbrido, no qual o autor compôs um retrato paradigmático do Brasil, utilizando elementos heterogêneos, assim como temas de várias origens, dispostos de modo a formar uma obra orgânica. O livro proporciona-nos uma revisitação histórica, em que são exaltados personagens e acontecimentos tradicionalmente celebrados pela historiografia oficial, considerados exemplares pela coletividade. Sobressai-se uma leitura conservadora das realidades passada e presente, que o autor assume e da qual se faz porta-voz em vários momentos nas obras poéticas e em prosa.

Torna-se, assim, evidente o quanto a perspectiva de Cassiano Ricardo, em *Martim Cererê*, distingue-se da de Oswald de Andrade, no livro *Pau-Brasil*. Ambas as obras, todavia, se distanciam

---

7 Canto de guerra tupi citado por Magalhães (1975, p.307), cuja tradução é: "Marcharemos para o país das palmeiras, com um tacape nas mãos, nós o dominaremos".

conjuntamente de *Cobra Norato*, de Raul Bopp, livro singular e solitário no panorama literário nacional, não somente pelo enfoque inédito dado à temática nacionalista, mas pela riqueza expressiva das formas, pelas suas peculiaridades de linguagem e de estilo.

Antes de proceder à análise da obra boppiana em questão, é necessário, porém, deter-se ainda sobre a produção histórico--sociológica de Cassiano Ricardo, intimamente vinculada, como vimos, à poesia do período que estamos tratando.

Não é por acaso que o autor, poucos anos depois da publicação de *Martim Cererê*, retomou a pesquisa sobre os eventos históricos ligados ao fenômeno das bandeiras, e que o fez de modo bastante particularizado, servindo-se de uma vasta documentação. O resultado dessas pesquisas foi a publicação, em 1940, do livro *Marcha para Oeste*, no qual expôs e defendeu teses e reflexões que se configuram como a sua contribuição pessoal ao debate sobre as controversas ações dos pioneiros da Vila de São Paulo de Piratininga.

## Cassiano Ricardo, o historiador

Já destacamos como o interesse pelos fatos do passado caracteriza o Modernismo em sua fase nacionalista. Analogamente, ressaltamos que, enquanto a Antropofagia atua em uma radical revisão da história nacional (da chegada de Pedro Álvares Cabral até os primeiros decênios do século XX), o grupo Verde-amarelo distingue-se por privilegiar um determinado momento da colonização, ligado ao fenômeno das bandeiras que se irradiaram, nos séculos XVI, XVII e XVIII, em várias direções da América do Sul.

Talvez seja precisamente nesse endereço, seguido pelos estudos e reflexões do grupo verde-amarelista, que podemos entrever a influência de Cassiano Ricardo, que nunca omitiu ou minimizou a atração que tal tema exerceu sobre ele. O poeta

Poesia, mito e história no Modernismo brasileiro

tornou-se, mesmo, um dos historiadores do bandeirismo,[8] e essa paixão condicionou, além da atividade poética, também a do jornalista e a do intelectual empenhado. Foi decisiva, a esse propósito, a sua contribuição para a criação do monumento ao bandeirante em São Paulo.

Narra o poeta, em suas memórias (1970b, p.97), que considerava imperdoável o fato de que os bandeirantes "não tivessem ainda o seu grandioso feito imortalizado por uma obra de arte, numa praça pública de São Paulo". Empenhou-se incansavelmente nisso, intercedendo junto a diversos homens de Estado para que tal momento fosse dignamente recordado, sonho que se concretizou em 1954, no quarto centenário da fundação da capital paulista. Naquela ocasião, foi inaugurada a monumental escultura do artista Victor Brecheret, dedicada precisamente às expedições desbravadoras, na qual foi posta uma inscrição de Cassiano Ricardo: "Glória aos heróis, que traçaram o nosso destino na geografia do mundo livre" (ibid., p.102).

O desejo de divulgar e enaltecer o bandeirismo está, portanto, na base de muitas das iniciativas do autor e é, sem dúvida, uma das fundamentais motivações de *Martim Cererê*. O texto poético é elaborado também com o intento ideológico-didático de apresentar em moldura apropriada um momento histórico que o autor reputa entre os mais significativos. Esse mesmo intento constitui a base não só do texto poético, mas também de ensaios sobre o tema, embora, nesse caso, de forma menos subjetiva. É pois, nesse sentido, que podemos considerar *Marcha para Oeste* o complemento natural de *Martim Cererê*.

A matéria tratada em ambas as obras é praticamente a mesma. Mas se *Martim Cererê* é a narração lendária e, ao mesmo tempo, histórica das aventuras dos primeiros pioneiros brasileiros (narração em que entram, como vimos, sabiamente

---

8 Há outro componente do grupo verde-amarelo, o historiador Alfredo Ellis Junior (1896-1974), que se ocupou sistematicamente do fenômeno e do período em questão.

combinados ou fundidos, elementos épicos, líricos e dramáticos), *Marcha para Oeste* privilegia outro tipo de abordagem. Podemos supor que, depois de ter elaborado literariamente o tema, o poeta tenha sentido necessidade de retomá-lo de uma forma que garantisse um maior grau de objetividade. É natural que a poesia – linguagem densa, polissêmica e ambígua por excelência – não tenha sido o campo propício para esse tratamento objetivo da matéria.

O próprio Cassiano Ricardo (1970a, p.XXVI) preocupou-se, na introdução do ensaio em questão, em distinguir a atividade literária da do pesquisador: "é preciso deixar claro que o poeta que pareço ser não irá sacrificar o método objetivo e a concreção histórica em que me situo para escrever este livro".

Ele reivindica, seja para si, seja para o leitor, a quem se dirige diretamente – "por que previno o leitor contra o *parecer que é*"? (ibid.) –, a necessária imparcialidade para avaliar fatos que parecem, sem dúvida, fantasiosos e inacreditáveis, mas que pertencem à história e representam um período importante para o Brasil.

Mencionamos que o ano de 1940 é o da publicação de *Marcha para Oeste*. Analisando a evolução poética de Cassiano Ricardo, constatamos, também, que há um intervalo de doze anos – da publicação do livro *Deixa estar, jacaré*, de 1931, a *O sangue das horas*, em 1943 – durante o qual sua palavra poética silencia. Trata-se de um período que coincide com anos de grandes mobilizações econômicas, sociais e políticas no Brasil. O poeta participou, ativamente, das radicais transformações (ele afirma, nas memórias, que tomou parte de pelo menos quatro revoluções),[9] chegando a ser preso, junto com tantos outros intelectuais. No poema "O homem e a lanterna", publicado no livro *O sangue das horas*, ele testemunha esse momento: "Soprava um vento mau, teimoso

---

9 As "quatro revoluções" corresponderiam aos conflitos entre "maragatos" e "pica-paus" (dois grupos políticos rivais que disputavam o poder no sul do país), a revolução estético-literária modernista, a revolução de 1930 e a de 1932.

Poesia, mito e história no Modernismo brasileiro

e rijo/ e a noite queria arrastar as criaturas/ para o seu negro esconderijo" (Ricardo, 1957, p.233). O sincero idealismo e o empenho civil e político daqueles anos deixaram a marca de amarguras e desilusões:

A política é uma arte
de enganar o próximo.
Brigam uns com os outros
[...]
Faz-se revolução
mas termina em festa. (ibid., p.283)

Foi precisamente nesse intervalo de silêncio poético que ele concebeu *Marcha para Oeste*, considerado o seu grande livro de prosa, um texto basilar, em que o autor expõe de forma detalhada os momentos relevantes da saga bandeirante, privilegiando os aspectos histórico-sociológicos do tema.

O autor inicia a narração cronológica a partir da maciça migração dos índios Tupis, que, dos territórios internos do continente, se dirigiram à conquista de grande parte da região atlântica da América meridional (também *Martim Cererê* parte do mesmo evento).

Portugal, inicialmente, não demonstrava grande interesse pela colônia americana recém-descoberta, empenhado que estava nos bem mais lucrativos intercâmbios comercias com as Índias Orientais. Os franceses, seguidos depois pelos ingleses e holandeses, viam, contudo, aquele território com espírito mercantilista diverso. O pau-brasil, que abundava nas florestas da América do Sul, representava uma tentação forte demais para que não despertasse os interesses dessas nações europeias. Tais países, sobretudo a França, organizaram uma densa rede de contatos e de comércio com os índios, circunstância que alarmará e irritará a Coroa portuguesa, induzindo-a a ocupar-se um pouco mais do Brasil, sob o risco de perdê-lo irremediavelmente. Tem início, assim, a colonização portuguesa propriamente dita, que carreará instalações de muitas benfeitorias e engenhos na faixa litorânea do país, sobretudo no Nordeste.

Ao sul, a região de São Paulo, por uma série de conjunturas ambientais, não conseguia decolar economicamente. Isso deveu-se, antes de tudo, à conformação geológica da região, à presença da Serra do Mar, que representava uma barreira natural à expansão da grande propriedade. O clima mais frio, além disso, era desfavorável ao cultivo da cana-de-açúcar, que tanta riqueza havia proporcionado ao Norte. O latifúndio demonstrava-se uma solução impraticável para aquela província pobre e desprovida de bens econômicos, tanto que o governo português acabou por se desinteressar quase completamente dela.

Os habitantes de São Paulo viviam assim por conta própria, criando uma sociedade com características peculiares, com um sistema de vida baseado na pequena propriedade, quase um estado dentro do Estado português. Essa sociedade, formada em grande parte por mestiços, sentia uma atração fatal pelas terras inexploradas do grande sertão à sua frente. Levados pela pobreza e incitados pelas histórias e lendas fantásticas sobre a existência de montanhas e rios cheios de ouro, os paulistas iniciaram a sua memorável marcha para o Oeste do continente.

Cassiano Ricardo (1956b, p.33-4) define os bandeirantes, em vários momentos, como homens orgulhosos, tenazes, honrados, independentes, democráticos, desprovidos de preconceitos raciais, com um radicado e precoce sentimento patriótico, que suportaram enormes dificuldades e indescritíveis sofrimentos atrás dos seus sonhos de grandeza. Ele procurará demonstrar, sobretudo, que o bandeirante, ao contrário do que escreveram certos cronistas e historiadores, foi um herói positivo, que não só alargou as fronteiras nacionais, mas fundou, já nos séculos XVII e XVIII, uma sociedade democrática, híbrida, sincrética, rebelde e adversa à autoridade portuguesa. Tais características tornam essa figura de herói o novo símbolo do Brasil moderno

*Poesia, mito e história no Modernismo brasileiro*

e emancipado, como o índio fora a imagem ideal do Brasil após a independência de 1822.

É interessante observar, pelo contraste que cria com tal interpretação, o modo diametralmente oposto com o qual o estudioso português Hernâni Cidade (s.d., p.97) se refere aos mesmos personagens. Afirma que eles eram ferozes, agressivos, cruéis, sem escrúpulos morais ou religiosos. Ressalta ainda que era gente em luta com o rei, o governador, o jesuíta, a autoridade como tal, que era gente capaz de tudo e pronta para tudo. De Raposo Tavares, considerado unanimemente o maior bandeirante, dirá Hernâni Cidade: "As suas façanhas e as dos seus assumem proporções de barbaridade medieva, de fúria que saltava todas as balizas da conveniência política ou do acatamento religioso". De fato, Raposo Tavares é o responsável pela destruição das missões jesuítas:

> Brutalidades, irreverências sacrílegas, soltura de instintos mal refreados, episódios que fazem lembrar os de bárbara gesta medieval. O clima moral e social em que vivia provocava destas explosões de energias primitivas, que a vida no sertão por todas as formas excitava. (ibid., p.99)

Essa discrepância de visão entre os dois autores não deve surpreender: o bandeirantismo representa um momento bastante controverso da história do Brasil. Por muito tempo, a aventura desses pioneiros foi considerada uma das mais heroicas e grandiosas gestas da jovem nação brasileira, obra de homens intrépidos que haviam mantido bem vivo – e isso quase nos primórdios da colonização – o sentido da rebelião contra Portugal. Eram considerados, naturalmente do ponto de vista do Brasil e certamente não de Portugal, como exemplos para as novas gerações. Tal imagem prevaleceu sobre todas as outras, nos compêndios historiográficos oficiais, e só mais recentemente se começou a interpretar os fatos referentes à história dos bandeirantes de modo mais severo e crítico. Se são incontestáveis os méritos desses desbravadores, não podemos, por outro lado, nos esquecer, como sublinham os estudiosos, de que muitas de suas façanhas representam uma página negra da história nacional, nefasta, sobretudo, para as populações ameríndias.

Deve-se aos bandeirantes, por exemplo, o desmantelamento das *reducciones* jesuíticas de Tape, Itatin e Guairá no Paraguai, tanto que, em 1639, para protestar contra essa destruição e o consequente massacre dos índios, os religiosos espanhóis dirigiram-se diretamente ao papa Urbano VIII.

Hernâni Cidade (s.d., p.119), que esboça um retrato nada edificante dos bandeirantes, procura enquadrar o complexo desses fatos e ações na justa perspectiva histórica. O Brasil que esses exploradores percorriam era extremamente impérvio, recoberto por densas florestas, sulcado por rios intermináveis, habitados por tribos que não hesitavam em matar e devorar, se possível, o inimigo invasor. É, pois, natural que o homem em luta contra um mundo tão adverso desenvolva até os mais baixos instintos de sobrevivência. Hernâni Cidade não condena aprioristicamente os bandeirantes, embora não possa ignorar os seus crimes, como não ignora o resultado das suas heroicas empreitadas. Procura narrar, imparcialmente, os fatos, afirmando que o título de seu livro poderia ter sido também "Grandezas e misérias do bandeirismo".

Outros estudiosos delinearam com diligência e objetividade esse período histórico tão discutido, reconstruindo com rigor o modo de viver, a situação econômica, a educação, os costumes, o vestuário, a religiosidade e a organização familiar dos bandeirantes. Machado (1972) é particularmente pródigo de notícias e de informações. O historiador insiste no fato de que as condições de vida dos bandeirantes eram penosas e árduas, suas casas, modestas, e a instrução quase inexistente. Raros eram os livros e, ao contrário, abundantes as doenças que dizimavam famílias inteiras.

Poesia, mito e história no Modernismo brasileiro

Essas condições desfavoráveis teriam feito da caça aos índios uma das principais atividades econômicas dos bandeirantes. Alfredo Ellis registra que os habitantes do planalto de Piratininga não possuíam outra fonte de renda, já que, em virtude da localização geográfica da região, São Vicente permanecera excluída dos ciclos econômicos do pau-brasil e da cana-de-açúcar. Tal província era, por consequência, vinte vezes mais pobre do que o Nordeste. Ainda segundo Alfredo Ellis (1946, p.65), foi a riqueza do Nordeste que paradoxalmente impeliu os paulistas ao comércio dos escravos indígenas, ante a grande procura de mão de obra para a indústria açucareira. O bandeirante provia, em parte, essa necessidade: "Era a necessidade de *primo vivere* que obrigava ao apresamento".

Com o tempo, e em razão das muitas dificuldades, essa atividade se tornou menos remunerativa, sobretudo depois da descoberta do ouro, em muitas regiões do interior. Então a bandeira assumiu outros papéis e experimentou novas formas de economia. Tornou-se mais sedentária, menos militarizada, fundadora de novos núcleos habitacionais e de novas cidades em torno das minas.

Como vimos, Cassiano Ricardo adotou uma posição bastante singular a respeito das famosas, mas também discutidas, ações atribuídas aos bandeirantes, e a respeito dos relatos, sobretudo dos jesuítas, sobre terríveis massacres e destruições que esses desbravadores teriam cometido em suas incursões pelo interior. Por um lado, o autor toma posição favorável àqueles que tendem a sublinhar a excepcionalidade das ações realizadas por esses personagens, que, embora bastante rudes e modestos, foram capazes de derrubar florestas, fundar vilas e cidades, abrir vias de comunicações, combater e submeter tribos inimigas. Por outro, com várias argumentações, o autor procura minimizar os incontestáveis dados históricos referentes aos aspectos negativos dessas expedições paramilitares e atenuar o impacto de outros dados que, segundo ele, não passariam de simples ilações, deduções baseadas mais em preconceitos do que em fatos efetivamente ocorridos.[10]

Em *Marcha para Oeste* (1970a), Cassiano Ricardo dedica boa parte do livro à discussão das causas que teriam impulsionado os bandeirantes para o interior: a caça de mão de obra indígena, ou o desejo de descobrir metais e pedras preciosas. Tal distinção não é peregrina, se pensarmos que uma das imputações mais graves atribuídas a esses exploradores é, precisamente, a de terem dizimado, quando não conseguiam reduzi-las à escravidão, nações indígenas inteiras. Entre as causas possíveis do fenômeno das bandeiras, a caça ao índio aparece enumerada por Cassiano Ricardo (ibid., p.40-1) entre as últimas, quando é evidente a prioridade desse objetivo.

Para o historiador John Manuel Monteiro (1994, p.57), a exploração do interior, não obstante os pretextos e os resultados diversificados das várias expedições, foi sempre desencadeada pelo mesmo motivo básico: "a necessidade crônica da mão de obra indígena para tocar os empreendimentos agrícolas dos paulistas". Em seu livro *Negros da terra*, Monteiro afirma que um dos mitos historiográficos que devem ser contestados é aquele segundo o qual o índio teria sido utilizado como escravo pelos colonos somente ocasionalmente. Isso não corresponde à realidade. Nos primeiros séculos da colonização, muitos foram

---

10 Afirma o autor a tal respeito: "Erros de observação surgiram, como era natural. Ainda hoje se pensa, por exemplo, que bandeirante é separatista quando a verdade é que, se há alguém impossibilitado de o ser, é o bandeirante expansionista. Houve quem o julgasse anticristão, quando cada bandeirante é um tipo de humildade e de crença em Deus. Também o julgaram nababo, quando viveu ele reduzido à extrema pobreza, sem falar naqueles que foram encontrados mortos, junto à riqueza sonhada. Inimigo dos jesuítas, quando foi ele quem defendeu o jesuíta e o trouxe novamente para o Planalto depois da expulsão [...]. Mandão, ele é um protetor da ordem nas zonas de turbulência. Déspota, quando ele é o fundador de uma democracia obscura mas verdadeira" (Ricardo, 1970a, p.277).

os índios capturados pelos bandeirantes e obrigados a trabalhar duramente, com a consequência de uma elevada taxa de mortalidade entre eles. Tal circunstância exigia que se penetrasse sempre mais pelo sertão adentro, à procura dessa mão de obra local, indicada, nos documentos da época, como os "negros da terra" (ibid.).

A questão relativa às causas das bandeiras não é, de qualquer modo, o único ponto controverso, segundo Cassiano Ricardo. O autor efetua uma peculiar revisão dos fatos históricos, relê textos e autores do período colonial, como Pêro Lopes de Souza, José de Anchieta, Jean de Léry, Gabriel Soares de Souza, Antonil, Fernão Cardim, Gândavo e Simão de Vasconcelos, assim como estudiosos modernos que pesquisaram o período em questão, entre os quais Serafim Leite, Gilberto Freyre, Teodoro Sampaio, Couto de Magalhães, Jaime Cortesão, Oliveira Viana, Pedro Calmon, Capistrano de Abreu, Paulo Prado, Bernardo Ellis, Affonso de Taunay, Basílio de Magalhães, Sérgio Buarque de Holanda e Alcântara Machado.

Cassiano Ricardo contesta, sobretudo, os que, segundo ele, se detiveram excessivamente sobre os aspectos negativos do expansionismo dos séculos XVI-XVII, ou os que não souberam enquadrar o fenômeno em seu contexto histórico, o que bastaria para justificar a necessidade e, mesmo, a inevitabilidade do uso de métodos fortes para alcançar os objetivos prefixados. Nessa ótica, ele rebate, prontamente, as acusações de crueldade dirigidas aos paulistas, chegando mesmo a afirmar (1956b, p.32):

> Admita-se, porém, que o bandeirante não fez outra coisa senão caçar índio. Ora, o de que não se lembram os seus detratores, ainda assim, é de que teria sido vantagem para o próprio índio cair em mão do bandeirante, pelo lado de cá – pois que este o aproveitava em sua capacidade para o movimento – ao invés de ter caído, pelo lado de lá, nas mãos do conquistador espanhol, incomparavelmente mais cruel em seus métodos de colonização...

Era esse o seu ponto de vista, não obstante os tantos testemunhos históricos sobre os modos certamente não ortodoxos com que os bandeirantes tratavam os milhares de índios que escravizavam. Mesmo admitindo, portanto, a violência implícita nas ações e nos feitos que ele descreve, em diversos pontos dos seus ensaios sobre o assunto, Cassiano Ricardo acrescenta, quase para justificar:

> Na formação das nacionalidades a violência é tão comum e necessária que o Direito não a pode relegar, em face da História.
> A origem de todas as pátrias está na violência. Uma conquista como a que a bandeira ia realizar não se faria em branca nuvem. (Ricardo, 1970a, p.61)

Praticamente, o fim justifica os meios; posição, sem dúvida, paradoxal para um poeta que condena a violência e a opressão do homem pelo homem, como aparece evidente em sua poesia. É como se o poeta inquieto e revolucionário se cindisse do intelectual ideológica e politicamente comprometido com o totalitarismo do Estado Novo de Getúlio Vargas, do historiador do bandeirismo que, em nome do patriotismo, admitia a violência, embora em termos atenuados.

Se os bandeirantes, ele afirma, reduziram à escravidão milhares de índios, os jesuítas não fizeram por menos: "Acusa-se o bandeirante de haver escravizado o índio. Admitido que assim seja, não será o jesuíta quem lhe possa jogar a primeira pedra" (ibid., p.222). Afirma, ainda, que também os índios conheciam a instituição da escravidão, da qual se serviram largamente: "Ninguém ignora que os índios não só se vendiam entre si como se comiam uns aos outros com uma satisfação espantosa" (ibid., p.224).

Tudo isso deveria servir, na intenção do autor, para atenuar as culpas históricas dos célebres pioneiros. Cassiano Ricardo chega mesmo a formular a hipótese de que os índios, como também

Poesia, mito e história no Modernismo brasileiro

os negros, poderiam não ter percebido, ou vivido como tal, a violência da escravidão:

> Aliás, é preciso ponderar: o ato do conquistador arrancando o selvagem à terra parecerá, pra nós, mais duro do que para o próprio selvagem, visto como este era nômade e infixo, não tinha a concepção da propriedade imóvel, nem a da fronteira política e moral. (ibid., p.94)

E tanto, para reafirmar o conceito:

> Se isto acontece com referência ao índio, coisa parecida acontecia com referência ao negro. A este, o espírito de submissão "mansa e pacífica" lhe teria atenuado o horror de se sentir escravo. O trabalho das lavouras, satisfazendo a sua propensão vocacional, lhe teria diminuído a dor da escravidão. (ibid., p.225)

Considerando-se essa revisão mitificada da história, compreende-se bem o porquê das críticas mordazes dirigidas a Cassiano Ricardo e aos componentes do Verde-amarelismo pelos intelectuais ligados à Antropofagia. Retornar ao passado, para os "antropófagos", era importante não simplesmente para reatualizar ideias e mitos distantes, ou mesmo discordantes da realidade dos fatos, embora próprios de uma certa ideologia. Voltar significava refazer tudo desde o princípio, destruir preconceitos e figurações falseadas de um país que carregava a memória de tantas humilhações e sofrimentos, sufocados pelo silêncio dos séculos. Cada componente daquele caldeirão de povos e culturas que era o Brasil moderno tinha direito a esse desrecalque salutar.

Oswald de Andrade propôs e realizou em sua obra uma releitura histórica, iconoclasta e demitificatória, que demolia lugares-comuns e virava do avesso conceitos e proposições seculares, pondo em discussão a versão oficial dos principais acontecimentos nacionais. Em seu livro *Pau-Brasil*, ele procura as faces reprimidas e sufocadas do Brasil, as vozes por tanto tempo silenciadas. Cassiano Ricardo e o seu grupo, ao contrário, assumem a versão tradicional dos fatos, compartilhando de tal ótica.

O ponto de vista do autor de *Marcha para Oeste* é, no fundo, o do branco europeu, tanto que Cassiano Ricardo assinala, em diversos momentos de seu livro, que o comando das expedições era tarefa do branco ou, no máximo, do mestiço: "Enquanto comando, iniciativa, o momento é branco, ou mameluco" (ibid., p.333). Aos índios e aos negros destinavam-se outras atividades secundárias, ligadas às suas conformações psicológicas: o movimento, ou seja, os deslocamentos pelas florestas e rios, eram incumbências do índio: "Bandeira quer dizer movimento, e o movimento é o índio" (ibid., p.240). Da mesma forma, o trabalho sedentário, seja agrícola, seja minerário, era tarefa do negro africano: "sem negro não haveria o ouro das minas" (ibid., p.311).

Cassiano Ricardo atenua, contudo, essa rígida divisão entre os três grupos étnicos, afirmando que, na verdade, com os bandeirantes tem início a "democratização pela mestiçagem" (ibid., p.110), já que eram comuns os cruzamentos étnicos entre portugueses, espanhóis, flamengos, índios e negros. Contra toda evidência, o autor chega a formular a hipótese de que na região "nunca houve o preconceito racial" (ibid., p.170), de onde derivaria o aspecto multiétnico característico da sociedade local.

Joaquim Ribeiro (1946, p.114) é lapidar quando afirma, a tal propósito, que a sociedade da época era subdividida em somente duas classes: a dos dominadores (os brancos) e a dos dominados (os mestiços, os negros e os índios). O estudioso acrescenta, ainda, que se verificou nas bandeiras uma verdadeira luta de classes: "Rebeliões de escravos e apaniguados contra os chefes são fatos comuns na história das bandeiras".

Na realidade, o mito do bandeirante é exaltado por Cassiano Ricardo, que o faz sem levar em conta os outros aspectos e elementos que fazem parte da sociedade colonial nos seus primeiros séculos de vida. Por trás das gestas dos belicosos

Poesia, mito e história no Modernismo brasileiro

paulistas, afirma John Manuel Monteiro (1994, p.8), "esconde--se a envolvente história dos milhares de índios – os negros da terra – aprisionados pelos sertanistas de São Paulo". O ponto de vista dos índios, seu modo de viver, seus problemas cotidianos, a luta pela sobrevivência física e cultural, os sentimentos de desalento e abatimento pela destruição de seu mundo não são minimamente considerados.

E, no entanto, a conquista determinou um verdadeiro trauma coletivo para as populações ameríndias. A experiência vivida pelos índios se configurou como um brusco e violento fim do mundo: desfaz-se a organização cultural, social, econômica, religiosa e política desses povos. Nesse sentido, a derrota para os vencidos tem um significado verdadeiramente cósmico e universal: "É como se escavasse um vazio, se abrisse um nada, e o universo caísse no abismo. Resta somente a dor" (Wachtel, 1977, p.42).

Essa incapacidade de instaurar uma relação empática com os milhões de índios derrotados e dominados, ou de instaurá-la só com os bandeirantes, leva Oswald de Andrade a etiquetar a literatura nativista de Cassiano Ricardo "como macumba para turista" (1991f, p.42). Era inconcebível que, decorridos cem anos da independência nacional, certos intelectuais continuassem a defender teses tão claramente condicionadas pelos preconceitos formulados na época da conquista, e, precisamente, pelos que haviam promovido e realizado tal empreendimento. Era inadmissível que o Brasil moderno ignorasse as suas tragédias, assim como as responsabilidades na repressão e no extermínio de negros, mestiços e índios.

A diferença mais evidente entre os dois grupos contrapostos, a Antropofagia e o Verde-amarelismo, está propriamente nessa tomada de posição diversa diante de questões tanto complexas quanto incômodas, embora atuais em um momento de busca de redefinição da identidade nacional, como foi o Modernismo. A Antropofagia elege como símbolo do país a figura do índio

245

rebelde, refratário à escravidão, de difícil catequização, capaz de matar e de comer iconoclasticamente o primeiro bispo da colônia (transformando o tabu em totem). O Verde-amarelismo, ao contrário, assume uma versão histórica mitigada, uma visão neorromântica do "bom selvagem" que havia colaborado de modo pacífico com o colonizador, tanto que talvez tenha vivido a escravidão de forma menos repugnante do que se poderia supor.

A incompatibilidade entre essas duas representações do Brasil era, e é, evidente. É igualmente manifesto, no entanto, que, se o Brasil conseguiu superar seus complexos de nação colonizada, foi sobretudo graças às propostas contundentes da Antropofagia, que levaram o país a rever modelos culturais e representações da realidade estratificadas no tempo. É bem verdade que, do ponto de vista cronológico, o movimento antropofágico teve breve duração. No entanto, a novidade do seu enfoque e a ironia cáustica de suas teses foram extremamente fecundas no esforço nacional, não mais somente estético-literário, de recuperação de todo um patrimônio cultural reprimido por séculos.

O mesmo não se pode dizer a respeito do Verde-amarelismo. Suas teses tiveram, sem dúvida, repercussão no momento da publicação, suscitando polêmicas e debates entre os intelectuais; poucos anos depois, já não se ouvia mais falar nelas. O período nacionalista de Cassiano Ricardo, por exemplo, é pouco estudado e é considerado por alguns como literatura de uma fase menor do autor, não obstante o evidente valor intrínseco de *Martim Cererê*. Hoje, os textos teóricos verde-amarelistas não são facilmente encontráveis, nem mesmo pelos estudiosos de literatura, visto que muitos deles não foram reeditados. Por outro lado, é abundante a bibliografia em circulação concernente à Antropofagia.

E, todavia, os dois grupos contribuíram para revitalizar o panorama literário no momento em que o Modernismo parecia ter perdido a sua veia mais cáustica. Oswald de Andrade, extraordinário polemista, aberto a todas as correntes de pensamento, em um artigo de 1926, no qual comentava justamente a

Poesia, mito e história no Modernismo brasileiro

resistência com que uma parte dos intelectuais recebia as ideias e as obras do grupo de Cassiano Ricardo, afirmou (Miramar,[11] 1926, n.p.): "Eu leio uns e outros. Gosto de uns e de outros. Brigo com uns e com outros".

A postura do autor de *Pau-Brasil* evita o ostracismo, às vezes puramente ideológico, em relação a alguns escritores ou movimentos literários. Assimilamos tal orientação, privilegiando, aqui, o exame de tipo dinâmico e dialético de obras, cujos autores exprimem posições ideológicas e cosmovisões às vezes incompatíveis entre si. Somente um estudo desse tipo pode dar conta da extrema complexidade das formulações e das contribuições do período. Se o Modernismo realizou uma verdadeira revolução cultural, isso ocorreu em virtude do clima extraordinariamente vivaz, de intenso intercâmbio de ideias, de polêmicas memoráveis, enfim, de rara abertura a todas as correntes de pensamento que caracterizou aquele momento histórico.

---

11 Artigo assinado por João Miramar, pseudônimo de Oswald de Andrade.

# 6
# Raul Bopp:
# no tempo sem tempo da gênese

Conta mais uma vez
como é que era mesmo o Brasil.
*Raul Bopp*

## Um Marco Polo do nosso tempo

Raul Bopp foi um incansável viajante. Movia-o a paixão pelas terras distantes e o desejo de ver o mundo além das planícies do sul do Brasil, onde tinha crescido. Não tinha intenção, em todas essas viagens, de recolher material para futuros trabalhos ou obras literárias de inspiração folclórica, como se poderia presumir do seu interesse pelas manifestações da cultura popular. Viajava, ele afirma, "pelo simples prazer de ver coisas brasileiras, nas suas manifestações autênticas" (1972, p.30).

Como se fosse, ele também, personagem de uma saga, de um livro fantástico de viagens, Bopp percorre as regiões mais inóspitas do Brasil e, depois, também do mundo, vivendo mil aventuras. E fica sempre encantado com tudo o que vai descobrindo: "Somos um Brasil fora de medidas, de contornos fortes, com alma compósita, sem demarcações étnicas, com um largo quadro de solecismos sociais" (1966, p.88).

Poeta, jornalista, embaixador, mas sobretudo viajante apaixonado, é um explorador do nosso tempo – uma espécie de Marco Polo moderno – à procura de algo raro e precioso; talvez o sentido mais íntimo da vida, a própria vida nas suas mil variedades de forma e cor, na plenitude do seu fluir:

> Minha simples ambição, em todos os tempos, tem sido as viagens [...]. Os meus heróis não são os ganhadores de batalhas, que abriram capítulos na História: Júlio César, Aníbal, Napoleão, etc., e sim homens que afrontaram mundos desconhecidos [...]. (1972, p.36)

A paixão pelas viagens vem da infância, passada em Tupaceretã, onde o pai era proprietário de uma selaria, ponto de passagem e encontro de viandantes e tropeiros que chegavam e partiam para lugarejos de nomes estranhos e misteriosos. Tupaceretã era um povoado tranquilo e sonolento, com poucas casas de tábua, a estação da estrada de ferro e apenas uma rua, por onde passavam tropas e carros de bois para os diferentes pontos da região. O tempo escorria lento, seguindo o ritmo de vida daquelas pesadas rodas, puxadas pelos animais. As únicas formas de evasão eram constituídas pelas conversas na oficina do pai, notícias que chegavam de longe, histórias de gente simples que parava, por pouco, no povoado:

> Em rodas de conversa, na oficina de arreios de meu pai, falava-se do que acontecia em outras partes: de viagens, episódios de fronteira, de famílias que iam de muda para Mato Grosso. As distâncias me fascinavam. (1973, p.13)

Poesia, mito e história no Modernismo brasileiro

Bopp cresce com o desejo de conhecer de perto aquelas terras distantes de que tanto tinha ouvido falar:

Mas o que eu gostava mesmo
era ver o trem
que passava nos fundos do quintal
e que me ensinava lições de viagens (1969, p.142)

Aos 16 anos, parte para a primeira viagem: sozinho, a cavalo, dirige-se à fronteira da Argentina, atravessa o Paraguai e entra novamente no Brasil, passando pelo Mato Grosso, viagem que dura ao todo cerca de oito meses. A partir desse momento, toda a sua vida se caracterizará por um errar incessante.

O período da formação universitária transforma-se, também, em ocasião para realizar novas viagens. O curso de Direito será feito cada ano em uma universidade diferente: os primeiros dois anos no sul, em Porto Alegre; o terceiro ano, em Recife; o quarto, em Belém do Pará; o quinto, no Rio de Janeiro. Em virtude das mudanças e transferências contínuas, vê-se sempre em atraso com provas e exames. Não despreza os trabalhos mais humildes, como o de pintor de paredes, desde que lhe permitam prosseguir em sua exploração.

Tudo fica em segundo lugar em benefício desse seu percurso íntimo de descoberta do mundo. Até mesmo a outra grande paixão, a literatura. Sua obra é, de fato, constituída por um *corpus* exíguo: deixou praticamente um único livro completo (que, pelos anos, continuou a rever e refundir, obsessivamente), livro que é, no entanto, um dos mais representativos do Modernismo brasileiro.

Não que ele não tivesse concebido e publicado outras obras (além de *Cobra Norato*, publicou *Urucungo – Poemas negros*,[1] e

---

1 Publiquei em 2011 um estudo sobre este livro de Bopp. Ver Oliveira, 2011.

Vera Lúcia de Oliveira

outros textos que representam momentos diversos da sua maturação literária), mas nunca se preocupou em organizar tal produção. Os vários livros repetem, por vezes, as mesmas poesias, com títulos diversos, em contextos diferentes, sem nenhuma organização, nem mesmo a de tipo mais elementar, ou seja, a cronológica. A dificuldade inicial no estudo desse poeta está, exatamente, na definição do *corpus* da sua obra, que – além de *Cobra Norato* – se apresenta bastante vago.[2]

A publicação dos seus escritos foi feita graças à iniciativa de amigos, já que o poeta não parecia demonstrar grande interesse por esse aspecto:

> Nunca tomei nenhuma iniciativa de proveito pessoal [...].
> Os meus livros, propriamente literários, foram todos publicados por iniciativa de amigos, à minha revelia. Nunca me candidatei a prêmios de literatura, que requerem, às vezes, para o seu êxito, pequenas manobras entre amigos. (1972, p.31)

Descuidou-se, até mesmo, do aspecto tipográfico das obras, e seus textos, sobretudo os de natureza autobiográfica, estão cheios de repetições e gralhas, quase a sublinhar o desinteresse do autor por esse aspecto não insignificante de um livro. Ele

---

2 Depois de termos ultimado o nosso trabalho, saiu finalmente uma obra que o leitor brasileiro esperava há muito tempo, a edição da *Poesia completa de Raul Bopp*, organizada e comentada por Augusto Massi. O organizador recolheu e organizou cronologicamente toda a obra poética de Bopp, inclusive textos esparsos, nunca publicados em livro, que o próprio poeta considerava perdidos. É essa uma obra fundamental para a literatura brasileira, pois, como observa Massi, Bopp é o último dos poetas modernistas a ter publicadas suas poesias reunidas. De qualquer forma, esse importante trabalho de recuperação dos textos boppianos confirma a dificuldade, já colocada, de definir com exatidão o *corpus* original da obra do autor, uma vez que muitos dos textos agora publicados são reelaborações, quer de poemas, quer de trechos em prosa extraídos das obras já conhecidas, que Bopp transformou depois em textos poéticos.

demonstra plena consciência do fato quando afirma: "Nunca dei aos meus trabalhos um desdobramento cuidadoso. Sei que ressentem-se de falhas" (1972, p.103).

E, no entanto, para Manuel Bandeira (1985, p.620), Bopp foi uma das figuras mais fortes e originais do movimento modernista. Personalidade inquieta, por muitos aspectos parecida com a de Oswald de Andrade, deslocou-se também dentro da galáxia modernista. Em Recife, frequentou os grupos de intelectuais em que já se insinuavam fermentos de renovação; no Rio e em São Paulo, assimilou, "antropofagicamente", entre as várias correntes literárias ativas nesses dois centros, aquilo que pareceu mais de acordo com a sua sensibilidade. Passou, assim, do Verde-amarelismo de Menotti del Picchia, Plínio Salgado e Cassiano Ricardo ao primitivismo iconoclástico da Antropofagia, transformando-se num dos mais ativos representantes dessa corrente, ao lado de Oswald de Andrade e Tarsila do Amaral.

E se a ambição literária nunca o solicitou verdadeiramente, o mesmo ocorreu no que concerne à carreira diplomática, que provavelmente apreciava, sobretudo porque lhe dava a possibilidade de conhecer novos países. Prova-o um fato emblemático: logo depois de ter sido nomeado vice-cônsul na Ásia, Raul Bopp solicitou seis meses de afastamento do cargo, não remunerados, para realizar uma viagem por 55 ilhas da Melanésia e da Polinésia: "O meu desejo era ver paisagens novas, ilhas com maciços vulcânicos, praias silvestres, empalmeiradas, encoqueiradas, para ficar, por uns tempos, inteiramente desligado da carreira" (1972, p.77).

Bopp, todavia, empreende com paixão cada uma das atividades às quais se dedicou, mesmo que por breve tempo. No período passado em São Paulo, foi um dos principais animadores e divulgadores das propostas do Movimento Antropofágico. Como poeta, deixou uma obra que marca uma fase inteira da literatura brasileira. Como embaixador, obteve muito sucesso nas campanhas para a exportação de produtos nacionais e para a divulgação, no exterior, dos vários aspectos da realidade brasileira. Além disso, conheceu, nas suas viagens, muitos dos homens mais ilustres do seu tempo.

Visto o caráter inquieto e errático de Raul Bopp, não nos maravilha que Cobra Norato, o seu mítico herói, seja, ele também, um viajante intrépido, excêntrico e incansável das "terras do sem fim". Afirma o poeta:

> A geografia me pegou
> Virei mundo    Fui pra longe    Anos passaram (1969, p.142)

E o seu personagem:

> Um dia
> eu hei de morar na terras do Sem-fim
>
> Vou andando caminhando caminhando (1978a, p.5)

É tão íntima e profunda a natureza do embricamento entre vida e obra em Raul Bopp que a figura do poeta acabou se confundindo com outras figuras da mitologia popular, como ocorre com o seu personagem Norato. Exemplar é o testemunho de um grande amigo seu, Jorge Amado (1969, p.159-60):

> Há mesmo quem acredite que Raul Bopp não existiu nunca. É uma espécie de Pedro Malazarte, que entrou para o número das histórias maravilhosas, que as mães contam aos filhos. Já algumas pessoas me disseram isto. Ficaram admiradas de Raul Bopp existir de verdade. Pensaram que ele era somente um personagem, daquelas histórias de viagens, que contavam na minha terra.

Mas Raul Bopp, embora muitas vezes camuflado em papéis diferentes do de escritor, é um daqueles raros poetas, autênticos e verdadeiros. E a sua obra é sinal tangível e inalienável de um

Poesia, mito e história no Modernismo brasileiro

intelectual que soube como poucos mergulhar na realidade do seu país e traduzir fielmente, pela literatura, toda a riqueza do patrimônio cultural sincrético do Brasil, feito de tradições, costumes, crenças, contos populares e mitos arcanos, extremamente vitais.

## Bopp-Norato encontra os modernistas

Entre as tantas viagens nas quais bem cedo se aventurou Raul Bopp, uma das mais relevantes e significativas foi aquela realizada no grande reservatório de mitos que é a Amazônia, lugar que descortinou ao jovem poeta aspectos secretos da realidade, que fascinaram e instigaram de forma acentuada o seu interesse.

Bopp viveu na Amazônia por um ano inteiro, no período em que cursava o quarto ano de Direito, em Belém. Em seu "Rascunho autobiográfico", o poeta dedica boa parte do perfil pessoal que vai traçando ao relato dessa experiência. Depois de tratar rapidamente da imigração de sua família, da Alemanha para o sul do Brasil, de mencionar as influências que a geografia gaúcha teve sob a formação do seu caráter e de elencar as motivações literárias recebidas na adolescência (sobretudo dos "mestres regionalistas"), passa a narrar aquele importante ano vivido em Belém (1977, p.12-3):

A estada de pouco mais de um ano na Amazônia deixou em mim assinaladas influências [...]. A floresta era uma esfinge indecifrada. Agitavam-se enigmas nas vozes anônimas do mato. Inconscientemente, fui sentindo uma nova maneira de apreciar as coisas [...]. Com a minha vivência na Amazônia, de profundidades incalculáveis, fui pouco a pouco aprendendo a sentir o Brasil [...].

Nasce então, como refere o poeta, o desejo de recolher em um livro as impressões e as sugestões provenientes daquela paisagem grandiosa e estupeficante. Tomam forma algumas notas, poesias semicompostas, o núcleo de uma futura obra, inicialmente pensada como um texto infantil. Todo esse material será conservado até 1927, quando, em São Paulo, no ambiente estimulante e vivaz que se respirava entre os diversos grupos modernistas, sobretudo no grupo da Antropofagia, Bopp decide "ordenar esses elementos em torno de uma lenda, trazendo também, nas suas incidências, a presença de alguns personagens de folclore" (1966, p.112).

A convivência com o grupo antropofágico foi relevante para a elaboração de *Cobra Norato*. Mas não devemos, por isso, imaginar Raul Bopp como um diligente discípulo que sofreu, passivamente, as influências de Tarsila do Amaral e de Oswald de Andrade. Bopp, quando chega a São Paulo, já possui uma interessante bagagem de experiências adquiridas em suas viagens, quer pelo país, quer pelos núcleos modernistas e pré-modernistas que animavam São Paulo, Rio de Janeiro e mesmo Belém. Nesta última em particular, Bopp encontra um clima culturalmente estimulante, promovido pelos intelectuais que procuravam a renovação literária por meio do retorno aos valores nativos e regionais. De tais encontros amazônicos, ele referirá:

> Acentuava-se, cada vez mais, a necessidade de um retorno aos valores nativos. Fazia-se o inventário folclórico das coisas do Amazonas, com um ânimo de renovação. Passavam-se em revista os contos da onça, histórias do "ai me acuda", casos de assombração. (1977, p.58)

Tudo isso aconteceu em 1921, quando ainda não havia ocorrido, no Teatro Municipal de São Paulo, a Semana da Arte Moderna. A tal propósito, Peregrino Júnior (1969, p.13-4) testemunha a vivacidade cultural do Pará e a atividade do grupo ligado à revista *Efemeris*, que representou – ele afirma – "uma corajosa e afoita tentativa provinciana de renovação literária". Tal grupo,

Poesia, mito e história no Modernismo brasileiro

ativo já em 1920, era anterior ao Modernismo paulista, embora fosse totalmente desconhecido no Centro-Sul. Isso demonstra como era forte em todo o país a exigência de renovar a literatura brasileira, e explica também por que o Modernismo se difundiu tão rapidamente, criando raízes em ambientes já preparados para receber as novidades.

Os contatos com as tendências da vanguarda europeia também haviam ocorrido antes que Raul Bopp chegasse ao Rio e a São Paulo, ou seja, no período em que se encontrava em Belém. No livro *Vida e morte da antropofagia* (1977, p.58), ele afirma que em casa do amigo Alberto Andrade Queiroz tinha entrado em contato com as publicações modernistas que chegavam da Europa, sobretudo as do Ultraísmo espanhol. Não é fácil, de qualquer modo, avaliar até que ponto tais movimentos influíram sobre a sua formação, considerando que os textos boppianos do período se conservam bastantes tradicionais.

Além do clima de renovação que se respirava entre os intelectuais locais, cujas reuniões e encontros constituíam para o poeta ocasião de enriquecimento em relação às tradições e costumes da região, resultará fundamental também o contato com a majestosa e quase brutal floresta tropical. O autor não perde a oportunidade de percorrê-la, de ponta a ponta, pela rica rede fluvial, constituída pelos rios, canais e cursos d'água, únicas vias naturais de contato e comunicação entre os habitantes da região: "Aprendi, também, em minhas viagens de canoa, a sentir intensamente esse ambiente, onde casos do fabulário indígena se misturam com episódios da vida cotidiana" (ibid.).

O amadurecimento literário de Raul Bopp intensifica-se em tal contexto e quando, em 1922, o poeta chega ao Rio de Janeiro para seguir o quinto ano de seu curso universitário, assistirá à grande mobilização modernista sem muito se entusiasmar:

> Nesse Movimento, de ruidosa confusão, resguardei-me numa posição tranquila sem tomar parte em nada (embora algumas vezes

apareça ainda citado, erroneamente, como um dos participantes da Semana). Minha contribuição, nesse sentido, foi quase nula. Também, nem senti que as ideias de maior vibração, nesse momento, tivessem exercido, em mim, qualquer influência. O que, a esse respeito, se poderia denominar de "fase de formação modernista" vinha já com raízes amazônicas. (ibid., p.84-5)

Bopp aproxima-se do Modernismo com uma formação específica e um evidente interesse pelas questões nacionais; foi por isso que a primeira fase cosmopolita do movimento não o atraiu excessivamente. Até 1924, o poeta compunha sonetos e outros poemas de cunho ainda tradicional, como "Copacabana", "Abisag" e "Meu Alcazar", textos que revelam, no entanto, a sua predileção por temas relacionados aos aspectos da realidade do próprio país (1969, p.143-55; 1998, p.89-127).

Será somente no momento em que o movimento modernista supera as primeiras divergências e se empenha seriamente na investigação sociológica, historiográfica, geográfica, linguística e psicológica do Brasil que Raul Bopp se aproximará dos núcleos mais empenhados em tal projeto: o grupo Verde-amarelista e o grupo da Antropofagia.

A passagem pelo Verde-amarelismo foi, de qualquer modo, breve. Ele descreve, no livro *Vida e morte da antropofagia* (ibid., p.89), algumas circunstâncias desse encontro. As reuniões do grupo, do qual participavam Plínio Salgado, Cassiano Ricardo[3] e Menotti del Picchia, realizavam-se em uma modesta pensão de São Paulo. Esses intelectuais tinham grande curiosidade pela

---

3  Cassiano Ricardo (1970b, p.7-8) conta que conheceu Raul Bopp antes que este visitasse São Paulo, na pensão do coronel Albino Costa, no Rio de Janeiro, no período em que concluíam seus respectivos cursos universitários: "Raul Bopp dizia os seus versos mais novos. Falava de 'trovão como um deus resmungando' [...]. Eu, por meu turno, dizia 'A cegonha' e me entusiasmava com a crítica de Fábio Luz sobre o meu primeiro livro recém-lançado".

Poesia, mito e história no Modernismo brasileiro

Amazônia, e entusiasmavam-se com o folclore daquela região. Podemos imaginar com que atenção e interesse seguiam as narrações das viagens de Bopp e os tantos *causos* que ele havia recolhido em suas voltas pelo país. É de Plínio Salgado (Machado, 1994, p.11) essa afirmação:

Vinha ele (Raul Bopp) do Amazonas e trazia um manancial de lendas, fábulas, superstições, motivações musicais do grande rio e seus afluentes. Conversávamos sobre o totem dos Tupis, do qual derivou o nome da grande raça espalhada por todo o Brasil.

Ao lado da geografia e dos estudos das tradições populares, a história nacional era outro foco de interesse dos verde-amarelistas. Raul Bopp (1977, p.89) afirma que os membros do grupo reviam cronologias, remexiam documentos e testemunhos do passado, resgatavam figuras de heróis esquecidos ou até desvalorizados, como alguns bandeirantes que "poderiam ser exaltados em rapsódias".

Vale ressaltar, contudo, que a linha adotada pelo poeta em *Cobra Norato*, a focalização da matéria, a organização da forma, não derivam desses contatos com o grupo de Plínio Salgado. Pelo contrário, nesse interesse verde-amarelista pela revalorização de personagens ligados ao expansionismo dos séculos XVI-XVIII, podemos identificar o núcleo fundamental de *Martim Cererê*, como foi colocado no capítulo precedente. Bopp parece ser imune às exaltações patrióticas das raízes históricas nacionais, características daquele grupo.

Como o seu personagem, Norato, ele percorre ambientes e espaços entre os mais fluidos e diversos, sem se deixar desviar, como guiado por uma espécie de ideia fixa. Mas o que é que ele busca incessantemente? O que seria, para ele, a desejada "filha da rainha Luzia", o prêmio pelo qual também o seu herói enfrenta tantas vicissitudes? Aquilo que transparece sempre, em seu percurso humano e poético, é uma aspiração profunda e absoluta por transcender os limites da realidade cotidiana. Norato afirma, no canto XXIII:

> Bom se eu pudesse empurrar horizontes
> [...]
> – O que é que haverá lá atrás das estrelas? (1978a, p.56-7)

Bopp não se contenta com uma vida habitual, organizada em torno de alguns eixos sólidos e constantes, exigência absolutamente normal para a maioria das pessoas. É instigado, ao contrário, por aquele desejo de olhar além das aparências reais das coisas. Quer alargar a própria percepção do mundo, chegar ao lado misterioso da vida e surpreender, também, as forças obscuras da natureza e do espírito humano. Não foi, talvez, esse aspecto particularizador do seu caráter que o induziu a se aproximar de Oswald de Andrade, o mais inquieto e anticonformista personagem do movimento modernista?

Sobre Oswald, ele dirá (quase como se estivesse falando de si mesmo): "Oswald de Andrade, figura complexa, dispersiva, contraditória, não se reduz facilmente a um esquema biográfico. Suas experiências literárias o incitavam continuamente em busca de novos caminhos para as suas ideias" (1977, p.94). E acrescentará também: "Era exuberante de substância humana" (ibid., p.39).

Ora, sabemos que Oswald de Andrade procurava, quando os dois poetas se encontram, novos estímulos, novos rumos para o Modernismo, cuja vivacidade inicial começava a se atenuar, seja porque se enfraquecia o ímpeto inovador, seja pelo retroceder a posições tradicionalistas de alguns de seus protagonistas. Essa mudança nos rumos do movimento foi dada pela Antropofagia, à qual Raul Bopp aderiu, mas dessa vez plenamente convicto.

A ligação, a camaradagem entre os dois, no período em que Bopp viveu em São Paulo, foi bastante profunda: "Saíamos, mui-

Poesia, mito e história no Modernismo brasileiro

tas vezes, à noite, ajustando pontos de vista nesses assuntos" (1975, p.80).[4]

Com Mário de Andrade, ao contrário, o relacionamento foi mais complexo e difícil. Partindo do interesse que Bopp cultivava pelos contos populares, pelas manifestações do folclore, e considerando-se especialmente a paixão pelas viagens pelo Brasil, teria sido natural que entre ele e Mário se instaurassem laços mais profundos de amizade ou, pelo menos, uma troca maior de informações, experiências, ideias. No período passado em São Paulo, Bopp conheceu pessoalmente o autor de *Pauliceia desvairada*, mas entre os dois não parece ter nascido uma amizade.

Bopp traçou, mais tarde, um breve perfil de Mário de Andrade, no qual delineia seu caráter pacato e reservado, assim como a vida metódica e ordenada que levava. Era o oposto de Oswald e diferente, também, do próprio caráter de Raul Bopp. Sente-se, todavia, nas palavras boppianas, uma certa tristeza, quase pena, por essa falta de um entendimento mais profundo com Mário de Andrade. Curiosamente, este último, no livro *Macunaíma* (1977, p.82), em um elenco dos amigos mais queridos, citará Raul Bopp ao lado de Jaime Ovalle, Manuel Bandeira, Antônio Bento e outros.

Seja como for, é certo que, depois de tanto peregrinar, Raul Bopp encontrou entre os intelectuais ligados a Oswald de Andrade aquela consonância de interesses que não havia experimentado em outros grupos. Sabemos que um dos postulados fundamentais da Antropofagia era o de retomar o contato com o Brasil desconhecido e misterioso, que subjazia à realidade

---

4 A propósito da ligação que teria nascido entre os dois poetas, podemos narrar a seguinte circunstância: Raul Bopp utilizou algumas vezes, na *Revista de Antropofagia*, o pseudônimo "Jacob Pim Pim". Pois bem, no número 13 (segunda *dentição*) da mesma revista, Oswald de Andrade assinou uma breve poesia como "Jacob Pum-Pum". Parece bastante evidente que não se trata de uma simples coincidência, mas que Oswald brincava com o pseudônimo do amigo.

aparente, uma antiga aspiração de Bopp. Tal projeto previa a "descida às fontes genuínas, ainda puras, para captar os germens de renovação; retomar esse Brasil, subjacente, de alma embrionária, carregado de assombro" (1977, p.41). São teses ligadas à psicanálise freudiana e às novas correntes de pensamento daqueles anos.

Bopp irá se entregar, com grande entusiasmo e generosidade, à utopia antropofágica, que proclamava, entre outras coisas, o advento de uma sociedade menos opressiva, de uma realidade renovada, sem complexos, sem prostituição e sem penitenciárias. Dedica-se à divulgação de tais teses, tanto que será o gerente do mais importante órgão do movimento, a *Revista de Antropofagia*. Podemos compreender, portanto, a ironia amarga com que descreve o fim, sem glórias, de um projeto que tanto parecia prometer: "E a Antropofagia dos grandes planos, com uma força que ameaçava desabar estruturas clássicas, ficou nisso... provavelmente anotada nos obituários de uma época" (ibid., p.53).

Não foi por acaso que, terminadas as mobilizações das hostes antropofágicas, ele decidiu deixar São Paulo, cidade que não lhe oferecia mais atrativos. Em 1929, juntou todo o dinheiro de que podia dispor e resolveu partir para uma viagem pelo mundo durante cerca de dois anos.

É evidente que a Antropofagia marcou Raul Bopp. Sua obra mais importante, aquela que deixou uma marca personalíssima na literatura brasileira, foi composta no período ligado à interação com tal grupo. Para entender o porquê da incidência das teses antropofágicas sobre Bopp, devemos retomar por um momento o seu percurso biográfico. Já vimos que o poeta tinha vivido, durante todo o ano de 1921, na Amazônia, uma das mais viscerais experiências de sua vida, um período inesquecível para ele, como frequentemente recorda em seus escritos.

Podemos afirmar que foi no âmbito das leituras e dos interesses do grupo antropofágico que Bopp vislumbrou novas perspectivas de abordagem dos problemas irresolutos do período amazônico. Tanto é verdade que, sob os novos influxos e aberturas teóricas, ele retoma os velhos rascunhos e dá à obra uma configuração totalmente diversa daquela inicialmente projetada. O problema, naturalmente, poderia ser posto diversamente, no sentido de que teria sido o próprio Bopp, induzido pela íntima necessidade de esclarecer as suas experiências precedentes de contato com um Brasil primitivo, o primeiro a ter contribuído para dar um pendor psicanalítico à Antropofagia. A esse respeito, Joaquim Inojosa (1978, p.17) afirma que a presença de Raul Bopp e as sugestões espirituais oriundas do ambiente amazônico, do qual ele se fazia intérprete, teriam inspirado à Tarsila do Amaral o quadro *Abaporu* e a Oswald de Andrade, o Manifesto Antropófago, onde é significativo o mote "tupi or not tupi, that is the question".

É praticamente impossível estabelecer com segurança quem teria condicionado ou impulsionado o grupo antropofágico nessa ou naquela direção. Oswald era, sem dúvida, um grande agitador, mas sabia também – antropofagicamente – assimilar dos outros tudo o que ele considerava válido e interessante, passível de futuros desenvolvimentos. Oswald de Andrade e Tarsila do Amaral, por outro lado, coligavam, graças às viagens que faziam, São Paulo, Paris e outras capitais europeias e isso lhes dava a possibilidade de seguir as últimas novidades em vários setores, incorporando-as às respectivas obras.

Outro aspecto que não se deve esquecer é que Oswald havia antecipado, no Manifesto da Poesia Pau-Brasil, muitos dos pressupostos da Antropofagia: "nossa época anuncia a volta ao *sentido puro*" (1990b, p.44), ele dizia. E ainda: "o estado de inocência substituindo o estado de graça que pode ser uma atitude de espírito" (ibid.). Percebe-se que está em elaboração um conceito como o de *mussangulá*, que tanto valor teve para Raul Bopp. Contudo, é no Manifesto Antropófago que tal estado de espírito se delineia com clareza: "nunca admitimos o nascimento da lógica entre nós" (ibid., p.48), afirmará Oswald de Andrade.

O que nos interessa, aqui, é o fato de que, provavelmente, foi essa atenção pelos aspectos enigmáticos, arcanos e não racionais da realidade que manteve Bopp ligado ao grupo, além do interesse, prioritário na Antropofagia, pelas realidades rurais e regionais brasileiras, comumente postas quase às margens da história. Raul Bopp terá profunda e sinceramente aderido ao projeto utópico, peculiar ao movimento antropofágico, de incorporar esse Brasil arcaico e primitivo, "não datado", "não rubricado", que já conhecia o comunismo, possuía a língua surrealista, vivia na idade do ouro (ibid.), àquele outro Brasil que havia perdido a sua índole e o seu caráter. Por isso se lamenta que tudo tenha acabado assim, simplesmente anotado no obituário de uma época.

## Mussangulá

A Antropofagia, como vimos, insere-se plenamente no movimento de ideias do seu tempo. É a partir do final do século XIX, depois das delusórias e mesmo frustrantes experiências do Racionalismo e do Positivismo, que o princípio hegemônico da razão é posto em discussão. Na Arte, a objetividade não é mais um valor; o homem tem, em si, aspectos obscuros, fantasmas que o atormentam: o absurdo e o *nonsense* são partes integrantes da existência. Por meio do Expressionismo, a irracionalidade encontra, na Arte, a sua dimensão, o seu espaço. Com o Dadaísmo e o Surrealismo, essa tendência, para a qual resultam determinantes as teorias de Freud, torna-se o fundamento de um novo conceito de humanidade, que se deveria alcançar por meio da exploração do inconsciente.

Este não é o único aspecto da Antropofagia, nem talvez o mais estudado,[5] mas é, certamente, o mais peculiar a Raul Bopp,

---

5  Sobre as correlações entre Antropofagia e Surrealismo, ver Nunes, 1986, p.15-25.

Poesia, mito e história no Modernismo brasileiro

aquele no qual se inserem as suas pesquisas, perplexidades e interesses. No livro *Movimentos modernistas no Brasil* (1966, p.84), ele afirma que a Antropofagia havia encontrado um termo, *mussangulá*, para definir uma nova posição do espírito, que permitia aceitar e fazer conviver realidades contraditórias, aparentemente incoerentes: "É um estado de aceitação, de instinto obscuro, subconsciente, mágico, pré-lógico", uma renúncia a "entender", ou seja, a procurar, necessariamente, enquadrar cada aspecto da realidade dentro de parâmetros racionais. Em outras palavras, é um alargamento da percepção do real. O herói Norato, no canto XXIII, afirma:

> – Estou de mussangulá
> [...]
> – Há tanta coisa que a gente não entende, compadre (1978a, p.56-7)

A Antropofagia tinha adotado esse princípio como defesa, afirma ainda Bopp, "contra tudo o que é coerente, silogístico, geométrico, cartesiano" (1966, p.84).

Cabe observar que é nessa dimensão, mítica e surreal, e nas sugestões do método psicanalítico freudiano que Bopp encontra os instrumentos para poder interpretar e descrever poeticamente aquele Brasil que ele havia conhecido em suas viagens e andanças. Desde o início, de fato, o que mais impressiona a sua imaginação é o lado obscuro e misterioso da realidade brasileira que vai descobrindo:

> Temos uma geografia do mal-assombrado, de mandinga e mato, com puçangas de cheiro [...].
> Temos regiões de terra longe, com áreas de magicismo. Sesmarias sem dono, onde vive o indígena, no seu estado de natureza. Os seus deuses moram na floresta. Conversa sozinho com as árvores.

Vera Lúcia de Oliveira

Tudo isso tem fundas raízes na terra, de sabor próprio e sem misturas. Temos diferentes regiões de idade social, com mundos mágicos e obscuros. Dispomos de matéria-prima inesgotável, para extrações de ingredientes poéticos. (1977, p.51-2)

A chegada à Amazônia representa, como se viu, o impacto direto com aquele universo, onde a magia e o extraordinário caminham, passo a passo, com os fenômenos naturais, particularmente prodigiosos e imponentes naquela região. Dá-se o encontro com o mito, que não se atua pelo filtro da lógica e da razão: é a epifania do mito que ele colhe naquele mundo ainda em formação. É como se ao poeta fosse permitido assistir ao início da criação, quando as fronteiras entre terra e água eram, ainda, imprecisas e indefinidas. O próprio cenário é aquático, palustre, às vezes pútrido de águas estagnadas, às vezes agitado, envolto por ondas gigantescas que cancelam os contornos, engolem árvores e raízes que parecem braços desesperados na correnteza. Em *Cobra Norato* (1978a), o poeta reproduz esse cenário líquido, de um universo em movimento contínuo:

Agora são os rios afogados
bebendo o caminho
A água resvala pelos atoleiros
afundando afundando (Bopp, 1978a , p.7)

Rios magros obrigados a trabalhar
A correnteza se arrepia
descascando as margens gosmentas (ibid., p.13)

Passo nas beiras de um encharcadiço
Um plasma visguento se descostura
e alaga as margens debruadas de lama (ibid., p.17)

Poesia, mito e história no Modernismo brasileiro

Água rasteira agarra-se nos troncos
Rolam galhos secos pelo chão
O charco embarriga (ibid., p.23-4)

Me atolei num útero de lama (ibid., p.25)

Chegam ondas cansadas da viagem
descarregando montanhas

Fatias do mar dissolvem-se na areia
Parece que o espaço não tem fundo... (ibid., p.48)

Vem que vem vindo com uma onda inchada
rolando e embolando
com a água aos tombos
[...]
Somem-se ilhas menores
debaixo da onda bojuda
arrasando a vegetação (ibid., p.51)

Essa presença difusa da água no poema poderia estar relacionada a uma outra circunstância referida por Kerényi (Jung; Kerényi, 1990, p.76), segundo o qual "a água – como útero, seio materno e berço – é uma autêntica imagem mitológica", uma unidade plástica recorrente nas mitologias das mais diferentes civilizações, e também em âmbito cristão. Esse mundo palustre, reproduzido fielmente em *Cobra Norato*, é a moldura natural de um poema que tem no mito a sua espinha dorsal.

A água, elemento vital da paisagem física da Amazônia, é componente indispensável também do imaginário coletivo popular da região. Não é por acaso que os principais mitos dessa vasta zona são anfíbios, como a Cobra Grande, a Mãe d'água, o Boto, o Norato, o Ipupiara (Cascudo, 1980).

O que é certo é que o poeta parece conquistado, e mesmo subjugado, por aquele cenário – de força e violência desconcertantes – e pelas cognições existenciais recônditas, que aquele mundo primitivo parecia conter:

A impressão que me causava o ambiente, na sua estranha brutalidade, escapava das concordâncias. Era uma geografia do mal-acabado [...]. Depois de algum tempo, em contato contínuo com a selva, adivinhando o seu sentido mágico, comecei a acreditar em coisas que me contavam: Eram vozes indecifradas. Causos do Minhocão. Na hora do silêncio, parecia mesmo haver, em toda a floresta, um respeito ofilátrico, sob a proteção de mistério, a Cobra Grande... (1966, p.109)

Para o rapaz oriundo das paisagens dilatadas dos pampas, com seus horizontes abertos e sem mistérios, o encontro com o mundo amazônico é, realmente, dos que deixam sinal marcante. Bopp vive-o com um senso de total estranhamento, em estado de graça altamente gerador de poesia. De repente, também se larga a sua percepção das sugestões e influxos mágicos da floresta, das vozes indecifradas, dos elementos de uma realidade que não podia ser interpretada segundo a ótica racionalista da tradição iluminista. Significativamente, a paisagem surreal sugere-lhe o mote que é, provavelmente, um dos núcleos em torno do qual se condensou depois o poema *Cobra Norato*: "A floresta não gosta de ser interrogada" (ibid., p.86).

Bopp sente-se tocado pela poesia, como se constata pela narração, que em diversas ocasiões ele fez, dos primeiros contatos com a Amazônia.

Às sugestões da paisagem acrescentam-se as leituras feitas em casa do amigo Andrade Queiroz, sobretudo as lendas em *nheengatu*, coligidas pelo folclorista Antônio Brandão de Amorim (1865-1926).[6] A poesia que se desprendia daquela narrativa de

___

6 Antônio Brandão de Amorim foi folclorista, botânico, grande conhecedor dos mitos e das tradições culturais ameríndias pelo prolongado contato

Poesia, mito e história no Modernismo brasileiro

forte ascendência indígena, a afetividade da linguagem, a estrutura sintática estranhamente lírica das frases, a simplicidade e, ao mesmo tempo, a autenticidade de tais narrações marcaram-no profundamente. O poeta observa, admirado, que nelas se utilizavam até os verbos no diminutivo: "estarzinho", "dormezinho", "esperazinho" (1977, p.59). Essas leituras, ele afirma, o "conduziram a um novo estado de sensibilidade. Alarguei instintivamente a visão que formava das coisas" (ibid.).

Forma e conteúdo identificavam-se em tais contos e lendas. Os homens da floresta haviam encontrado uma linguagem para a floresta: linguagem mítica, de intensa animização dos elementos da realidade.

Bopp dedicara sempre grande atenção às narrativas orais. Mesmo que tenha viajado, como afirma, sem nenhum propósito de recolher material para obras e trabalhos futuros, é bastante significativo o seu interesse, muitas vezes documentado, pelos *causos* das populações com as quais entra em contato, ou seja, pelos contos mitológicos, lendas, provérbios e representações folclóricas:

> Corri a costa do Maranhão, de canoa, ouvindo causos de uma riqueza folclórica inédita – causos de gente encantada, num clima de magicismo. Moviam-se, na imaginação popular, personagens erráticos, de uma terra enfeitiçada. (1972, p.25)

> Nos pontos de encontro de canoas, por exemplo, em Pacoval, onde à tarde pousavam as vigilengas, como pássaros cansados, era o lugar de se ouvirem causos, contados com uma inocente naturalidade. (ibid., p.16)

---

com aquelas populações. Recolheu rico material em *nheengatu*, por ele traduzido para o português e publicado com o título "Lendas em nheengatu e em português", na *Revista do Instituto Histórico e Geográfico Brasileiro* (Rio de Janeiro), 1928.

Nas andanças, de uma canoa para outra, emendando viagens pelo simples prazer de ouvir "causos" e ver coisas, levei quase dois meses. (1973, p.40)

Na venda do Zé Bezerra, onde se reuniam moradores da ilha para as compras e para uns tragos, me foram narrados vários "causos" de naufrágios nessa região [...]. Também contaram-me casos de desaparecimentos [...]. (1969, p.215)

Para Bopp, tudo isso possuía um significado profundo. Nesses relatos de "terra enfeitiçada", ele percebia qualquer coisa de inexplicável, mas que deveria ser vivida intensamente por meio da imersão no ambiente em que tais fenômenos eram ainda possíveis. Retomando a distinção feita por Kerényi (1964, p.157) entre "mitos genuínos" e "mitos tecnizados", podemos afirmar que Bopp depara com o fenômeno do mito originário, genuíno, "do mito na condição de elaboração do ser". Em tal condição, sustenta Kerényi, "o ser mostra o seu esplendor e o seu sentido, e isso pode ocorrer de muitas formas". Entre essas formas, uma é a poesia. O encontro com o mito, para Bopp, é, portanto (e ele mesmo o confirma em suas anotações), o encontro com a poesia: é poesia que brota do ser. Mais tarde, o embaixador, identificado com o seu novo papel, entre encargos e rotinas diplomáticas, distanciou-se, talvez por demais, daquele manancial, e a poesia, por isso, o visitou mais raramente.

Aqui nos encontramos, porém, ainda no momento em que Bopp mergulha em um mundo originário, intensamente poético, embora, de início, ele parecesse não ter compreendido claramente a natureza da "diversidade" daquele universo. Intui-o apenas, mas isso basta para fasciná-lo. Somente mais tarde, por meio do convívio com o grupo ligado a Plínio Salgado e depois com o antropofágico, adquiriu os instrumentos teóricos para analisar a verdadeira natureza daquela linguagem e daquela realidade.

Poesia, mito e história no Modernismo brasileiro

Podemos supor que Bopp fundamentou suas observações empíricas e suas intuições nas teorias da psicologia do inconsciente de Freud, nos estudos do inconsciente coletivo de Jung ou nos estudos de Lévy-Bruhl sobre a mentalidade pré-lógica das populações "primitivas". Mas podemos, também, postular que ele tenha simplesmente absorvido o clima intensamente vital daqueles anos, nos quais a reflexão antropológica se enriquecia com contribuições fundamentais que abriram novas perspectivas às ciências humanas.

De qualquer modo, o universo de *Cobra Norato* é tão denso, bizarro e original que nos vêm à mente quase espontaneamente as reflexões de Lévy-Bruhl, delineadas nos primeiros decênios do século XX, a propósito do mundo mais mítico do que lógico, característico de certos povos, mundo não organizado segundo o princípio da razão.[7]

Para Lévy-Bruhl, além da visão lógica do mundo, própria da tradição ocidental, que distingue o "eu" observador do objeto observado, existiria outro modo de apreender a realidade, no qual essa fronteira não é tão demarcada e os seres humanos se sentem coligados aos outros seres por uma relação de participação mística. Mundo visível e mundo invisível são, desse modo, partes indivisíveis de um todo, e os eventos de um dependem, com frequência, das forças e das potências do outro (1975, p.432):

> Esta mentalidade, essencialmente mítica e pré-lógica, dirige-se a objetos diversos, e por meios diversos em relação ao nosso modo de pensar. Basta ver a importância que assumiu para ela a divinação e a magia. Para segui-la em seus procedimentos, para intuir-lhe os

---

7 As obras de Lucien Lévy-Bruhl, que tiveram grande ressonância nos primeiros decênios do século, foram sobretudo *Les Fonctions mentales dans les sociétés inférieures*, publicada em 1910, *La Mentalité primitive*, publicada em 1922, e *L'Âme primitive*, de 1927.

princípios básicos, é necessário violentar, por assim dizer, os nossos hábitos mentais e se curvar aos seus. (ibid., p.436)

Na verdade, afirma Lévy-Bruhl, o mundo no qual se move a mentalidade pré-lógica coincide somente em parte com o nosso. É um mundo mais complexo do que o nosso universo, no qual "poderes ocultos, ações místicas, participações de todo tipo se misturam aos dados concretos da percepção, para constituir um conjunto em que se fundem e confundem real e irreal" (p.439).[8]

No universo descrito por Lévy-Bruhl, rico de tantas sugestões, parece-nos possível entrever a estrutura intrínseca de *Cobra Norato*, em que tudo está impregnado de vida, onde realidade sensível e mundo invisível formam um só conjunto: árvores, raízes, folhas, rios, animais, homens estão unidos numa relação mágica e onírica. Vozes indecifradas chegam de toda parte, o poema todo é um concerto, uma concentração de vozes. O personagem Norato sente sobre si múltiplos olhares que o espiam do escuro profundo da floresta. Todos os seres estão em movimento,

---

8 A proposta teórica de Lévy-Bruhl sobre as categorias do pensamento primitivo encontrou, ao longo do tempo, inumeráveis opositores. Entre eles citamos Claude Lévi-Strauss, que publicou em 1962 a obra *La pensée sauvage*, na qual redefine a questão negando que exista uma antinomia entre a mentalidade lógica e a mentalidade pré-lógica, relevando, ao contrário, que os procedimentos intelectuais e os métodos de observação possuem um caráter universal. Segundo Lévi-Strauss, a exigência de ordem, que está na base do chamado pensamento primitivo, é, na realidade, uma característica de todo tipo de pensamento e é em razão dessas propriedades comuns que temos acesso "àquelas formas de pensamento que parecem tão distantes das nossas" (1993, p.23). Não obstante, a intuição de Lévy-Bruhl é profundamente original. Se descontarmos alguns exageros, devidos em grande parte ao entusiasmo da descoberta, constatamos – afirma Tullio-Altan (1985, p.98) – que ela "continha algumas perspectivas que resultaram depois de fundamental importância para interpretar alguns aspectos enigmáticos do comportamento humano". Entre eles, Tullio-Altan cita o comportamento infantil, as práticas e cerimônias da magia, o comportamento dos doentes mentais, a experiência intensamente participativa que nos permite estabelecer, em certos momentos, uma relação empática com o nosso semelhante.

Poesia, mito e história no Modernismo brasileiro

em mudança de estado, em dissolvência e em gênese perene com a floresta e o rio. E a cada transformação, a cada pequena metamorfose de um elemento desse universo caótico, torna-se necessário harmonizar, novamente, o todo com os seres que protestam, pedem ajuda, gritam de dor, desaparecem sugados pela força das águas. A "engenharia silenciosa" do rio desenha e redesenha a geografia verde da floresta: é um mundo, como afirma Lévy-Bruhl (1975, p.431), "no qual inumeráveis potências ocultas, presentes por toda parte, estão prontas a agir".

Tomemos, aqui e ali, alguns versos, entre tantos, em que tais forças ocultas incidentes e ameaçadoras sobre os protagonistas parecem prestes a se manifestar:

Nuvens negras se amontoam
Monstros acocorados
tapam os horizontes beiçudos (Bopp, 1978a, p.23)

Há gritos e ecos que se escondem
aflições de falta de ar (ibid., p.42)

Movem-se espantalhos monstros
riscando sombras estranhas pelo chão

Árvores encapuçadas soltam fantasmas
com visagens do lá-se-vai (ibid., p.71)

O próprio Norato, na sua essência de mito, transforma-se em homem (no canto XXV) e, depois, novamente em serpente, passando de um estado a outro com grande desenvoltura. Pela mesma transformação passa, como veremos, o poeta-narrador, que assume uma natureza mitológica para atravessar desapercebido a floresta. O canto XXV é, nesse sentido, emblemático: nele, Norato e o seu compadre, o Tatu-de-bunda-seca, em uma das suas andanças pela floresta à procura da heroína, deparam com uma festa e decidem participar dela:

A festa parece animada, compadre
– Vamos virar gente pra entrar?
– Então vamos (ibid., p.63)

Para os dois personagens, mutar-se em "gente" é natural e necessário, pois, do contrário, eles se sentiriam como estranhos e intrusos no mundo dos homens, causando espanto e medo. Transformados por meio da magia, não só conseguem se integrar totalmente no ambiente da festa, mas também o modificam, o iluminam de poesia e de música, visto que Norato se torna seresteiro e tocador de viola:

– Então peço licença
para quebrar um verso pra dona da casa: (ibid., p.63)

Pode até ocorrer que uma moça, Joaninha Vintém, sinta-se atraída e conquistada pelo animado festeiro, o qual logo responde:

– Nada disso. É muito tarde.
Traga umas ervas de surra-cachorro
e vamos pegar o corpo que ficou lá fora (ibid., p.65)

O canto XXV é uma metáfora, *in piccolo*, do *Cobra Norato*, no qual se verifica, todavia, uma inversão de papéis. Assim como no início da obra o poeta-narrador, camuflado na pele do mito Norato, penetra no mundo primitivo e onírico da floresta, do mesmo modo o mito Norato, vestido de poeta-trovador, no canto XXV, penetra no mundo dos homens. E ambos não só conseguem assumir totalmente a nova realidade, mas enriquecem-na com as suas presenças, sob muitos aspectos, paradoxais e insólitas.

Podemos a essa altura nos interrogar sobre qual seria o sentido dessas metamorfoses contínuas presentes na obra. O Brasil

Poesia, mito e história no Modernismo brasileiro

daqueles anos revelava uma penosa dissociação entre dois polos importantes da realidade (que são, afinal, as duas margens da psique, os dois territórios da alma humana): aquele fundamentalmente racional e aquele gerador de mitos. Tal dissociação era causada pela incomunicabilidade que caracterizava as tantas ilhas histórico-geográficas e sociológicas em que se subdividia o país.

Era, portanto, prioritário derrubar essas fronteiras internas, intermediar e integrar o Brasil originário do Norte ao Brasil, por tantos aspectos racionalizado – mas também despersonalizado – de muitas cidades do Centro-Sul. Bopp terá sentido claramente tal exigência quando retorna à chamada vida "normal". Depois de viver um ano inteiro na Amazônia, depois de ter estado em contato com uma realidade que sente como vivificante, Bopp não consegue mais se integrar numa cidade como a do Rio de Janeiro (1977, p.83):

> Minha transferência para o Rio exigiu uma série de reajustamentos. O ambiente era diferente. O ritmo de vida se encadeava em preocupações de utilidade imediata. Ao contrário de ser como em Belém, cheia de emoções, ante a presença do grande rio e floresta, que escondiam profundidades, a vida no Rio dispersava-se num jogo de interesses frívolos.

A cidade não ocultava "profundidades", havia removido uma parte de si, desarraigara-se do próprio passado, perdera o sentido íntimo e profundo do viver. Somente o contato com aquela dimensão marginalizada e a retomada de cognições esquecidas ou removidas (inerentes, por exemplo, à natureza da poesia e do mito) poderiam transfigurá-la, enriquecê-la novamente. Daí o sentido daquele convite e daquela provocação, presentes em *Cobra Norato*, para assumir uma outra perspectiva, para afinar a nossa capacidade de percepção do real, para ampliar as categorias do sensível com uma dimensão suplementar. E é provavelmente este o sentido da inversão de papéis que ocorre em *Cobra Norato*,

275

sobretudo nos cantos I e XXV, nos quais o real e o surreal se encontram e se interseccionam.

Se esse era o projeto boppiano, pode parecer que o poeta fosse apenas um dos tantos intelectuais agarrados às tradições que confundiam a reatualização dos velhos mitos e a revalorização do passado com o culto mitificador desse tempo já perdido. Em outras palavras, pode parecer que tudo aquilo servisse apenas para camuflar a recusa em fazer uma séria e radical revisão da realidade nacional, passada e presente.

No caso de Raul Bopp, todavia, não se trata de um mero apego ao passado, pois, do contrário, ficaria difícil explicar por que ele, tendo passado pelo nacionalismo acrítico do grupo Verde-amarelista, teria depois se associado convictamente ao grupo antropofágico, que promoverá uma releitura histórica altamente corrosiva e antitradicionalista.

Mesmo não recusando o presente, Bopp sentia a distância profunda entre o Brasil dos grandes centros que se industrializavam rapidamente e o Brasil que parecia perdido em um outro tempo, um país arcaico, problemático e contraditório, mas rico e vivo de forças espirituais. A esse propósito, Jung (Jung; Kerényi, 1990, p.140) afirma que o verdadeiro desenvolvimento deve ser harmônico e respeitoso para com o passado. Progresso e evolução não são ideais para se renegar,

> mas estes perdem o sentido se o homem somente conseguir alcançar as novas condições com a fragmentação de si mesmo, deixando toda uma parte essencial na sombra do inconsciente [...]. A consciência, desarraigada das próprias bases, incapaz de preencher o sentido das novas condições, recai então facilmente em uma situação que é ainda pior que aquela da qual a inovação queria salvá-la.

O progressismo traduzia-se frequentemente, já naqueles anos (e hoje ainda mais), em desenraizamento cultural, em perda de identidade. Por isso, a Antropofagia e os intelectuais empenhados nesse movimento procuravam harmonizar esses

Poesia, mito e história no Modernismo brasileiro

dois lados, essas duas margens do país. O Brasil precisava reintegrar em si essa dimensão perdida depois de séculos de dominação colonial, de despersonalização, de sufocamento da própria identidade. A Amazônia era o Brasil como este fora no passado: livre e selvagem, mítico, mágico, lírico. Era a infância; aliás, era o momento primordial de sua gênese. Assim, o Brasil precisava reatar o contato com a realidade amazônica, metáfora de um país que se autogerava, que surgia das águas, como se fosse possível nascer novamente, não mais da história trágica dos povos colonizados, mas das energias vitais que se têm, da força da realidade do próprio mundo espiritual.

## Cobra Norato:[9] a gênese de uma obra

Kerényi (Jung; Kerényi, 1990, p.21-2) afirma que a mitologia narra sempre as origens ou, de qualquer modo, narra o que é originário. Remontar às origens e aos tempos primordiais é, segundo o autor, o traço fundamental de toda mitologia. E acrescenta: "a mitologia 'funda', já que o narrador de mitos se projeta, com o seu relato vivificante, aos tempos primordiais".

A necessidade de retomar o contato com o Brasil primitivo, ainda isento dos embates étnico-culturais causados pela coloni-

---

9  *Cobra Norato* é um texto ao qual Raul Bopp retornou frequentemente, em uma ânsia obsessiva de aperfeiçoamento. Foram feitas alterações nas nove primeiras edições da obra: 1ª ed.: São Paulo, 1931; 2ª ed.: Rio de Janeiro, 1937; 3ª ed.: Zurique, 1947; 4ª ed.: Rio de Janeiro, 1951; 5ª ed.: Barcelona, 1954; 6ª ed.: Rio de Janeiro, 1956; 7ª ed.: Rio de Janeiro, 1967; 8ª ed.: Rio de Janeiro, 1969; 9ª ed.: Rio de Janeiro, 1973. A partir da 9ª ed., o poema não sofreu mais revisões. Para o cotejo entre as numerosas variantes, ver Averbuck (1985, p.224-37) e Kodhlyama (1986, p.277-86). Ver ainda Andrade (1975, p.115-9), em que Carlos Drummond de Andrade examina as edições de 1937 e de 1947. Para a análise e interpretação da obra, utilizamos a 12ª ed., que reproduz a 9ª ed., a última revista pelo autor. Também Augusto Massi fixa como texto-base a 9ª ed., pois, embora apoiando-se na obra *Cobra Norato e outros poemas* (1984), acrescenta que, a partir de 1973, "o autor não suprimiu nenhum verso e não introduziu modificação na obra" (Massi, 1998, p.194).

zação, encontra-se na raiz de muitas das obras do Modernismo: responde às solicitações teóricas e ideológicas dos vários grupos. Diversos escritores viajaram de Norte a Sul (e Bopp foi um deles) em busca do Brasil desconhecido, com o qual queriam restabelecer contato.

Era inevitável, se tais eram os interesses dos modernistas em meados dos anos 1920, que o mito acabasse despertando a atenção e assumindo um papel importante pelo seu caráter "fundador", capaz de nos remeter a um tempo e a um lugar perdido das próprias raízes. Isso explica por que algumas dentre as mais características obras do período, como *Macunaíma*, *Cobra Norato* e *Martim Cererê*, estão estruturadas a partir de materiais mitológicos.

Entre esses três livros existem afinidades evidentes, visto que Mário de Andrade, Raul Bopp e Cassiano Ricardo haviam reelaborado um material fecundo e abundante: mitos, lendas, contos populares de origem sincrética, recolhidos nas viagens pelo Brasil. Não obstante, cada uma dessas obras tem uma fisionomia própria e inconfundível, com diferenças importantes, sobretudo no que concerne à focalização e à abordagem do mito de cada um dos autores.

Bopp situou a sua viagem fantástica na área amazônica, definida "terras do Sem-fim", o que era para ele metáfora de um espaço indeterminado, sem demarcações geográficas específicas. O autor centra-se no singular e no particular, mas a estes atribui uma valência, um caráter universal. Cassiano Ricardo e Mário de Andrade efetuam um percurso contrário: partem de uma imagem sincrética e global do país, que era necessário obter por meio da síntese de elementos das muitas áreas socioculturais, nas quais o país se subdividia. Em suas obras, os dois autores foram costurando mitos e fábulas regionais, unindo-os num conjunto orgânico em que cada região podia se reconhecer, mas que, ao mesmo tempo, deveria representar o retrato total, complexo e completo do Brasil.

Poesia, mito e história no Modernismo brasileiro

E não é tudo. Bopp, diversamente de Cassiano Ricardo e de Mário de Andrade, dará ao material mitológico uma abordagem que podemos definir profundamente inovadora. Enquanto os dois autores utilizam o mito com uma finalidade bem precisa – a de reconstruir uma certa imagem do Brasil e de sua história (consonante às ideias ou às ideologias próprias de cada um) –, Bopp soube reproduzir o fenômeno da epifania do mito, aquilo que Kerényi (1964, p.155-6) definiu como o "mito genuíno", não tecnicizado, o mito que não é somente a narração de uma lenda, de um conto, mas que é uma realidade viva. E o soube fazer porque imergiu completamente em um mundo – o amazônico – no qual o fenômeno do mito é ainda autêntico.

*Cobra Norato* é um mergulho no inconsciente coletivo do Brasil, aquele inconsciente emaranhado e inexplorado, síntese da fusão de três povos – africanos, ameríndios e europeus –, cada um com suas tradições e crenças específicas.

Dia e luz são sinônimos da consciência, afirmam os estudiosos da psicanálise, ao passo que noite e obscuridade o são do inconsciente. Pois bem, se existe uma atmosfera peculiar e conatural a *Cobra Norato*, é justamente a noturna. As isotopias que servem para configurar tal atmosfera são, do início ao fim da obra, ligadas à obscuridade e à noite: "apagar os olhos", "sono", "floresta cifrada", "sombra", "escuro", "sonolentas", "fundo do mato", "cochilam", "lua", "dormir", "afundar", "noite", "cegas", "sombra", "paredes espessas", "fundo da selva", "nuvens negras", "escurão sem saída", "olheiras", "olhos entupidos de escuro", "noite pontual", "noite grande", "noite nos seus olhos", "noite bonita", "escuro de se esconder" etc.

Dos 33 cantos do livro, somente quatro possuem como cenário o dia: do canto XII, que inicia com o verso "A madrugada vem se mexendo atrás do mato" (Bopp, 1978a, p.31), até o canto XVI, quando começa novamente a escurecer – "está começando a escurecer" (ibid., p.40). Mas o sol, presente no canto XIII, é um "solzinho infantil" (ibid., p.33). E quando, por um breve momento do dia, o sol se faz intenso no céu, beliscando as águas, quase não é suportado pelos seres da floresta: "Dói a luz nos olhos" (ibid., p.39). Norato também demonstra não apreciar a luz do dia: "Eu vou convidar a noite/ para ficar aqui" (ibid., p.32).

Bopp parece realmente ter reconstruído na obra uma atmosfera afim, segundo as teorias psicanalíticas, à realidade onírica do inconsciente. A gigantesca floresta amazônica, prodigiosamente vital e eternamente envolta em uma atmosfera de semiobscuridade, parece a materialização das energias sempre ativas dessa dimensão da psique. O seu horizonte, móvel e aquoso, evoca a imagem do útero que gera fantasmas, sonhos, símbolos latentes de significado.

Podemos supor que o poeta tenha individuado na Amazônia conteúdos, energias e processos afins aos que a moderna psicanálise particulariza no inconsciente e que ele tenha querido dar uma contribuição, para fazer emergir tais conteúdos em nível de consciência. Exatamente naqueles anos se reforçava a ideia de que o contato com o próprio subconsciente era imprescindível e salutar para a humanidade. Jung (1989, p.103-31) afirma a esse propósito que a consciência é apenas uma das faces da medalha, ao passo que o inconsciente é o seu avesso, e que a maturidade vem por meio da análise dessa parte misteriosa da alma. Bopp teria procurado fazer que as intuições e as experiências características da totalidade psíquica fossem de qualquer modo recuperadas pela coletividade e que servissem para construir uma imagem mais verdadeira e real do Brasil moderno.

A hipótese não é tão peregrina se lembrarmos que Othon M. Garcia, a quem devemos uma das análises mais exaustivas do poema boppiano, afirma que não se pode negar em *Cobra Norato* a presença de muitos dados objetivos de "incontestável feição psicanalítica, e até mesmo teor psicanalítico" (1962, p.14). O crítico, em sua análise estilística da obra, utiliza dados da psicanálise para a interpretação do texto. Ele indica, por exemplo – como elementos típicos da simbologia onírica de origem psicanalítica –,

Poesia, mito e história no Modernismo brasileiro

a recorrente presença no texto de termos ligados ao sono e à sonolência, e também ao dormir e ao acordar. Tais termos, afirma, criam uma atmosfera propícia ao desenvolvimento da ideia central do poema, que ele destaca como sendo a de fecundação, de mundo primitivo em formação e gestação. Esses motivos sugerem também a imagem do despertar, isto é, do renascer do sono, confirmada pela presença de verbos como "nascendo", "acordando", "bocejando", "espreguiçando" (Garcia, 1962, p.61-2).

A metáfora do "despertar", frequente no texto boppiano, estaria associada, segundo Othon Garcia, à imagem pessimista (e, em certo sentido, paternalista) que tinham muitos modernistas a propósito do Brasil arcaico das províncias e das zonas rurais – um país excessivamente apático e sonolento, que precisava ser "despertado" para se atualizar, para recuperar o tempo perdido em relação às regiões do Centro-Sul do país (ibid., p.59). Bopp teria, portanto, assimilado e reelaborado essa temática, utilizando, para tanto, também dados da psicanálise.

Essa imagem pessimista do Brasil, que efetivamente condicionava a visão de muitos escritores, todavia, não parece ter pesado, excessivamente, na formação de Raul Bopp. Ao contrário, o poeta via nesse mundo primitivo qualquer coisa que o mundo civilizado havia esquecido ou perdido. Ele próprio, tendo-o visitado sem preconceitos, saíra dele regenerado. Por isso, obstinava-se em reinvocá-lo e buscá-lo nas várias regiões do mundo, da Amazônia à Mongólia, das províncias da Índia ao deserto da Austrália. O poeta, aliás, era oriundo da zona rural e sabia que o homem do campo não é apático por indolência ou abulia, mas apenas pelas infinitas privações e misérias às quais, desde sempre, está sujeito.

Em vez de assumir a perspectiva paternalista do que "traz a civilização", prefere adotar a visão característica daquele mundo originário, visão mágica, mística ou, segundo Lévy-Bruhl, pré--lógica: "Para sentir o universo amazônico, em seus múltiplos submundos, é preciso mesmo descer ao chão, com a fascinação dos sentidos" (Bopp, 1973, p.22).

Em *Cobra Norato*, o personagem central, o herói-narrador, apossa-se, literalmente – podemos dizer antropofagicamente –, da "pele de seda elástica" do mito e assume essa perspectiva:

> Brinco então de amarrar uma fita no pescoço
> e estrangulo a Cobra.
>
> Agora sim
> me enfio nessa pele de seda elástica
> e saio a correr o mundo (Bopp, 1978a, p.5)

Segundo Propp (1992, p.322-35), em muitas lendas e mitos, é normal o tema da transferência do herói para o corpo do animal. Revestir-se de uma pele ou mesmo introduzir-se em uma pele indica, claramente, uma forma de identificação. A forma mais antiga de tal identificação, afirma ainda Propp, é a imagem da transformação do homem no animal totêmico.

Em Raul Bopp, a aderência ao mundo amazônico é tanta que a assimilação anabólica do mito será a única abordagem possível àquele universo, porque é a mais visceral. O poeta o repercorrerá por dentro e, camuflado na pele da Cobra Norato, dialogará com os seres reais e fantásticos da floresta. E o leitor meio distraído, que não tivesse percebido tal metamorfose, é advertido logo no início: "– Então você tem que apagar os olhos primeiro" (Bopp, 1978a, p.6). Em outras palavras, o leitor deve estar disponível – também ele – para essa mudança radical de perspectiva, pois do contrário lhe será negado o acesso à viagem poética e fantástica que aí se realiza.

E a viagem é justamente um dos *leimotiv* da obra. À primeira vista, a trama parece bastante simples. O ser que entrou na pele da Cobra Norato tem uma obsessão do tipo erótico-amorosa pela filha da Rainha Luzia, a heroína, que a Cobra Grande raptou e que mantém em seu poder. Nesse percurso em busca da heroína, Norato será ajudado por alguns personagens, como o

Poesia, mito e história no Modernismo brasileiro

Tatu-de-bunda-seca, o Jabuti, o Pagé-pato, mas deverá também superar algumas provas:

Mas antes tem que passar por sete portas
Ver sete mulheres brancas de ventres despovoados
guardadas por um jacaré
[...]
Tem que entregar a sombra para o Bicho do Fundo
Tem que fazer mirongas na lua nova
Tem que beber três gotas de sangue (Bopp, 1978a, p.7-8)

A ideia da trama da obra veio quando o poeta ouvia a narração de um dos tantos contos populares amazônicos (1977, p.59): "Em um dos casos que me contaram, nas minhas andanças pelo Baixo Amazonas, aparecia, por ocasião da lua cheia, a Cobra Grande, que vinha cobrar o resgate de uma moça".

Vimos, ao analisar *Martim Cererê*, que a Cobra Grande é o gênio maléfico da região. É, na realidade, o mito mais complexo e poderoso das águas amazônicas: é invencível, assustador, multiforme, de dimensões inusitadas. A Cobra Grande vive na parte mais profunda das águas e aparece, periodicamente, para raptar crianças ou adultos que se banham nos canais e nos rios da região, como uma espécie de Minotauro que, de quando em quando, exige o seu tributo (Cascudo, 1980, p.235).

Raul Bopp, em suas viagens de canoa pelos rios amazônicos, terá escutado centenas de vezes esses *causos* sobre a Cobra Grande e um dia, afirma o poeta, "pelos caminhos da intuição [...] pensei em fixar esse mito num episódio poemático, tendo como pano de fundo, a grande caudal de água doce e a floresta" (1977, p.59).

Para enfrentar o monstro, porém, era necessário encontrar um herói que também estivesse apaixonado pela jovem em poder da Cobra Grande. Tal personagem, procurado no rico patrimônio mítico da selva tropical, foi identificado na figura de Norato, o qual, pela sua "substância humana", pareceu ao poeta perfeitamente adequado para assumir o papel central da obra (ibid.).

Na verdade, o mito da Cobra Norato é associado ao mito da Cobra Grande. Segundo a lenda, narrada por Luís da Câmara Cascudo (1980, p.234), uma índia banhava-se em um canal, entre o Rio Amazonas e o Trombetas, no Pará, quando caiu em poder da Cobra Grande. A jovem ficou grávida e deu à luz um menino e uma menina, os quais, aconselhada por um pajé, jogou no rio. Na água eles cresceram, transformados em cobras-d'água. As duas crianças, Norato e Maria Caninana, estavam sempre juntas: aquele era bom, ao passo que esta era má e afundava as embarcações, matava os náufragos, perseguia os animais. Para viver em paz, Norato foi obrigado a matar a irmã. À noite, ele livrava-se do feitiço a que estava preso e se transformava em um rapaz alto e belo, frequentando as festas que aconteciam próximas às margens dos rios.

Norato, segundo essa versão difundida por todo o extremo norte do Brasil, é filho da Cobra Grande. Como ressaltou, com perspicácia, Averbuck (1985, p.116-7), é essa condição de semidivindade que lhe assegura os poderes mágicos, com os quais poderá atravessar a floresta e vencer o poderoso réptil.

Bopp escolhe a figura de Norato, segundo ele mesmo afirma, precisamente pela "substância humana" que permeava esse mito, dotado de uma dupla natureza: serpente e homem ao mesmo tempo. Sua essência é múltipla, aliás dual, mas contemporaneamente concentra em si a síntese do humano e do sobrenatural. Além disso, é anfíbio, podendo adaptar-se tanto ao ambiente aquático como ao terrestre. Uma figura tão complexa e versátil prestava-se muito bem às transfigurações que constituem a estrutura da obra boppiana.

Faltava somente um personagem para que a trama se completasse – a heroína. O problema foi resolvido dessa forma: um dia, uma velhinha de Valha-me-Deus (já o nome da localidade parece fazer parte da lenda) contou ao poeta uma confusa história da filha da Rainha Luzia. Segundo Bopp, a figura erradia, meio fugidia, dessa personagem se adaptava perfeitamente à trama do "romance". E de fato tal figura, que é fundamental para a obra, será sempre indicada como a filha de uma certa rainha de nome Luzia; o que importa, afinal, é que ela é uma princesa. A essa altura, o esquema do livro estava pronto, elaborado segundo a estrutura dos mitos e das lendas.[10]

Assim simplificada, a obra poderá parecer até mesmo elementar. Mas o poema "não começa a ser escrito com o verso da primeira linha", como afirma Bopp (1977, p.60). *Cobra Norato*, obra híbrida, polifônica e poliédrica, é o resultado de uma lenta gestação, que não se exaure certamente nesse simplificado enredo. Aureliano de Figueiredo Pinto (in Bopp, 1969, p.185-7) formula a hipótese de que o núcleo elementar do poema poderia ter origem, talvez, na infância do poeta, resultado da influência exercida sobre ele por um velho índio, Taboca, curador de picadas de serpentes, que, acreditava-se, vivia em contato íntimo com um grande réptil, "a Serpente de São Miguel".

Para lá das circunstâncias e dos momentos que condicionaram a gênese da obra, cada texto literário é um sistema estruturado em vários níveis, até mesmo inconscientes. Tal fato é perfeitamente válido para o poema boppiano, que inspirou e tornou possíveis abordagens tão diversificadas por parte dos estudiosos, do momento da sua publicação até hoje. Não obstante, cada nova leitura, cada nova perspectiva metodológica, fornece elementos inéditos de reflexão, não exaurindo completamente a dimensão alusiva, evocativa e afetiva dessa obra, ideada como um texto para crianças, mas enriquecida, sucessivamente, de significados que vão bem além das intenções iniciais.

Na realidade, os verdadeiros protagonistas de *Cobra Norato* são a floresta e o rio amazônicos, vistos pelo lado de dentro, pelos

---

10 Não nos esqueçamos de que, do ponto de vista formal, o mito não se distingue da lenda, como sublinha Propp (1992, p.149).

olhos e sentidos das criaturas míticas oriundas de tal universo: a floresta virgem, em transformação contínua, e o rio que reconstrói, a cada momento, a sua geografia. Não por acaso o primeiro núcleo da obra teria sido, segundo Bopp (1977, p.60): "Aqui é a escola das árvores/ Estão estudando geometria". E a seguir: "Ai ai. Nós somos escravas do rio". Nasce inicialmente o cenário, o mundo mágico, no qual os personagens agem condicionados pelas forças primordiais da natureza, depois a trama elementar, mas com significados recônditos, radicados na psicologia do inconsciente de Freud e Jung.

A própria escolha do mito da serpente por parte do poeta estaria ligada ao significado que esse mito assume para a maior parte dos povos, afirma Othon M. Garcia (1962, p.26). De fato, a mitologia comparada, a etnologia, a linguística e a psicanálise, ou seja, as ciências que buscaram explicação para o significado dos mitos e dos contos populares, parecem concordar em atribuir à serpente um significado fálico, "considerando-a como símbolo disfarçado do ato sexual".

O mesmo crítico aborda o significado de tal mito para os gregos, os romanos, os hindus, os africanos e os ameríndios, concluindo que entre tantos atributos míticos da serpente parecem prevalecer os ligados à libido, à fecundação e à procriação. E acrescenta que provavelmente foram esses significados que se impuseram ao autor, no momento em que, entre os anos de 1920-30, em clima de grande prestígio da psicanálise, ele retoma o material conservado desde 1921, procurando dar-lhe uma nova sistematização (ibid., p.26-9). A escolha do tema da serpente estaria associada, também, ao clima antropofágico de primitivismo, de retorno às origens, dentro do qual o poema é concebido e realizado.

Lígia Averbuck, autora de um minucioso estudo sobre as características e os significados do texto boppiano – no que concerne à estrutura, ao substrato mítico, ao sistema metafórico e à relação com as formas da cultura popular –, comentando a

Poesia, mito e história no Modernismo brasileiro

interpretação já mencionada, afirma que a Othon Garcia escapou um aspecto fundamental da obra: "aquele conteúdo que informa a caudal erótica veiculada pelo mito" (1985, p.5). Em outras palavras, o estudioso ter-se-ia limitado a um primeiro nível conotativo da obra, sugerido pelo erotismo do tema e das suas metáforas, deixando em penumbra aquele apelo mais profundo a uma forma intuitiva – mas imediata – de revelação do mundo, a forma mítica, precisamente.

Não nos parece que o crítico tenha deixado de lado esse importante aspecto, mas somente que não o tenha desenvolvido suficientemente, lacuna que Averbuck preenche com eficiência. Ela dedica os capítulos centrais de seu trabalho não só à descrição e à caracterização da estrutura dos mitos presentes no poema, mas também à decifração dos sentidos profundos sugeridos por essa "poesia cosmogônica", que retoma o mito nas suas formas originais e primordiais. *Cobra Norato* é um poema mitológico, afirma, porque o mito lhe serve como tema originário, porque o texto é repleto de elementos da mitologia amazônica, porque este se propõe como "poema da gênese brasileira", da renovação mítica da sua fundação (ibid., p.116).

Por trás de tudo existe, de qualquer modo, um paciente e refinado trabalho de burilamento, para que as sugestões telúricas amazônicas pudessem se transformar em poesia, como veremos a seguir. O poeta não se limita a reproduzir literalmente os *causos* por ele recolhidos na região, mas os interpreta e os recria literariamente, construindo uma obra que, embora propicie a experiência do contato profundo com o mito, ao mesmo tempo é o resultado da elaboração formal de um intelectual culto e sensível. Uma elaboração que teve várias fases de maturação, encontrando o seu formato final somente entre 1927 e 1928.

Em virtude do fato de a obra ter sido concluída no período em que Bopp aderiu à corrente antropofágica, tende-se, por vezes de modo esquemático, a associar *Cobra Norato* ao grupo oswaldiano. Entretanto, já vimos que o poeta gaúcho tinha uma precisa e

Vera Lúcia de Oliveira

sólida bagagem de experiências próprias quando desembarcou em São Paulo; a relação que o liga à corrente da Antropofagia não pode ser entendida e interpretada exclusivamente como uma relação de passiva subordinação. Também *Macunaíma* acabou sendo incorporada à "Bibliotequinha Antropofágica" (Bopp, 1966, p.91-2), embora Mário de Andrade tivesse reivindicado a própria autonomia em relação a tal grupo e ressaltado o fato de ter concebido a obra (entre dezembro de 1926 e janeiro de 1927) antes que Oswald de Andrade lançasse o seu famoso manifesto na *Revista de Antropofagia*, em maio de 1928.

O próprio Othon Garcia adverte para que não se incorra em semelhantes simplificações, quando declara que o texto de Bopp possui um valor permanente. Segundo o crítico, associar a obra de Bopp ao papel de "obra-símbolo" de uma corrente, sem buscar os seus significados profundos e atuais, seria empobrecer o livro, que permanece um dos textos fundamentais da poesia brasileira. Foram, aliás, avaliações limitadas desse tipo que levaram alguns críticos a minimizar o significado e a importância de tal obra.

Para o poeta e estudioso português Jorge de Sena (1988, p.275),[11] por exemplo, *Cobra Norato* não seria mais que uma mistificação fugaz do movimento modernista, movimento esse tão fugaz, por si próprio:

> Poderíamos dizer que é um excelente exemplo do *melting-pot* que o Brasil é. Mas é muito mais certo pensar que é uma talentosa versão do enfatuamento cultural do tempo. E tanto mais quanto Raul Bopp só escreveu poesia nos poucos anos em que esteve sob a influência de Oswald de Andrade [...].

O enfoque inovador dado por Bopp ao material mitológico é, todavia, o sinal evidente de que *Cobra Norato* não é, absolutamen-

---

11 Jorge de Sena afirmará também que *Macunaíma* e *Cobra Norato* são obras "peculiares e artificiais" (1988, p.368).

te, um livro circunstancial, cujo significado estaria indissoluvel-
mente – mas também redutivamente – ligado ao do movimento
antropofágico. A consciência de que havia um modo diferente
de se posicionar diante da realidade, e que dessa perspectiva
brotava também uma linguagem nova, intensamente poética,
vinha de longe, do seu contato com o universo amazônico, no
qual se verificavam, ainda, manifestações do mito como grande
realidade do mundo espiritual.

Para Kerényi, o acesso a esse mundo, ou seja, à autêntica
mitologia, tornou-se estranho e alheio para nós, que o perdemos
"devido também ao nosso espírito cientificista" (Kerényi, 1989,
p.13-4), já que a autêntica realidade mitológica dificilmente se
traduz na linguagem da ciência e "não pode se expressar de forma
plena senão na forma mitológica" (ibid., p.17).

O modo correto, portanto, de se portar em relação à mitologia é o de deixar "falar" os mitologemas e de prestar atenção
ao que dizem. Mas para isso, afirma o estudioso, requer-se
um *ouvido* particular, como o de quem se ocupa de música ou
de poesia: "*ouvido* significa também aqui um vibrar junto, um
expandir-se em comunhão" (ibid.).

Tudo isso Raul Bopp terá compreendido intuitivamente,
visto que se sentiu regenerado pelo contato com uma realidade
para a qual a mitologia tem uma importância capital. Em vez
de "falar" do mito (ou mesmo utilizar temas e sugestões mitológicas com finalidades precisas, não necessariamente ideológicas), o poeta prefere traduzi-lo em uma linguagem que seja a
mais próxima possível daquela mítica. E Bopp vai além, ao assumir não somente a forma da linguagem mitológica, mas a ótica
do mito.

Eis por que a viagem é um dos *leitmotiv* da obra, a viagem
por aquele universo regenerante que o mundo moderno deve
redescobrir e recuperar se não quiser extraviar o sentido do viver,
perder o contato com suas raízes, dissociar-se definitivamente
das próprias origens. Evocar o mito, como fez Bopp, significa

sem dúvida realizar uma viagem que leva a uma ampliação de consciência, porque a mitologia é uma forma autônoma de experiência criativa.

Vimos, porém, que alguns estudiosos, e entre eles Jorge de Sena, não reconhecem no texto a expressão singular e sincera das experiências, sentimentos e reflexões do poeta, mas o veem somente como a demonstração intelectual de determinadas teses, no caso, as teses antropofágicas. Na verdade, Jorge de Sena não consegue, aqui, colocar-se na pele do outro, como fez o persona-gem Norato, que vê o mundo empaticamente, que vê a floresta pelo lado de dentro. O poeta português não parece alcançar o magma simbólico da obra boppiana, detendo-se na superfície e ignorando o convite mágico de Norato: "Vamos passear naquelas ilhas decotadas?" (Bopp, 1978a, p.5). Aliás, ele aceita o convite, mas se esquece da advertência: "– Então você tem que apagar os olhos primeiro" (ibid., p.6).

Carlos Drummond de Andrade, outro poeta que se ocupou desse texto, o qual parece exercer um autêntico fascínio sobre um tipo especial de leitor, o leitor-criativo,[12] tem uma visão e uma interpretação bem diferentes da obra. Para Drummond (1975, p.118), *Cobra Norato* é um texto que conservou toda a sua espontaneidade e novidade. Além disso, afirma que este é talvez:

[...] o mais brasileiro de todos os livros de poemas brasileiros, escritos em qualquer tempo. Nele a influência erudita europeia, de caráter satírico, que ainda se faz sentir no monumental *Macunaíma* [...] torna-se praticamente nula. Os mitos, a sintaxe, a conformação poética, o sabor, a atmosfera – não há talvez nada "tão Brasil" em nossos cantores como este longo e sustentado poema [...].

---

12 Além dos poetas já mencionados, também ocuparam-se de *Cobra Norato* Murilo Mendes, Manuel Bandeira, Menotti del Picchia, Gilberto Mendonça Teles, Jorge Tufic, Armindo Trevisan, José Paulo Paes e outros.

Poesia, mito e história no Modernismo brasileiro

Passados mais de sessenta anos da sua publicação, temos que reconhecer, exatamente como Drummond, que *Cobra Norato* sobreviveu ao seu momento histórico. O apelo boppiano a um alargamento da consciência por meio da incorporação de novas realidades, o convite a uma imersão em nós mesmos, exercita, ainda hoje, uma ação poderosa sobre o leitor. Porque os mitos, aos quais o livro nos reporta, são – e é Jung (1990, p.113) a afirmá-lo – revelações da alma. Os mitos possuem um significado vital, tanto que, quando uma sociedade se desagrega e decai, perdendo a sua herança mítica, ela se torna como "um homem que perde a própria alma".

O Brasil de hoje certamente mudou em relação ao de Raul Bopp. Estranhamente, porém, ainda está lutando contra problemas conhecidos, já então comuns a todos os países colonizados que sofreram um processo traumático de desagregação cultural, pela assimilação acrítica, voluntária ou não, de modelos culturais estrangeiros. São problemas ligados ao processo de descolonização e ainda hoje bastante atuais. Raul Bopp, por meio da poesia simples e tocante desse livro, convida-nos a refletir, a procurar atenuar, se possível, a dissociação entre presente e passado, a divisão entre aquilo que se é hoje e aquilo que se perdeu – "a pele elástica" – na tentativa de diminuir o tempo e o espaço que separam as regiões marginalizadas ou periféricas do mundo dos centros detentores do poder.

## A estrutura e a linguagem de *Cobra Norato*

*Cobra Norato* é uma obra estruturada em 33 breves cantos, unidos pela trama já descrita. O personagem Norato move-se pela geografia fantástica das terras do *Sem-fim* em busca da sua amada, a filha da rainha Luzia.

A obra foi definida pelos estudiosos como uma rapsódia, uma epopeia, uma saga de fundo folclórico. E, sem dúvida, ela

Vera Lúcia de Oliveira

possui um pouco de tudo isso. O autor reelaborou temas e motivos característicos de origem popular, amalgamou alguns dos mitos mais difusos e influentes da região amazônica, criando uma obra singular no panorama da literatura brasileira. Como outros modernistas, Bopp pretendia reativar o contato com uma região marginalizada e, mesmo, desconhecida do país. Queria, também, com essa imersão em um tempo e em um lugar depositários de cognições originárias, reencontrar uma dimensão da realidade que havia sido removida e que o Brasil de então, na ânsia de modernizar-se, estava perdendo irremediavelmente.

O livro é, pois, um convite para viver a experiência autêntica e visceral do contato com a substância e com a essência da poesia e do mito. Para realizar tal aventura, o autor muniu-se de instrumentos expressivos que a tornam rara e estimulante.

Bopp havia participado da vida estranhamente mágica da floresta amazônica, havia escutado as vozes e os silêncios da vegetação, a pulsação de forças invisíveis que condicionam o mundo animal e vegetal, o que o levou à importante intuição de que aquele magma não se adaptaria a uma linguagem poética tradicional (1966, p.110):

O romanceiro amazônico, de uma substância poética fabulosa, não podia se acomodar num perímetro de composições medidas. Os moldes métricos serviam para dar expressão às coisas do universo clássico. Mas deformam ou são insuficientes para refletir, com sensibilidade, um mundo misterioso e obscuro, com vivências pré-lógicas. Precisa-se, por isso, romper com essas limitações; ensaiar qualquer coisa em linguagem solta, em moldes rítmicos diferentes.

Vale observar que é exatamente em tal intuição – de que é necessário criar uma poesia nova, "à maneira da vida vegetal" (Bopp, 1977, p.12) – que podemos encontrar a chave de interpretação da linguagem insólita e original de *Cobra Norato*,

*Poesia, mito e história no Modernismo brasileiro*

linguagem de caráter analógico, animístico, sinestésico, de grande expressividade. Existe, na obra, a busca de uma simbiose perfeita entre conteúdos e meios expressivos: é a floresta que dita o seu vocabulário e a sua sintaxe, é o mito que inventa a própria linguagem. O poeta sente na Amazônia aquilo que ele chama de "imposição telúrica" do ambiente, a mesma que ditou os primeiros versos do texto, aos quais foram se acrescentando outros e outros. E Bopp afirma: "Fui eliminando o bagaço verbal, de modo a resguardar a ressonância silábica, na sua simplicidade" (1966, p.111).

Bopp, como outros modernistas de destaque – Mário de Andrade, Jorge de Lima, Cassiano Ricardo e Manuel Bandeira –, começa a fazer poesia segundo os esquemas métricos tradicionais, de tendência simbolista ou parnasiana. São desse tipo os poemas de seu período de juventude, reagrupados em séries temáticas: sobre as cidades históricas, sobre os tipos femininos, sobre os aspectos da vida rural do Brasil etc. O poeta realiza um esforço para se libertar de tal estrutura métrica e rítmica e adquirir um estilo em consonância com o mundo que ele pretende reevocar pela poesia.

Já vimos o quanto ele se deixa fascinar pela linguagem inusitada que descobre nos mitologemas e nas lendas em tupi e português, recolhidos pelo folclorista Brandão de Amorim nas aldeias indígenas amazônicas. Naquele mundo, afirma o poeta, "as árvores falavam. O sol andava de um lugar para outro. Os filhos do trovão levavam, de vez em quando, o verão para o outro lado do rio" (Bopp, 1977, p.59).

Sabemos que Raul Bopp recolheu muito material em suas viagens pelo interior daquela região. Quando mais tarde ele procurou dar forma literária a tal material, sentiu – se não queria trair o significado mais íntimo e profundo de tudo aquilo – que devia encontrar uma linguagem diversa da épica e da lírica tradicionais. E é assim que ele procede quando plasma um estilo segundo a peculiar configuração dos mitologemas e lendas tupis, nos quais é possível detectar, como afirma, "germens de poesia pura" (ibid.).

Bopp voltará a percorrer, dessa forma, uma estrada já aberta por José de Alencar, que havia enfrentado semelhantes problemas em suas obras indianistas, sobretudo no livro *Iracema*. A grande questão da literatura brasileira, para José de Alencar (1990a, p.89), era a de traduzir, nos moldes da língua portuguesa – sem falsear nem deturpar –, a simplicidade, o intenso lirismo, a afetividade e a plasticidade da linguagem indígena. Por isso, Alencar considerava imprescindível o conhecimento da língua tupi. Também para Raul Bopp tal conhecimento era importante, tanto que, como testemunha Plínio Salgado (1928), ambos passaram noites inteiras nesse estudo.

Podemos afirmar que Bopp conseguiu realizar em sua obra poética aquilo que havia auspiciado José de Alencar, ou seja, repassar ao português todo o intenso e inusitado lirismo de uma língua para a qual o mito é ainda uma realidade elementar, primária. Alguns críticos assinalaram a natureza concreta e visual das imagens boppianas. Tal objetivação de sensações e de sentimentos é uma das características da linguagem indígena, que prefere o concretismo e em geral rejeita os nomes abstratos.

Outro aspecto saliente da linguagem boppiana é, como vimos, o seu caráter dinâmico e animístico, atributo típico das fábulas, lendas e mitos. Para criar tal efeito, o autor serviu-se abundantemente, como o fez também Cassiano Ricardo em *Martim Cererê*, da personificação e da prosopopeia.

Tudo está impregnado de vida em *Cobra Norato*, todos os seres parecem dotados de uma energia vital extraordinária, a mesma que redesenha, continuamente, a geografia física e até metafísica da floresta e do rio. Amarilis G. Hill (in Bopp, 1975, p.64, n.21) afirma que boa parte da carga épico-dramática do texto deriva dessa intensa animização dos elementos paisagísticos:

Poesia, mito e história no Modernismo brasileiro

Arvorezinhas acocoram-se no charco
Um fio de água atrasada lambe a lama (Bopp, 1978a , p.7)

Sigo depressa machucando a areia
[...]
Caules gordos brincam de afundar na lama
Galhinhos fazem *psiu* (ibid., p.9)

Árvores-comadres
passaram a noite tecendo folhas em segredo (ibid., p.18)

Vem de longe
um trovão de voz grossa resmungando
Abre um pedaço do céu
Desabam paredões estrondando no escuro
Arvorezinhas sonham tempestades... (ibid., p.20)

O silêncio dói dentro do mato (ibid., p.27)

Riozinho vai pra escola
Está estudando geografia (ibid., p.31)

Lígia Averbuck (1985, p.159) observa que as 33 partes nas quais a obra se subdivide compõem, na verdade, 33 *flashes* da selva amazônica, "cenas e painéis móveis compostos por justaposição de imagens. As sequências dessas imagens instauram, numa espécie de 'montagem', uma sucessão de caracter cinematográfico".

São, de fato, recorrentes no texto metáforas de tipo visual e cinético que reproduzem a atividade febril das forças em contínua mutação: "rios afogados" (Bopp, 1978a, p.7), "ventres despovoados" (p.7), "árvores prenhas" (p.19), "galhos despenteados" (p.31), "cidades elásticas em trânsito" (p.33) etc.

São também abundantes as imagens auditivas e sonoras. O texto possui um caráter acentuadamente polifônico, no qual os elementos da floresta, dotados de vida, palavra, sentimentos, participam como entidades míticas do universo recriado pelo poeta. É notável a recorrência de tópicos que sugerem a multiplicidade de sons, a simultaneidade de vozes, de gritos ou silêncios: "Um berro atravessa a floresta/ Chegam outras vozes" (ibid., p.13); "Ouvem-se apitos um bate-que-bate" (p.17); "Correm vozes em desordem / Berram: *Não pode!*" (p.17); "a conversa dos rios/ que trazem queixas do caminho/ e vozes que vêm de longe/ surradas de ai ai ai" (p.27); "Vozes se dissolvem" (p.39); "Há gritos e ecos que se escondem" (p.42); "Silêncios imensos se respondem..." (p.47); "Grilos dão aviso/ Respondem lá adiante" (p.56) etc.

A narração é feita em primeira pessoa, mas o herói Norato, uma espécie de *alter ego* de Bopp, dialoga continuamente com os outros seres que participam da ação. O discurso passa, quase sem que se perceba, do direto ao indireto e vice-versa, embora o poeta assinale graficamente tal variação com o uso do travessão:

Aqui é a escola das árvores
Estão estudando geometria

– Vocês são cegas de nascença. Têm que obedecer ao rio

– Ai ai! Nós somos escravas do rio
[...]
Atravesso paredes espessas
Ouço gritos miúdos de ai-me-acuda:
Estão castigando os pássaros (Bopp, 1978a , p.15)

Graças a essa difusa dinamicidade fonológica, morfossintática e semântica do poema, cenários e ações do herói e dos outros personagens não são somente descritos, mas "representados". Essa, segundo Antônio Hohlfeldt (apud Bopp, 1978b, p.131-2), é a característica principal da poesia boppiana:

Poesia, mito e história no Modernismo brasileiro

[...] a dramatização do acontecido, através de uma transcrição dos sons, movimentos e cores dos elementos que constituem paisagem e personagens envolvidos na trama, como que presentifica e localiza (aqui e agora) o elemento do poema, ampliando por certo sua efetividade.

Justamente essa dramatização – ou "presentificação" de paisagens, cenas e ações – é um dos atributos do mito. A respeito, Mircea Eliade (1985, p.40) ressalta que o indivíduo, recitando ou celebrando o mito, se deixa impregnar pela atmosfera sacra, na qual se verificam os eventos por ele descritos: "Recitando os mitos, reintegra-se a este tempo fabuloso e, por consequência, tornamo-nos num certo sentido 'contemporâneos' dos acontecimentos evocados". Logo, narrar um mito é também reatualizá-lo, revivê-lo, expor-se às suas instâncias regeneradoras.

Por meio da linguagem poética, que é a mais próxima da mitologia, Bopp concretiza uma autêntica experiência cosmogônica. Transporta-nos, em outras palavras, a um momento de gênese: o processo de formação da floresta tropical, no seu fazer-desfazer contínuo, mas também, metaforicamente, a gênese do Brasil como nação plenamente consciente das próprias complexidades e contradições. Ampliando ainda mais o âmbito significativo da metáfora, podemos entrever em tal simbologia o perene fazer-se de cada elemento ou ser vivente, a gênese do indivíduo no seio materno e da própria vida sobre o planeta.

Podemos, pois, interrogar-nos como o autor conseguiu transformar o latente e onírico conteúdo cosmogônico do mito em linguagem poética, acessível, portanto, também aos que possuem um conhecimento ou uma experiência direta limitada do mito. Na verdade, afirma Lígia Averbuck (1985, p.142), "a visão mágico-mítica que formou a macroestrutura do poema se repete na sua microestrutura, na sua imagética, nas relações entre as palavras". Relações sempre insólitas, caracterizadas tanto pela inversão e deslocamento dos nexos lógicos entre os termos, quanto pela surpreendente adjetivação: "ilhas decotadas" (Bopp, 1978a, p.5), "árvores de galhos idiotas" (p.19), "águas defuntas" (p.19), "horizontes beiçudos" (p.23), "mata-paus vou-bem-de--saúde" (p.24), "mato espantado mal-acabado" (p.25), "música com gosto de lua" (p.27), "raízes com sono" (p.31), "solzinho infantil" (p.33), "galhos contrariados" (p.34), "céu demorado" (p.35), "paisagem bojuda" (p.39), "charco desdentado" (p.42), "águas órfãs" (p.42), "Mar desarrumado/ de horizontes elásticos" (p.48), "margens de beiços rachados" (p.50), "mangue de cara feia" (p.50) etc.

Também a presença de oximoros e antíteses é significativa, já que a estrutura concentrada, sintética e telegráfica da linguagem atenua ou anula os interstícios entre natural e sobrenatural, racional e irracional, lógica e mito: "rios afogados" (Bopp, 1978a, p.7), "raízes desdentadas mastigam lodo" (p.13), "o silêncio vai marchando como uma banda de música" (p.71), "neste silêncio de águas assustadas" (p.75) etc.

O léxico incorporado na obra é de tipo popular, cotidiano, afetivo, próprio dos relatos e contos orais. Raul Bopp dá, portanto, uma contribuição fundamental ao esforço modernista de criar uma língua literária nacional que assimile, também, as formas da língua falada. Bastam poucos exemplos para evidenciar o papel do poeta, ao lado de Mário de Andrade, Oswald de Andrade, Manuel Bandeira, Carlos Drummond de Andrade, nessa renovação literária:

– Putirum fica longe?
– Pouquinho só chega lá
Cunhado Jabuti sabe o caminho
– Então vamos (Bopp, 1978a, p.58)

Amor choviá
Chuveriscou (ibid., p.59)

Poesia, mito e história no Modernismo brasileiro

– Dê lembranças à dona Jabota (ibid., p.66)

Tamos chegando na ponta do Escorrega (ibid., p.78)

Ouço miando no mato a alma de gato
Tincuã quando pia é mau agoiro... (ibid., p.79)

– Pois então até breve, compadre
Fico le esperando
atrás das serras do Sem-fim (ibid., p.88)

Quanto à sintaxe, o poeta prefere a estrutura frásica coordenativa, breve e concisa, atributo também comum às lendas, fábulas e a vários tipos de contos orais. Quase cada verso corresponde a uma frase completa:

Acordo
A lua nasceu com olheiras
O silêncio dói dentro do mato (ibid., p.27)

Clareia
Os céus se espreguiçam (ibid., p.31)

– Mar fica longe, compadre?
– Fica
São dez léguas de mato e mais dez léguas
– Então vamos (ibid., p.40)

Os versos e as estrofes são livres. O ritmo não segue nenhum esquema fixo, é dinâmico, ondulado, fragmentado; obedece, ele também, à imposição telúrica ambiental. Às vezes é longo, lento, e o verso parece atolar-se no limo e na lama das águas estagnadas: "Águas defuntas estão esperando a hora de apodrecer" (ibid., p.19), "As águas grandes se encolheram com sono" (p.27),

299

Vera Lúcia de Oliveira

"O charco desdentado rumina lama" (p.42), "Raízes descalças afundam-se nos charcos" (p.49) etc. Outras vezes, como no episódio da pororoca,[13] a onda gigantesca causada pelo irromper das águas oceânicas no leito do Amazonas durante a alta maré, o ritmo precipita-se violento, veloz:

Vem que vem vindo como uma onda inchada
rolando e embolando (ibid., p.51)

Somem-se ilhas menores
debaixo da onda bojuda
arrasando a vegetação (ibid., p.51)

No canto XXV, no qual Norato se transforma em trovador, o texto é estruturado segundo um metro popular por excelência da língua portuguesa, a redondilha maior:

Tajá da folha comprida
não pia perto de mim
*Tajá*

Quando anoitece na serra
tenho medo que ela se vá
*Tajá*

Já tem noite nos seus olhos
de não-te-lembras-mais-de-mim
*Tajá*

---

13 Vale observar que Aurélio Buarque de Holanda, no *Novo Dicionário da Língua Portuguesa* (Rio de Janeiro: Nova Fronteira, 1975, p.1117), para definir o fenômeno da pororoca, utiliza justamente a descrição, extremamente concisa e eficaz, feita por Raul Bopp no livro *Putirum*. É bastante claro que não somente a Amazônia marcou Bopp, mas que o autor deixou a sua presença impressa naquele ambiente, visto que a sua obra é frequentemente utilizada por fornecer imagens autênticas e realistas daquela região.

Poesia, mito e história no Modernismo brasileiro

Ai serra do Adeus-Maria
não leva o meu bem pra lá
   *Tajá*

Tajá que traz mau agoiro
não pia perto de mim
   *Tajá* (ibid., p.64)

Também do ponto de vista fonético o texto é extremamente variado. Assinalamos a recorrência de onomatopeias, homofonias, aliterações, assonâncias, ecos e outras associações fônicas que reforçam o ritmo de encantamento, lembrando as fórmulas mágico-religiosas dos ritos aos quais os mitos se associam. Vejamos alguns exemplos:

- assonâncias: "Um charco de umbigo mole me engole" (Bopp, 1978a, p.10), "Estão soldando serrando serrando" (ibid., p.17);
- aliterações: "Sapo sozinho chama chuva" (p.19), "Lameiros se emendam/ Mato amontoado derrama-se no chão" (p.17);
- homofonias: "uma seriquara quara quara" (p.43), "Maria-fumaça passa passa passa" (p.72);
- onomatopeias: "Cai lá adiante um pedaço de pau seco:/ *Pum*" (p.13), "Saracurinhas piam piam piam" (p.23), "O céu tapa o rosto/ Chove... Chove... Chove..." (p.24), "e vozes que vêm de longe/ surradas de ai ai ai" (p.27), "Uei! Aqui vai passando um riozinho/ de águas órfãs fugindo/ – Ai glu-glu-glu/ Não-diz-nada pra ninguém" (p.42), "Uma árvore telegrafou para outra:/ *psi psi psi*" (p.72), "silêncio fez *tincuã*" (p.56), "Pajé assobia comprido *fiu... fiu*" (p.69);
- repetições: "Garcinha branca voou voou..." (p.39), "Agora estou com útero doendo ai ai" (p.43), "*Já-te-pego Já-te-pego*" (p.81), "– Devagar/ que chão duro dói chô chô" (p.78);

301

– anáforas: "Tem que entregar a sombra para o Bicho do Fundo/ Tem que fazer mirongas na lua nova/ Tem que beber três gotas de sangue" (p.8), "quero um rio emprestado pra tomar banho/ Quero dormir três dias e três noites" (p.26) etc.

O poeta recria uma linguagem de alto valor estético, na qual cada elemento contribui para reforçar o tema fundamental do texto, ou seja, o percurso, pelos meandros de um universo primitivo, que nos conduz a um tempo-espaço em que as coisas e os seres foram gerados. É tangível na obra a unidade inextricável entre os seus diversos níveis, do fonético ao morfológico, do lexical ao sintático.

Vem-nos, a propósito, o que afirmou Kerényi (1964, p.168) sobre a relação entre mito e palavra poética: "A língua da mitologia é de fato sempre tão poética que às vezes é impossível distinguir a mitologia de uma pura poesia". Ambas traduzem experiências irredutíveis à palavra e, não obstante, somente por meio da palavra elas podem ser expressas. Não uma palavra qualquer, porém, pode veicular esse conteúdo, somente a que tenha a propriedade de acolher em si também a imagem (ibid.), como é o caso da poesia. De fato, a poesia, por meio da imagem, induz-nos literalmente a recriar e a reviver a realidade. Nisso, a experiência poética e a mitológica se identificam: ambas se distinguem da experiência comum e habitual da vida cotidiana, ambas nos propiciam uma relação inaugural com o mundo, ambas nos remetem a um contato com a parte mais íntima e secreta da nossa alma.

Raul Bopp intuiu e interiorizou tão profundamente tal experiência cosmogônica que conseguiu recriar, com formas poéticas absolutamente vitais, esse percurso que nos leva ao contato misterioso com a substância latente do mito. E esse é o grande mérito de Bopp, o que torna seu livro profundamente atual e, não obstante o regionalismo implícito da obra, também universal.

Poesia, mito e história no Modernismo brasileiro

# O sentido do retorno às origens

Mircea Eliade (1985, p.79-119), analisando as relações entre escatologia e cosmogonia, ressalta o valor existencial do conhecimento das origens junto às sociedades tradicionais. Acrescenta, porém, que esse desejo de conhecer a origem de seres e coisas não se refere, exclusivamente, ao homem arcaico, mas caracteriza, também, a cultura ocidental. Existe uma singular e significativa tendência que parece aproximar povos das mais diversas e remotas culturas: a de um retorno cíclico e periódico ao passado. Esse retorno, que para algumas civilizações pode até mesmo significar um *regressus ad uterum* e, para outras, um volver ao estado caótico que precede a criação, manifesta acima de tudo a tentativa de "abolir o tempo transcorrido [...] e de recomeçar a existência com a soma intacta das próprias virtudes" (ibid., p.112).

Uma atitude assim direcionada, afirma ainda Eliade, corresponde à necessidade de lenir e mitigar uma inextricável dor existencial causada pelo fluir ininterrupto e impassível do tempo: "para curar-se da ação corrosiva do Tempo, é preciso *voltar para trás* e alcançar o *início do Mundo*" (ibid., p.115). Em tal processo, a memória assume inevitavelmente uma importância fundamental, porque é ela que recupera a consciência, a lembrança do passado, quer de eventos primordiais (no caso dos mitos), quer de fatos históricos que dizem respeito à coletividade ou ao indivíduo.

Em *Cobra Norato*, a ação se desenvolve, como vimos, em um pré-tempo de origens. O livro não é propriamente uma narração histórica nem mesmo pré-histórica, mas atemporal, isto é, reevoca um mundo originário que antecede e abre a estrada ao tempo histórico objetivo. O cenário na obra é magmático e caótico, cada coisa está pronta para se transformar em outra, o ar é saturado de perigos iminentes, como se as forças primordiais geradoras do mundo estivessem em plena atividade. A narração transporta-nos a esse universo e nos torna participantes dessa experiência criativa estimulante, associada à natureza do mito.

Vimos como Bopp retorna completamente transformado do período vivido na Amazônia. O contato e a identificação com aquele mundo, no qual o fenômeno do mito está presente e real, alargam a sua percepção da realidade, aprofundam a sua sensibilidade e afinam as suas faculdades poéticas, tanto que o primeiro núcleo do *Cobra Norato* foi elaborado justamente naquele momento. De volta ao Rio de Janeiro, em 1922, o poeta não consegue, depois daquela experiência, reinserir-se na pacata cotidianidade da vida citadina. Permanece estranho, como um estrangeiro num mundo em que a racionalidade e o progresso haviam interrompido o contato com uma parte importante da nossa psique.

Podemos supor, como efetivamente o fizemos, que nesse livro o poeta tenha desejado instaurar um diálogo com aquele Brasil para o qual o mito é fenômeno autêntico, que por meio da literatura ele tenha buscado o confronto entre essas duas faces não comunicantes do Brasil moderno. Não é por acaso que o poema termina com um convite simbólico feito a algumas personalidades relevantes de então, para assistirem ao matrimônio de Norato com a sua amada, vale dizer, para penetrar naquele contexto mítico e abrir-se às suas inéditas dimensões. O poeta envolve em seu relato alguns dos centros então mais ativos na ação de renovação artístico-literária do país: Belém, Porto Alegre, São Paulo:[14]

> No caminho
> vá convidando gente pro Caxiri grande
>
> Haverá muita festa
> durante sete luas sete sóis
>
> Traga [...]
> O Augusto Meyer Tarsila Tatizinha
> Quero povo de Belém de Porto Alegre de São Paulo (Bopp, 1978a, p.87-8)

---

14 Bopp omite a cidade do Rio de Janeiro, talvez porque, como se pode deduzir pelas suas memórias, não conservava dela uma boa recordação.

Poesia, mito e história no Modernismo brasileiro

O poeta-narrador de mitos descobre na Amazônia o segredo de um relacionamento inaugural com os elementos da natureza, fonte perene de poesia e vida. E, convicto disso, elabora o universo do seu poema, no qual revive essa dimensão primordial. Com a sua narração, ele parece querer infundir no Brasil moderno a capacidade regeneradora própria do mito, que é capaz de fazer que por meio dele se possam reviver o esboço e o desabrochar das coisas.

É esse o sentido do seu primitivismo, do seu retorno ao passado – um recuo no tempo, que se revela completamente diverso do realizado por Cassiano Ricardo e por Oswald de Andrade. Estes assumem uma perspectiva histórica, reveem as fases cronológicas e os acontecimentos que assinalaram a vida nacional, reafirmam ou contestam as versões oficiais daqueles mesmos fatos. Raul Bopp, ao contrário, em *Cobra Norato*, coloca-se fora do percurso histórico evolutivo.

Podemos interpretar essa nostalgia das origens, essa espécie de renovação ritual da gênese, como uma prática espiritual ligada à concepção mítica do tempo que Bopp tão bem assimilou, segundo a qual é possível repetir a cosmogonia, inaugurar periodicamente um novo ciclo temporal: em essência, recomeçar de novo. Retornar a um estado caótico, embrionário (e, nesse sentido, a Amazônia sugere eficazmente, além da imagem do inconsciente, a do ventre materno e a do caos primordial), comporta a possibilidade de poder, simbolicamente, renascer. Viabiliza, além disso, a reelaboração do passado, segundo coordenadas diversas, ou até a abolição de uma história dolorosa que não se consegue aceitar.

De fato, é inerente ao primitivismo antropofágico a convicção de que antes da colonização o índio vivia em uma espécie de idade do ouro: "Já tínhamos o comunismo. Já tínhamos a língua surrealista. A idade do ouro" (Andrade, 1990b, p.49). E mais: "Antes dos portugueses descobrirem o Brasil, o Brasil tinha descoberto a felicidade" (ibid., p.51). Esse estado de beatitude, no qual o índio parecia imerso, foi interrompido pelo processo de colonização, com suas leis repressivas, com a catequese e com a ordem autoritária imposta, totalmente estranha à cultura nativa. O retorno existencial de tipo psicanalítico-freudiano a fatos ou processos ocorridos *ab origine* tem, assim, a função de exorcizar sentimentos, tragédias, rancores longamente reprimidos pela coletividade. Esse foi sem dúvida o significado que assumiu o processo revisionista para os intelectuais da Antropofagia.

Se *Cobra Norato*, contudo, narra as origens, em vários outros poemas de Bopp o tempo, aliás a história (ao lado da geografia), figura como um elemento-chave, uma presença às vezes quase obsessiva. Basta ver, por exemplo, como é frequente o *incipit*: "Nossa história é assim" (Bopp, 1978a, p.97), "Começou desse jeito a nossa história" (ibid., p.105), "Principiou aí a tua história" (p.128). Nesse sentido, os textos "História" e "Herança" são fundamentais (ibid., p.97-9 e p.105-6). Ambos são tentativas de recontar, poeticamente, os acontecimentos históricos que marcaram o Brasil, a evolução de tais eventos, desde a chegada dos primeiros europeus, no século XVI ["Uma tarde um marujo disse:/ – Ué! que terra é essa?" (p.97)] até a atualidade modernista, na qual o "Brasil subiu até o 10º andar" (p.105).

De qualquer forma, vale observar que os textos que incorporam a dimensão cronológica também não anulam a vertente fabulosa e fantástica, a referência a figuras mitológicas que convivem e interagem com os personagens reais. É como se a história do Brasil não pudesse prescindir dos elementos míticos e mágicos que condicionaram a cultura, a religião, a organização social do país, nas suas várias fases. É por isso que no texto "Herança", por exemplo, ao lado das figuras históricas dos soldados e dos religiosos, participa do enredo dos fatos também o Jabuti, personagem mitológico representativo da cultura popular:

> E foram chegando soldados e frades
> Trouxeram as leis e os Dez Mandamentos
> Jabuti perguntou:
> "– Ora é só isso?" (Bopp, 1978a, p.105)

Poesia, mito e história no Modernismo brasileiro

O mito faz parte da cultura brasileira, já que ao menos dois dos seus elementos étnicos – o ameríndio e o africano – possuíam uma relação vital com ele. São mundos diversos que se encontraram e se chocaram de forma às vezes violenta, amalgamados ou sobrepostos por cinco séculos no continente americano; são perspectivas diferentes, modos opostos de relacionar-se com a natureza e o universo. Esse mosaico étnico, complexo e não homogêneo constitui hoje o Brasil, país multicultural por imposição da história e, hoje, também por vocação ética. Para Raul Bopp, nem a história, nem a literatura, nem qualquer leitura e interpretação dessa realidade podem prescindir dos elementos precariamente racionais que compõem o patrimônio cultural sincrético do Brasil.

No poema "Serapião" (ibid., p.111), vemos que o próprio Deus decreta: "– Brasil é meu/ mas não quero saber de muita bruxaria". É um discurso que podemos ouvir ainda hoje nas igrejas católicas e protestantes do Brasil, onde os padres e pastores estão em conflito perene com os outros credos populares, frequentemente mais difusos do que os dogmas e princípios do Cristianismo. No mesmo texto, depois de uma tal declaração, toda a realidade se empobrece, perde mistério e beleza:

Mato encolheu-se     Visagens se apagaram
Silêncio escutou a floresta
Maria Cata-piolho benzeu-se no escuro (Bopp, 1978a, p.111)

E Deus também não pode deixar de sentir o quanto resulta depauperado e triste um universo em que se reprimem alguns de seus componentes fundamentais:

Então Deus sem dizer nada
reuniu distâncias
Começou a ouvir histórias de ai-me-acuda
ploc-ti-ploc de lobisomem juntando esqueletos
queixas de mulher que não tinha útero

Deus ficou pensativo (ibid., p.111)

O Criador então, emblematicamente, decide:

– Pois não faz mal Brasil fica assim mesmo!
Podem fazer puçangas de mau olhado
usar figas contra quebranto
mirongas e benzeduras
pajé-bruxo pai-de-santo (ibid., p.111-2)

O poeta, dessa forma, recorda-nos a inevitabilidade de uma visão alargada da realidade que acolhe as sobreposições culturais e o sincretismo como fenômeno coletivo. O intelectual brasileiro não pode prescindir desse dado de fundo sem falsear a sua visão de mundo. O Brasil não é a Europa, e embora isso possa parecer hoje bastante óbvio, tal consciência é resultado de um longo e doloroso percurso. O vínculo com a cultura europeia revelou--se, muitas vezes, opressor em relação às peculiaridades locais e nacionais. O retorno de Bopp às nascentes do mito, isto é, àquela parte antiga e latente da cultura brasileira, tão profundamente radicada nas populações amazônicas, é mais uma tentativa de repropor, a seu modo, uma solução para um problema de fundo do Brasil, que Oswald de Andrade configurou genialmente em seu "Tupi or not tupi that is the question" (1990b, p.47).

Raul Bopp participa do clima geral de reflexão sobre as raízes da nacionalidade, mas efetua em *Cobra Norato* uma viagem que o leva para além da história (vista como narração sistemática dos fatos ligados à formação do país) e da geografia (vista como registro e inventário das peculiaridades regionais do Brasil), em uma dimensão mais profunda e enigmática do real, que não desdenha os aspectos arcanos e oníricos da psique humana e do inconsciente coletivo.

Oswald de Andrade, cujos interesses e reflexões tomaram o rumo de uma crítica mordaz contra a visão falseada dos fatos concernentes à história passada e à realidade presente do país, não permanece, todavia, estranho à tentativa boppiana de deci-

## Poesia, mito e história no Modernismo brasileiro

frar os aspectos da cultura brasileira mais estritamente ligados ao mito. E, de fato, toda vez que lhe foi solicitado um balanço das obras mais representativas do Modernismo, não hesitou:

> E com isso volto e insisto sobre a Semana de Arte Moderna. O Brasil tem alguma coisa incorporada ao melhor que o mundo fez nos laboratórios da literatura contemporânea. Tem *Cobra Norato* de Raul Bopp, tem *Macunaíma* de Mário de Andrade [...]. (Andrade, 1992b, p.48)

Oswald de Andrade reconhecia nas duas obras o mais alto resultado alcançado pelas lutas modernistas para a fundação de uma literatura autenticamente nacional. E não é certamente por acaso que ambas aproximam da experiência atual a realidade vivificante do mito.

O fato é que Bopp, nesse poema, soube remontar às raízes mais profundas e verdadeiras da cultura popular. É nesse sentido que Antônio Houaiss (apud Bopp, 1978b, p.102) afirma que não existe em nossas letras obra menos exótica, menos pitoresca, e, não obstante todo o intenso labor poético presente no texto, também menos literária, do que *Cobra Norato* de Raul Bopp. O poema conserva toda a riqueza e a autenticidade intrínseca à literatura oral, tanto que os críticos são unânimes em indicá-lo como o mais brasileiro entre os livros de poesia escritos em qualquer período da nossa literatura. Murilo Mendes (apud Bopp, 1978b, p.11) afirma o mesmo: "Eis aqui o grande poema propriamente brasileiro, que não poderia ter sido escrito por nenhum poeta de fora, mesmo conhecendo muito bem a linguagem e as coisas do Brasil".

E isso porque a ruptura efetuada por Raul Bopp com o sistema literário vigente dá-se por meio de uma imersão visceral naquele Brasil "cifrado" que os intelectuais frequentemente contemplavam de longe, sem a capacidade de estabelecer com ele um diálogo verdadeiro. "Quero correr meu país./ [...] ver coisas sem ser visto" (1978b, p.21). Mas não ser visto é impossível para um poeta que desvelou tão surpreendentemente o espírito intrínseco de sua terra. Vem-nos, quase espontaneamente, o mesmo pedido que fez seu filho no poema "Versos de um cônsul" (p.66):

Conta mais uma vez
como é que era mesmo o Brasil.

# Conclusão

A conclusão a que chegamos, depois da análise das obras que efetuamos nas páginas precedentes, é que a recuperação da memória histórica realizada por meio da literatura (processo que se verificou, como vimos, em várias fases), além de ter o valor "existencial" a que se refere Eliade quando estuda tal tendência em várias sociedades,[1] assume – no caso do Brasil – também uma importante função catártica. A comunidade deve reviver os traumas que sofreu, recordar as tragédias da sua história de nação colonizada, fazer as contas com remoções e complexos. Nesse processo, a memória serve para recompor todas as peças do mosaico sociológico, histórico e étnico-cultural, e, assim, reconquistar uma parte de si.

A práxis da anamnese historiográfica dessa literatura assume, portanto, valência e significados diversos em razão da situação histórico-social e cultural do Brasil, jovem nação com um difícil passado por reconstruir, um problemático presente e um futuro que é uma incógnita.

---

1 Como foi colocado, o ser humano retorna ao passado "para curar-se da obra do Tempo" (Eliade, 1985, p.101-19).

Tal práxis, porém, traz à luz também as incongruências e a relatividade das versões parciais da história – propostas como verdades incontestáveis pelos vários grupos que se alternaram no poder –, versões em que o testemunho dos excluídos e marginalizados chega incompleto, atenuado ou, até mesmo, mutilado. Como preencher as lacunas, recuperar essas zonas escuras, como evocar e tentar reconstruir os fatos e os acontecimentos na sua complexidade e globalidade? O problema que se põe é o da possibilidade de conhecer, integralmente, o passado, de poder resgatar para a consciência nacional a totalidade da experiência coletiva.

Ora, o conhecimento do passado será sempre, e inevitavelmente, mediado por documentos (crônicas, tratados, testemunhos escritos de vários gêneros, obras literárias) que representam a história codificada, sistematizada, mas também parcelar, parcial e "ideologizada" dos acontecimentos, dos conflitos e das crises, dos movimentos, enfim, da sociedade, no tempo e no espaço.

A esse ponto, resulta evidente que a desestruturação simbólica de tais fontes, reiteradamente atuada pelos escritores brasileiros, é uma tentativa de subtrair-se a uma interpretação hegemônica e determinística da própria história: um subtrair-se que não significa, porém, a abolição do tempo passado – o que seria um contrassenso –, mas um esforço de recuperação também da história dos que, por um motivo ou outro, foram excluídos, dos que foram arrastados pelos eventos, dos grupos e etnias – como a indígena – que não tiveram a possibilidade de codificar, senão em formas precárias e marginais, a tragédia e a dor da própria impossibilidade de existir.

O esforço de reatar os fios com o passado e de recuperar a voz dos marginalizados da história marca o percurso dos escritores brasileiros nos momentos mais fecundos de reflexão sobre a própria realidade, de redescoberta do próprio patrimônio cultural e de redefinição de novas estratégias futuras. O processo, como vimos, foi iniciado de maneira hesitante pelos românticos,

Poesia, mito e história no Modernismo brasileiro

mas encontra a sua atuação e plena maturidade nas primeiras décadas do século XX, concomitantemente com o desgaste quase generalizado da concepção progressiva e progressista da história que se impôs a partir do Iluminismo.

A Semana de Arte Moderna traz à tona a pluralidade de vozes distintas do país, as antinomias entre as várias regiões e – o que é mais lacerante, mas também mais repleto de ressonâncias e potencialidades – a consciência da profunda sujeição cultural, passivamente aceita e até mesmo cultivada pelos intelectuais e pela comunidade em relação à Europa e, mais recentemente, aos Estados Unidos. Essa tomada de consciência dos problemas nacionais mais prementes e graves, do processo de despersonalização que o país vivia há séculos, inicialmente em modo coato e, a seguir, irresponsavelmente passivo, exigia diagnósticos e soluções drásticas e eficazes.

À nova consciência adquirida e à respectiva revisão dos valores dominantes, dos esquemas interpretativos da realidade, dos modelos culturais interiorizados, seguem propostas de reconstrução e elaboração de um novo percurso, no qual seriam incorporadas as dimensões, esquecidas ou removidas, da herança do passado. Mas esse não poderá mais ser um discurso estritamente histórico, porque ao historiador não é permitido inventar a história ou reconstruí-la segundo estímulos, pressões, condicionamentos, exigências contextuais e pragmáticas de vário tipo que lhe assomam à consciência, embora tudo isso de uma forma ou outra acabe por influenciá-lo.

É por meio da literatura ou, mais precisamente, da poesia que se procede à recuperação de um conjunto de experiências que a história, sozinha, não pode restituir integralmente. Não é por acaso que *Pau-Brasil*, *Martim Cererê* e *Cobra Norato*, três das obras fundamentais do processo revisionístico realizado pelos modernistas, no período que vai de 1925 a 1930, são obras poéticas.

A poesia é a linguagem da integridade do ser, é o esforço de reunificar segmentos do real fragmentado, é a possibilidade de harmonizar contradições insanáveis em outros âmbitos. A poesia, embora seja palavra da história, como afirma Octavio Paz (1982, p.28), transcende a história. E o poeta italiano Andrea Zanzotto (1921-2011) sustenta que podemos obter mais informações sobre o mundo antigo "através de um fragmento de experiência recuperada, 'salva' pela poesia, do que através da pesquisa e dos estudos arqueológicos" (Oliveira, 1998-9, p.13).[2] A poesia nos restitui o enredo, o emaranhamento de sentimentos e fatos humanos que a irreversibilidade do tempo condena a um limbo amorfo.

Vimos que Oswald de Andrade, em *Pau-Brasil*, recupera, entre tantos fragmentos do passado, uma série de cenas da vida cotidiana dos escravos, que testemunham a realidade brutal dessa instituição social que no Brasil só foi abolida em 1888. É todo um mundo que, por meio da poesia, conquista novamente contorno, concreção, como também faculdade de projetar-se além das fronteiras espaço-temporais e de impor-se às nossas consciências. Por outro lado, Raul Bopp, em *Cobra Norato*, demonstra que a poesia nos dá acesso a um tempo de gênese, ainda não historiado e, portanto, não marcado pelo despotismo de forças que condicionam o destino de indivíduos e de povos inteiros. Logo, essas obras se configuram como etapas do processo de anamnese catártica que estamos aqui delineando.

Oswald de Andrade, Cassiano Ricardo e Raul Bopp, repercorrendo momentos salientes da história do próprio país, recuperaram para a coletividade dimensões inéditas da realidade, propuseram um relacionamento diverso, de qualquer forma mais crítico e consciente com o passado, e consequentemente também com o presente. Mas há mais: encontra inconfundível eco em suas obras a reivindicação de uma arte e de uma literatura

---

2 Entrevista concedida à autora e publicada na revista *Insieme*, São Paulo, n.7, p.9-15, 1999.

capazes de refletir as peculiaridades regionais no âmbito de uma inalienável universalidade.

É justamente por isso que elas representam contribuições indispensáveis ao debate sobre a definição de uma identidade nacional, prioritário para um país de origem colonial, como ficou evidenciado por meio da constância com que a literatura brasileira retorna à questão. Afirma Jorge de Sena (1988, p.265--80),[3] a tal propósito, que o problema dos brasileiros sempre foi o receio que tiveram de que a própria literatura não fosse suficientemente brasileira, ou seja, que não tivesse um nítido caráter nacional, uma inconfundível especificidade.

Na realidade, tal exigência extrapola o âmbito estético propriamente dito: é uma verdadeira questão ontológica, já que a literatura, sem prescindir de sua intrínseca autonomia como fato estético, é um *modus* cognitivo entre os mais importantes: é um pôr-se defronte à vida, é uma visão do mundo condicionada por coordenadas espaço-temporais que nos permitem identificar um autor e uma obra como pertencentes a essa ou àquela tradição cultural específica, a esse ou àquele país.

O Modernismo rompeu, de fato, com as velhas estruturas mentais profundamente radicadas, com as visões maniqueístas da realidade, com as interpretações falseadas de questões prementes para o país. Existe nesses intelectuais um impulso quase heróico, uma necessidade de dessacralizar o poder, o totem, para poder crescer e olhar dentro de si sem medo. Eis, portanto, o discurso que altera e desnatura, intencionalmente, o significado do discurso preexistente. Por tanta audácia, foram alvos de ira e de indignação geral, o que era previsível e inevitável naquele contexto.

---

3 Cito aqui o estudo de um grande escritor português porque nos interessa a sua visão "de fora", embora especular, dos acontecimentos que caracterizaram a literatura brasileira a partir de 1922. Sobre as relações entre Modernismo brasileiro e português, ver Saraiva (1986) e Vieira (1991).

Se à maturidade se chega por meio da superação da paráfrase, como afirma Affonso Romano de Sant'Anna (1985, p.28), podemos dizer que, com o Modernismo, a literatura brasileira conquistou a sua plena independência e maturidade, transformando-se em legítimo veículo de expressão da realidade desse país. A própria língua literária foi alvo de profunda reflexão, acabando por fincar, definitivamente, suas raízes na realidade brasileira, impregnando-se dessa especificidade: uma nova forma para um novo conteúdo, uma forma em "con-formidade" com o conteúdo. Oswald de Andrade, Cassiano Ricardo e Raul Bopp, com maior ou menor carga polêmica, consolidam essa maturidade e esse equilíbrio, indispensáveis para um país que pretende ser agente da sua história, consciente das suas raízes, livre dos condicionamentos do passado, responsável pelas opções, progressos ou derrotas futuros.

# Bibliografia consultada

## Crônicas, tratados e outros textos dos séculos XVI e XVII

ABBEVILLE, C. d'. *História da Missão dos Padres Capuchinhos na Ilha do Maranhão e terras circunvizinhas* (em que se trata das singularidades admiráveis e dos costumes estranhos dos índios habitantes do país). Trad. de Sérgio Milliet. São Paulo: Martins, 1945. [Ed. orig.: Paris, 1614]

ANCHIETA, J. de. *Cartas, informações, fragmentos históricos e sermões.* Org. A. de Alcântara Machado. Rio de Janeiro: Academia Brasileira de Letras, 1933. [Ed. orig.: Paris, 1614].

_____. *Poesias.* Org. M. de L. de P. Martins. Belo Horizonte: Itatiaia; São Paulo: Edusp, 1989.

_____. *Poemas:* lírica portuguesa e tupi. Org. E. de A. Navarro. São Paulo: Martins Fontes, 1997.

ANCHIETA, J. de; NÓBREGA, M. da. *Nóbrega e Anchieta:* antologia. Org. H. A. Viotti. São Paulo: Melhoramentos, 1978.

ANTONIL, A. J. (pseud. de Giovannantonio Andreoni). *Cultura e opulência do Brasil.* Lisboa: Publicações Alfa, 1989. [ed. orig. Lisboa, 1711]

BRANDÃO, A. F. *Diálogos das grandezas do Brasil* – 1618. Org. C. de Abreu e R. Garcia. São Paulo: Melhoramentos, 1977. [ed. orig. Rio de Janeiro, 1930]

CAMINHA, P. V. de. *A carta de Pero Vaz de Caminha*. Org. J. Cortesão. Rio de Janeiro: Edições Livros de Portugal, 1943. [ed. orig. 1817]

_____. *A carta de Pero Vaz de Caminha*. Org. M. B. Nizza da Silva. 3.ed. Rio de Janeiro: Agir, 1989.

CARDIM, F. *Tratados da terra e gente do Brasil*. São Paulo: Cia. Editora Nacional; Brasília: INL, 1978. [A obra inclui os tratados: Do clima e terra do Brasil e de algumas cousas notaveis que se achão assim na terra como no mar; Do principio e origem dos Índios do Brasil e de seus costumes, adoração e ceremonias (ed. orig. em inglês, 1625) e o texto Informação da Missão do P. Cristovão Gouvêa às partes do Brasil – ano de 83, ou Narrativa epistolar de uma viagem e missão jesuítica (ed. orig. Lisboa, 1847)]

COLOMBO, C. *Giornale di bordo* (1492-1493). Org. R. Caddeo. Milão: Mondadori, 1973.

_____. *Cinque lettere autografe sulla scoperta dell'America*. Org. S. Musitelli. Turim: Messaggerie Pontremolesi, [s.d.].

GÂNDAVO, P. de M. de. *Tratado da terra do Brasil*: história da Província Santa Cruz. Belo Horizonte: Itatiaia; São Paulo: Edusp, 1980. [ed. orig. Lisboa, 1576.]

_____. *Tratado da Província do Brasil*. Rio de Janeiro: Instituto Nacional do Livro: Ministério da Educação e Cultura, 1965.

LAS CASAS, B. de. *Brevissima Relazione della Distruzione delle Indie*. Trad. it. P. Collo. Florença: Edizioni Cultura della Pace, 1991. [ed. orig. 1552-1553.]

LEITE, S. (Org.). *Novas cartas jesuíticas*. São Paulo: Cia. Editora Nacional, 1940.

LÉRY, J. de. *Colóquio de entrada ou chegada ao Brasil, entre a gente do país chamada Tupinambá e Tupiniquim, em linguagem brasílica e francesa*. Org. P. Ayrosa. Apêndice à *Viagem à Terra do Brasil*. Trad. de Sérgio Milliet. São Paulo: Martins; Edusp, 1972a. p.219-40.

_____. *Histoire d'un voyage faict en la Terre du Brésil*. Org. P. Gaffarel. Paris: Alphonse Lemerre Éditeur, 1880. 2v. [ed. orig. 1578].

_____. *Viagem à Terra do Brasil*. Trad. de Sérgio Milliet. São Paulo: Martins; Edusp, 1972b.

MARTINS, W. A literatura e o conhecimento da terra. In: COUTINHO, A. (Org.). *A literatura no Brasil*. 2.ed. Rio de Janeiro: Sul-Americana, 1968. v.I, p.110-20.

MONTAIGNE, M. de. *Saggi*. Trad. it. V. Enrico. Milão: Mondadori, 1991. 2v. [ed. orig. *Essais*, 1580-1588].

Poesia, mito e história no Modernismo brasileiro

NÓBREGA, M. da. *Diálogo sobre a conversão do gentio*. Org. S. Leite. Lisboa: [s.n.], 1954. [ed. orig. 1880]

_____. *Cartas do Brasil* (1549-1560). Belo Horizonte: Itatiaia; São Paulo: Edusp, 1988.

PIGAFETTA, A. Viaggio atorno il mondo fatto e descritto per messer Antonio Pigafetta. In: RAMUSIO, G. B. *Navigazioni e viaggi*. Org. M. Milanesi. Turim: Einaudi, 1979. v.2.

_____. *Fernão de Magalhães*: a primeira viagem à volta do mundo contada pelos que nela participaram. Trad. de N. Águas. [S.l.]: Publicações Europa-América, 1986. [ed. orig. francês, entre 1526 e 1536]

RAMUSIO, G. B. *Navigazioni e viaggi*. Org. M. Milanesi. Turim: Einaudi, 1978-1985. 6v. [ed. orig. *Navigationi et viaggi*. Veneza, 1550-1559, 3v.]

SALVADOR, V. do. *História do Brasil 1500-1627*. Org. e nota preliminar de C. de Abreu e R. Garcia. 4.ed. São Paulo: Melhoramentos, 1954. [ed. orig. 1889]

SOUZA, G. S. de. *Tratado descritivo do Brasil em 1587*. 4.ed. São Paulo: Cia. Editora Nacional; Edusp, 1971. [ed. orig. Lisboa, 1825]

SOUZA, P. L. de. *Diário da navegação (1530-1532)*. Lisboa: Agência Geral do Ultramar, 1968. [ed. orig. Lisboa, 1839]

STADEN, H. *La mia prigionia tra i cannibali (1553-1555)*. Trad. it. A. Guadagnin. Milão: Longanesi & C., 1970. [ed. orig. Marburg, 1557]

THEVET, A. *Les Singularitez de la France Antarctique*. Org. P. Gaffarel. Paris: Maisonneuve & Cie, Libraires-Éditeurs, 1978. [ed. orig. Paris, 1558]

_____. *As singularidades da França Antártica*. Trad. de E. Amado. Belo Horizonte: Itatiaia; São Paulo: Edusp, 1978.

VASCONCELOS, S. de. *Vida do venerável Padre José de Anchieta*. Org. S. Leite. Rio de Janeiro: [s.n.], 1943. 2v. [ed. orig. Lisboa, 1658]

_____. *Crônica da Companhia de Jesus*. Org. S. Leite. 3.ed. Petrópolis: Vozes; Brasília: INL, 1977. 2v. [ed. orig. Lisboa, 1663]

VESPUCCI, A. *Lettere di viaggio*. Org. L. Formisano. Milão: Mondadori, 1984a.

_____. *Mundus Novus*. Org. M. Pozzi. Milão: Serra e Riva Editori, 1984b. [ed. orig. Firenze, 1503?]

## Sobre as crônicas e o período colonial

ABREU, J. C. de. *Capítulos de história colonial (1500-1800) & Os caminhos antigos e o povoamento do Brasil*. Brasília: Ed. UnB, 1963.

ABREU, J. C. de. Nota preliminar. In.: SALVADOR, V. do. *História do Brasil 1500-1627*. Org. e nota preliminar de C. de Abreu e R. Garcia. 4.ed. São Paulo: Melhoramentos, 1954. [ed. orig. 1889]

ARAUJO, W. O ouro do Brasil. *D. O. Leitura*, São Paulo, p.11-4, jul.1992.

AVELLA, N. L'Eden, il buon selvaggio e l'isola: considerazioni su alcuni 'topoi' mitologici nella cultura brasiliana. *Letterature d'America*. Roma: Bulzoni, ano II, n.8, p.89-111, 1981.

AZEVEDO, T. de. Esplorazione, colonizzazione e evangelizzazione. In: *Indios del Brasile*: culture che scompaiono. Roma: Museo Preistorico ed Etnografico Luigi Pigorini: Ministero per i Beni Culturali e Ambientali, 1983. p.15-20.

BELLINI, G. (Org.). *L'America tra reale e meraviglioso*: scopritori, cronisti, viaggiatori. Roma: Bulzoni, 1990.

BELLUZZO, A. M. de M. (Org.). *O Brasil dos viajantes*. São Paulo: Fundação Odebrecht, 1994.

BOSI, A. *Dialética da colonização*. São Paulo: Companhia das Letras, 1992.

BUENO, E. *A viagem do descobrimento*: a verdadeira história da expedição de Cabral. Rio de Janeiro: Objetiva, 1998a.

_____. *Náufragos, traficantes e degredados*: as primeiras expedições ao Brasil. Rio de Janeiro: Objetiva, 1998b.

CASTELLO, J. A. *A Literatura Brasileira*: manifestações literárias da Era Colonial. 2.ed. São Paulo: Cultrix, 1965.

CHIAVENATO, J. J. *Bandeirismo*: dominação e violência. 4.ed. São Paulo: Moderna, 1991.

CIDADE, H. *O bandeirismo paulista na expansão territorial do Brasil*. Lisboa: Empresa Nacional de Publicidade, [s.d.].

CIMÒ, P. *Il Nuovo Mondo*: la scoperta dell'America nel racconto dei grandi navigatori italiani del Cinquecento. Milão: Mondadori, 1991.

COMISSÃO Nacional para as Comemorações dos Descobrimentos Portugueses. *Brasil – Nas vésperas do mundo moderno*. Lisboa: Quetzal, 1992.

COSTA, M. F. *O descobrimento da América e o Tratado de Tordesilhas*. Lisboa: Instituto de Cultura Portuguesa, 1979.

COUTO, J. Pero de Magalhães de Gândavo e a sua *História do Brasil* no contexto da cultura renascentista portuguesa. In: CECCUCCI, P. (Org.). *Le caravelle portoghesi sulle vie delle Indie*. Roma: Bulzoni, 1993. p.255-64.

Poesia, mito e história no Modernismo brasileiro

COUTO, J. *Ameríndios, portugueses e africanos, do início do povoamento a finais de Quinhentos*. Lisboa: Edições Cosmos, 1995.

ELLIS, A. *O bandeirismo paulista e o recuo do meridiano*. 2.ed. São Paulo: Cia. Editora Nacional, 1934.

_____. O bandeirismo na economia do século 17. In: TAUNAY, A. de et al. *Curso de bandeirologia*. São Paulo: Departamento Estadual de Informações, 1946.

FINAZZI-AGRÒ, E. L'Isola Meravigliosa. L'invenzione del Brasile. In: CECCUCCI, P. (Org.). *Le caravelle portoghesi sulle vie delle Indie*. Roma: Bulzoni, 1993. p.139-50.

FORMISANO, L. La tradizione dei quattro viaggi e la questione vespucciana. In: FORMISANO, L. et al. *Amerigo Vespucci: la vita e i viaggi*. Florença: Banca Toscana, 1991. p.160-89.

FREYRE, G. *Casa-grande & senzala* (formação da família brasileira sob o regime da economia patriarcal) [1933]. 26.ed. Rio de Janeiro: Record, 1989.

_____. *Novo Mundo nos trópicos* [1969]. Ed. rev. Lisboa: Livros do Brasil, [s.d.].

GUADAGNIN, A. Il mercenario Hans Staden. In.: STADEN, H. *La mia prigionia tra i cannibali (1553-1555)*. Milão: Longanesi & C., 1970.

GLIOZZI, G. Le scoperte geografiche e la coscienza europea. In: *La Storia – L'età moderna*: la vita religiosa e la cultura. Turim: Utet, 1986. p.81-103.

HEMMING, J. *Storia della conquista del Brasile – Alla ricerca dell "oro rosso"*. Trad. de P. Montagner. Milão: Rizzoli, 1982. [ed. orig. 1978.]

HOLANDA, S. B. de. *Monsões* [1945] 2.ed. São Paulo: Alfa-Omega, 1976.

_____. *Visão do paraíso*: os motivos edênicos no descobrimento do Brasil [1958]. 3.ed. São Paulo: Cia. Editora Nacional; Secretaria da Cultura, Ciência e Tecnologia de São Paulo, 1977.

_____. *Raízes do Brasil* [1936]. 19.ed. Rio de Janeiro: J. Olympio, 1987.

_____. *Capítulos de literatura colonial*. São Paulo: Brasiliense, 1991.

LARAIA, R. de B. Gândavo e os Tupinambás. *Comentário*, Rio de Janeiro, n.2, v.8, p.147-51.

MACHADO, A. *Vida e morte do bandeirante*. São Paulo: Martins; Brasília: INL, 1972.

MAESTRI, M. Considerações sobre o cativeiro do negro da terra no Brasil Quinhentista. *Estudos Ibero-Americanos*, PUC Rio Grande do Sul, v.XVI, p.197-210, 1990.

MAESTRI, M. No tempo do pau-brasil. *D. O. Leitura*, São Paulo, p.2-3, fev. 1991.

_____. Il difficile impatto con il Nuovo Mondo. *Calendario del Popolo*, Milão, p.62-9, jul. 1991.

_____. Tupinambás e portugueses nos primeiros tempos da Baía de Todos os Santos. *Veritas*, Porto Alegre, n.144, v.36, p.597-608, dez. 1991.

_____. Pobre América, rica Europa. *D. O. Leitura*, São Paulo, p.2, dez. 1991.

MAGALHÃES, B. de. *Expansão geográfica do Brasil colonial*. 4.ed. São Paulo: Cia Editora Nacional; Brasília: INL, 1978.

MAGNAGHI, A. *Amerigo Vespucci*. Roma: Fratelli Treves, [s.d.], 2v.

MARCHANT, A. *Do escravo à escravidão*: as relações econômicas de portugueses e índios na colonização do Brasil, 1500-1580. Trad. de C. Lacerda. 2.ed. São Paulo: Cia. Editora Nacional; Brasília: INL, 1980.

MARIOTTI, L. (Org.). *Esplorazione e conquista delle Americhe*. Bergamo: Lucchetti Editore, 1992.

MONTEIRO, J. M. *Negros da terra*: índios e bandeirantes nas origens de São Paulo. São Paulo: Companhia das Letras, 1994.

NEVES, J. A. das. (Org.). *Pedro Álvares Cabral, o descobridor do Brasil*. São Paulo: Elos Clube de São Paulo, 1987.

OLIVEIRA, V. L. de. O *outro*, aliás a *outra*, na visão da *Mundus Novus*. Seção Especial "I cinquecento anni del Brasile". *Palaver*, Lecce: Universitá degli Studi di Lecce, n.13, p.31-43, 2000.

PARRY, J. H. *La scoperta del Sudamerica*. Trad. de G. Guadalupi. Milão: Mondadori, 1981.

PELOSO, S. Il mondo nuovo di Amerigo Vespucci. In: ASSOCIAZIONE ITALIA-BRASILE (Org.). *Novamente Retrovato. Il Brasile in Italia 1500-1995*. Roma: Presidenza del Consiglio dei Ministri, [s.d.], p.18-21.

_____. Sistemi modellizzanti e opposizioni culturali nella "Carta" di Pero Vaz de Caminha. *Letterature d'America*, Roma, Bulzoni, ano II, n.8, p.45-59, 1981.

_____. Il buon selvaggio e il diavolo antropofago: il Brasile di Amerigo Vespucci e Antonio Pigafetta. In: *Storie di viaggiatori italiani*. Milão: Electa, 1987. p.28-37.

PICCHIO, L. S. *Mar aberto*: viagens dos portugueses. Lisboa: Editorial Caminho, 1999.

PINTO, O. da R. *Cronologia da construção do Brasil (1500-1889)*. Lisboa: Livros Horizonte, 1987.

Poesia, mito e história no Modernismo brasileiro

PIZZORUSSO, V. B. Uno spettacolo per il Re: l'infanzia di Adamo nella "Carta" di Pero Vaz de Caminha. *Quaderni Portoghesi*, Roma, n.4, p.49-81, 1978.

RADULET, C. M. Paesi nuovamente ritrovati: le prime notizie sul Brasile. *Quaderni Portoghesi*, Roma, n.4, p.83-99, 1978.

_____. Politica e miti edenici in una relazione del 1533 sulla spedizione di Martim Afonso de Souza. *Letterature d'America*, Roma, Bulzoni, ano II, n.8, p.61-82, 1981.

RIBEIRO, J. Problemas fundamentais do folclore dos bandeirantes. In: TAUNAY, A. E. et al. *Curso de Bandeirologia*. São Paulo: Departamento Estadual de Informação, 1946.

ROCHA PITTA, S. da. *História da américa portuguesa* [1730]. 2.ed. São Paulo: Edusp; Belo Horizonte: Itatiaia, 1980.

ROMANO, R. *Mecanismos da conquista colonial*. São Paulo: Perspectiva, 1973.

SURDICH, F. *Verso il Nuovo Mondo*: la dimensione e la coscienza delle scoperte. Florença: Giunti, 1991.

TAUNAY, A. *História das bandeiras paulistas*. 3.ed. São Paulo: Melhoramentos; Brasília: INL, 1975.

TAUNAY, A. de et al. *Curso de bandeirologia*. São Paulo: Departamento Estadual de Informações, 1946.

VIEIRA, A. *Obras escolhidas*. Org. A. Sérgio e H. Cidade. Lisboa: Livraria Sá da Costa, 1951. (v.III – Em defesa dos índios; v.V. – Obras várias.)

_____. *Sermões*: problemas sociais e políticos do Brasil. 4.ed. Org. A. Soares Amora. São Paulo: Cultrix, 1990.

VIEIRA, H. *Bandeiras e escravagismo no Brasil*. São Paulo: Secretaria da Cultura, Esportes e Turismo, 1968.

VOGT, C.; LEMOS, J. A. G. de. (Orgs.). *Cronistas e viajantes*. São Paulo: Abril Educação, 1982.


# O indianismo romântico

## Textos

ALENCAR, J. M. de. *As minas de prata* [1875]. 6.ed. Rio de Janeiro: J. Olympio, 1967.

_____. *Ubirajara* [1874]. 8.ed. São Paulo: Ática, 1984.

Vera Lúcia de Oliveira

ALENCAR, J. M. de. *O guarani* [1857]. 12.ed. São Paulo: Ática, 1986.

_____. *Iracema* [1865]. 22.ed. São Paulo: Ática, 1990a.

_____. *Como e por que sou romancista* [1893]. Campinas: Pontes, 1990b.

DIAS, A. G. *Primeiros cantos* [Rio de Janeiro, 1846]; *Segundos Cantos e Sextilhas de Frei Antão* [Rio de Janeiro, 1848]; *Últimos Cantos* [Rio de Janeiro, 1851]; *Os Timbiras* [Leipzig, 1857]. In: *Poesias completas.* Rio de Janeiro: Edições de Ouro, 1971.

_____. *Ainda uma vez – Adeus! (Poemas escolhidos).* Org. A. de Guimaraens Filho. Rio de Janeiro: José Aguilar; Brasília: INL, 1974.

## Estudos

ALENCAR, H. de. José de Alencar e a ficção romântica. In: COUTINHO, A. (Org.). *A literatura no Brasil*: romantismo. Rio de Janeiro: Sul-Americana, 1969. p.217-56.

BARBOSA, J. A. Leitura de José de Alencar. In: ALENCAR, J. de. *O guarani.* 12.ed. São Paulo: Ática, 1986. p.3-8.

BERALDO, J. L. (Org.). *Literatura comentada*: José de Alencar. São Paulo: Abril Educação, 1980.

BOSI, A. Um mito sacrificial: o indianismo de Alencar. In: *Dialética da colonização.* 2.ed. São Paulo: Companhia das Letras, 1992. p.176-93.

BRITO, M. da S. Informe sobre o homem e o poeta Gonçalves Dias. In: DIAS, A. G. *Poesias completas.* São Paulo: Saraiva, 1950. p.7-52.

CANDIDO, A. Os três Alencares. In: *Formação da literatura brasileira*: momentos decisivos. São Paulo: Martins, 1964. v.2, p.221-35.

CASCUDO, L. da C. Montaigne e o índio brasileiro. *Cadernos da Hora Presente*, São Paulo, separata do n.6, jan. 1940.

CASTELLO, J. A. Indigenismo/Indianismo – seus fundamentos externos e internos. In: *Estudos portugueses*: homenagem a Luciana Stegagno Picchio. Lisboa: Difel, 1991. p.899-911.

_____. *A polêmica sobre "A Confederação dos Tamoios".* São Paulo: Faculdade de Filosofia, Ciências e Letras da USP, 1953.

CERULLI, E. L'ottica del diverso: l'immagine dell'indio del Brasile in Europa, tra i secoli XVI-XIX In: MUSEO PREISTORICO ED ETNOGRAFICO LUIGI PIGORINI. *Indios del Brasile*: culture che scompaiono. Roma: Ministero per i Beni Culturali e Ambientali, 1983. p.21-8.

Poesia, mito e história no Modernismo brasileiro

COUTINHO, A. *A tradição afortunada*: o espírito de nacionalidade na crítica brasileira. Rio de Janeiro: J. Olympio; São Paulo: Edusp, 1968.

CUNHA, F. *O romantismo no Brasil*: de Castro Alves a Sousândrade. Rio de Janeiro: Paz e Terra, 1971.

FERREIRA, M. C. *O indianismo na literatura romântica brasileira*. Rio de Janeiro: Imprensa Nacional, 1949.

FRANCO, A. A. de M. *O índio brasileiro e a Revolução Francesa*: as origens brasileiras da teoria da bondade natural [1937]. 2.ed. Rio de Janeiro: J. Olympio; Brasília: INL, 1976.

FREIXIEIRO, F. Iracema, a terra. In: *Da razão à emoção II*. Rio de Janeiro: Tempo Brasileiro, 1971. p.13-24.

GLIOZZI, G. Il 'Mito del buon selvaggio' nella storiografia tra Ottocento e Novecento. *Rivista di Filosofia*, Turim, n.3, v.58, p.288-335, jul.-set. 1967.

GONÇALVES, M. da C. O. D. *O índio do Brasil na literatura portuguesa dos séculos XVI, XVII e XVIII*. Coimbra: Ed. Coimbra, 1961.

GUIMARAENS FILHO, A. O poeta Gonçalves Dias. In: DIAS, A. G. *Ainda uma vez – Adeus! (Poemas escolhidos)*. Rio de Janeiro: José Aguilar; Brasília: INL, 1974.

LEITE, D. M. Romantismo e nacionalismo. In: *O amor romântico e outros temas*. 2.ed. ampl. São Paulo: Cia. Editora Nacional; Edusp, 1979. p.40-9.

LUCAS, F. O romantismo e a fundação da nacionalidade. *D. O. Leitura*, São Paulo, p.2-3, 5 dez. 1986.

MATOS, C. N. de. *Gentis guerreiros*: o indianismo de Gonçalves Dias. São Paulo: Atual, 1988.

MELO, G. C. de. *Alencar e a "Língua brasileira"*. 3.ed. Rio de Janeiro: Conselho Federal de Cultura, 1972.

MENDES, O. (Org.). *Romances indianistas*. Rio de Janeiro: Agir, 1968.

OLIVEIRA, V. L. de. O indianismo mítico e o indianismo autobiográfico. *D. O. Leitura*, São Paulo, p.6-7, abr. 1992.

_____. Mito e realtà nel romanzo *O guarani* di José de Alencar. *Andes*, Roma, p.80-6, 1993.

_____. L'indio nel Romanticismo brasiliano. *Quaderno*, Palermo, p.9-26, 1998.

PROENÇA, M. C. *José de Alencar na literatura brasileira*. Rio de Janeiro: Civilização Brasileira, 1966.

RICARDO, C. *O indianismo de Gonçalves Dias*. São Paulo: Conselho Estadual de Cultura, 1964.

SANTIAGO, S. Roteiro para uma leitura intertextual de *Ubirajara*. In: ALENCAR, J. *Ubirajara*. 8.ed. São Paulo: Ática, 1984. p.5-9.

# O modernismo

## Oswald de Andrade (1890-1954)

### Textos

Poesia

*Obras completas VII. Poesias reunidas* [1945]. 4.ed. Rio de Janeiro: Civilização Brasileira, 1974.

*O santeiro do mangue e outros poemas*. São Paulo: Globo; Secretaria de Estado da Cultura, 1991a.

Narrativa

*Obras completas I. Os condenados (Alma / A estrela do absinto / A escada)*. 3.ed. Rio de Janeiro: Civilização Brasileira, 1978.

*Obras completas II. Memórias sentimentais de João Miramar / Serafim Ponte Grande*. Rio de Janeiro: Civilização Brasileira, 1980a.

*Marco zero I*: a revolução melancólica [1943]. São Paulo: Globo, 1991b.

*Marco zero II*: chão [1945]. São Paulo: Globo, 1991c.

Teatro

*O homem e o cavalo* [1934]. São Paulo: Globo; Secretaria de Estado da Cultura, 1990a.

*A morta* [1937]. São Paulo: Globo; Secretaria de Estado da Cultura, 1991d.

*O rei da vela* [1937]. São Paulo: Globo; Secretaria de Estado da Cultura, 1991e.

Poesia, mito e história no Modernismo brasileiro

## Ensaios e memórias

*O perfeito cozinheiro das almas deste mundo* [datado 1918-1919]. São Paulo: Globo, 1992a.

*A utopia antropofágica.* São Paulo: Globo; Secretaria de Estado da Cultura, 1990b.

*Dicionário de bolso* [composto, provavelmente, entre 1934 e 1937]. Org. M. E. Boaventura. São Paulo: Globo; Secretaria de Estado da Cultura, 1990c.

*Ponta de lança* [1945]. São Paulo: Globo, 1991f.

*Um homem sem profissão*: sob as ordens da mamãe [1954]. São Paulo: Globo; Secretaria de Estado da Cultura, 1990d.

*Os dentes do dragão*: entrevistas. Org. M. E. Boaventura. São Paulo: Globo; Secretaria de Estado da Cultura, 1990e.

*Estética e política.* Org. M. E. Boaventura. São Paulo: Globo, 1992b.

## Jornalismo

*Obras completas X. Telefonema.* Org. V. Chalmers. 2.ed. Rio de Janeiro: Civilização Brasileira, 1976.

## Antologia

*Oswald de Andrade*: trechos escolhidos. Org. H. de Campos. Rio de Janeiro: Agir, 1967.

## Artigo sob pseudônimo

MIRAMAR, J. Feira das Quintas: Ora, futuristas... In: *Jornal do Comércio.* São Paulo, 4 nov. 1926. [S.p.].

## Estudos

ALMEIDA, M. de. Pau-Brasil. In: BATISTA, M. R.; LOPEZ, T. P. A.; LIMA, Y. S. de. *Brasil: 1º tempo modernista – 1917/1929 – Documentação.* São Paulo: Instituto de Estudos Brasileiros, USP, 1972. p.245-7.

Vera Lúcia de Oliveira

ALVIM, F. O 'Mangue' de Segall e Oswald. In: ANDRADE, O. de. *O santeiro do mangue e outros poemas*. São Paulo: Globo; Secretaria de Estado da Cultura, 1991. p.17.

ANDRADE, C. D. de. O homem do Pau-Brasil. In: BATISTA, M. R.; LOPEZ, T. P. A.; LIMA, Y. S. de. *Brasil: 1º tempo modernista – 1917/1929 – Documentação*. São Paulo: Instituto de Estudos Brasileiros, USP, 1972. p.238-9.

ANDRADE, Marília de. Oswald de Andrade e Maria Antonieta. Fragmentos, memória e fantasia. *Remate de Males*, n.6, p.67-75. Campinas: Instituto de Estudos da Linguagem, Unicamp, 1987.

ANDRADE, Mário de. Oswald de Andrade: Pau-Brasil Sans Pareil. Paris, 1925. In: BATISTA, M. R.; LOPEZ, T. P. A.; LIMA, Y. S. de. *Brasil: 1º tempo modernista – 1917/1929 – Documentação*. São Paulo: Instituto de Estudos Brasileiros, USP, 1972. p.225-32.

ANTUNES, B. Serafim antropófago. *Revista de Letras*, São Paulo, v.30, p.15-24, 1990.

ARAÚJO, J. de S. Caráter revolucionário da escritura de Oswald de Andrade. *D. O. Leitura*, São Paulo, p.7, dez. 1990.

ARINOS SOBRINHO, A. Oswald de Andrade – *Pau-Brasil*. *Revista do Brasil*, Rio de Janeiro, p.37-8, 10 set. 1926.

ÁVILA, M. Em 1988, reler a poesia pau-brasil de 1925. *Suplemento Literário de Minas Gerais*, Belo Horizonte, ano XXII, n.1102, p.4-5, 16 jul. 1988.

AZEVEDO FILHO, L. de (Org.). *Poetas do modernismo*: antologia crítica. Brasília: INL, 1972. v.1, p.23-97.

BANDEIRA, M. Poesia Pau-Brasil. In: *Andorinha, andorinha*. 2.ed. Rio de Janeiro: J. Olympio, 1986. p.247-8.

BOAVENTURA, M. E. *A vanguarda antropofágica*. São Paulo: Ática, 1985.

_____. O atelier de Tarsiwald. In: WILLEMART, P. et al. *I Encontro de Crítica Textual*: o manuscrito moderno e as edições. São Paulo: Faculdade de Filosofia, Letras e Ciências Humanas, Universidade de São Paulo, 1986a. p.27-40.

_____. (Org.). *Remates de males*: número especial dedicado a Oswald de Andrade. Campinas: Instituto de Estudos da Linguagem, Unicamp, n.6, 1986b.

_____. Os dentes do dragão Oswald. In: ANDADRE, O. de. *Os dentes do dragão*: entrevistas. São Paulo: Globo; Secretaria de Estado da Cultura, 1990a. p.7-14.

Poesia, mito e história no Modernismo brasileiro

BOAVENTURA, M. E. Um dicionarista antropófago. In: ANDRADE, O. de. *Dicionário de bolso*. São Paulo: Globo, Secretaria de Estado da Cultura, 1990b. p.5-18.

_____. Do órfico e mais cogitações. In: ANDRADE, O. de. *Estética e política*. São Paulo: Globo, 1992. p.7-15.

_____. *O salão e a selva*: uma biografia ilustrada de Oswald de Andrade. Campinas: Ed. da Unicamp; São Paulo: Ex Libris, 1995.

BRITO, M. da S. Oswald de Andrade antes da Semana de Arte Moderna. *Diário de São Paulo*, 21 nov. 1954.

_____. *Ângulo e horizonte*: de Oswald de Andrade à ficção científica. São Paulo: Martins, 1969. p.3-76.

_____. *As metamorfoses de Oswald de Andrade*. São Paulo: [s.n.], 1972.

_____. *Conversa vai, conversa vem*. Rio de Janeiro: Civilização Brasileira; Brasília: INL, 1974. p.24-6, 58-9, 67-9, 115-9.

_____. *Cartola de mágico*. Rio de Janeiro: Civilização Brasileira, 1976. p.100-8.

_____. O aluno de romance Oswald de Andrade. In: ANDRADE, O. de. *Obras completas I. Os condenados (Alma / A estrela do absinto / A escada)*. 3.ed. Rio de Janeiro: Civilização Brasileira, 1978. p.XVI-XXXVIII.

_____. *O fantasma sem castelo*. Rio de Janeiro: Civilização Brasileira, 1980. p.36-8, 63-8.

_____. O santeiro do mangue. In: ANDRADE, O. de. *O santeiro do mangue e outros poemas*. São Paulo: Globo; Secretaria de Estado da Cultura, 1991a. p.9-15.

_____. Oswald, democracia e liberdade. In: ANDRADE, O. de. *Ponta de lança*. São Paulo: Globo, 1991b. p.23-7.

_____. O perfeito cozinheiro das almas deste mundo. In: ANDRADE, O. de. *O perfeito cozinheiro das almas deste mundo*. São Paulo: Globo, 1992. p.VII-XII.

CAMPOS, A. de. Revistas re-vistas: os antropófagos. In: *Poesia, antipoesia, antropofagia*. São Paulo: Cortez & Moraes, 1978. p.107-24.

CAMPOS, H. de. Apresentação. In: *Oswald de Andrade*: trechos escolhidos. Rio de Janeiro: Agir, 1967. p.4-18.

_____. Miramar na mira. In: ANDRADE, O. de. *Memórias sentimentais de João Miramar*. 3.ed. Rio de Janeiro: Civilização Brasileira, 1972a. p.XI-XLV.

Vera Lúcia de Oliveira

CAMPOS, H. de. Serafim: um grande não-livro. In: ANDRADE, O. de. *Memórias sentimentais de João Miramar*. 3.ed. Rio de Janeiro: Civilização Brasileira, 1972b. p.99-127.

_____. Uma poética da radicalidade. In: ANDRADE, O. de. *Obras completas VII*: poesias reunidas. Rio de Janeiro: Civilização Brasileira, 1974. p.9-62.

_____. Estilística miramarina. In: *Metalinguagem*: ensaios de teoria e crítica literária. São Paulo: Cultrix, 1976. p.87-97.

_____. Arte pobre, tempo de pobreza, poesia de menos. *Novos Estudos Cebrap*, São Paulo, p.63-7, jun. 1982.

_____. Lirismo e participação. In: ANDRADE, O. de. *O santeiro do mangue e outros poemas*. São Paulo: Globo; Secretaria de Estado da Cultura, 1991a. p.45-53.

_____. Da razão antropofágica: a Europa sob o signo da devoração. *Colóquio/Letras*, Lisboa, n.62, p.10-25, jul. 1991b.

_____. Réquiem para Miss Cíclone, musa dialógica da pré-história textual oswaldiana. In: ANDRADE, O. de. *O perfeito cozinheiro das almas deste mundo*. São Paulo: Globo, 1992. p.XIII-XXIII.

CANDIDO, A. Oswald viajante; Digressão sentimental sobre Oswald de Andrade. In: *Vários escritos*. São Paulo: Duas Cidades, 1977. p.51-87.

_____. Oswáld, Oswaldo, Ôswald; Prefácil inútil. In: ANDRADE, O. de. *Um homem sem profissão*: sob as ordens da mamãe. São Paulo: Globo; Secretaria de Estado da Cultura, 1990. p.11-8.

_____. Estouro e libertação. In: *Brigada ligeira e outros escritos*. São Paulo: Editora Unesp, 1992. p.17-32.

CASTRO, S. Oswald de Andrade. In: *A revolução da palavra*: origens e estrutura da literatura brasileira moderna. Petrópolis: Vozes, 1976. p.103-6.

CHALMERS, V. M. Passagem do inferno. In: ANDRADE, O. de. *O santeiro do mangue e outros poemas*. São Paulo: Globo; Secretaria de Estado da Cultura, 1991. p.69-83.

_____. Desconversa. In: ANDRADE, O. de. *Telefonema*. Rio de Janeiro: Civilização Brasileira; Brasília: INL, 1971. p.XV-XXIV.

CHAMIE, M. A escrita do pan-sexualismo – Oswald de Andrade. In: *A linguagem virtual*. São Paulo: Quíron; Conselho Estadual de Cultura, 1976, p.5-57.

CRESPO, A. Introducción breve a Oswald de Andrade. *Revista de Cultura Brasileña*, Madri, t.VII, n.26, p.189-258, set. 1968.

DUARTE, L. M. P. Tempo, mito e ideologia em Oswald de Andrade. *Suplemento Literário de Minas Gerais*, Belo Horizonte, ano XI, n. 523, p.12, 25.9.1976.

ELEUTÉRIO, M. de L. *Oswald*: itinerário de um homem sem profissão. Campinas: Ed. da Unicamp, 1989.

_____. Posse ou propriedade, eis a questão. In: ANDRADE, O. de. *Marco Zero I*: a revolução melancólica. São Paulo: Globo, 1991. p.7-12.

FERREIRA, A. C. Chão de história e farsa. In: ANDRADE, O. de. *Marco Zero II*: chão. São Paulo: Globo, 1991. p.7-17.

FERREIRA, L. Manifesto da Poesia Pau-brasil: análise quanto à significação. *Revista de Letras*, Assis, v.17, p.153-75, 1972.

FINAZZI-AGRÒ, E.; PINCHERLE, M. C. *La cultura cannibale*. Oswald de Andrade: da Pau-brasil al Manifesto Antropófago. Roma: Meltemi, 1999.

FONSECA, C. (Org.). *O pensamento vivo de Oswald de Andrade*. São Paulo: Martin Claret Editores, 1987.

FONSECA, M. A. *Palhaço da burguesia*. São Paulo: Polis, 1979.

_____. *Oswald de Andrade*: o homem que come. 2.ed. São Paulo: Brasiliense, 1982.

_____. *Oswald de Andrade, 1980-1954*: biografia. São Paulo: Art Editora: Secretaria de Estado da Cultura, 1990.

GARDIN, C. A cena em chamas. In: ANDRADE, O. de. *A morta*. São Paulo: Globo; Secretaria de Estado da Cultura, 1991. p.7-16.

GONÇALVES, A. J. Oswald de Andrade e a poética da modernidade. *Revista de Letras*, São Paulo, v.30, p.1-13, 1990.

HELENA, L. *Totens e tabus na modernidade brasileira*: símbolo e alegoria na obra de Oswald de Andrade. Rio de Janeiro: Tempo Brasileiro; Niterói: Universidade Federal Fluminense, 1985.

JACKSON, D. K. Bibliografia de Oswald de Andrade. *Revista de Letras*, São Paulo, v.32, p.53-81, 1992.

JACKSON, K. et al. *One hundred years of invention / Cem anos de invenção*: Oswald de Andrade e a tradição moderna na literatura latino-americana. Universidade do Texas, de Austin: K. David Jackson Ed., 1990.

JACOBBI, R. Teatro de Oswald de Andrade. In. ANDRADE, O. de. *A morta*. São Paulo: Globo; Secretaria de Estado da Cultura, 1991. p.17-9.

JOSEF, B. Modernismo brasileiro: vanguarda, carnavalização e modernidade. *Revista Iberoamericana*, Pittsburgh, n.118-9, p.103-20, 1982.

LIMA, A. A. (pseud. Tristão de Athayde). Poesia Pau-Brasil. In: *Estudos literários*. Rio de Janeiro: Aguilar, 1966. p.915-24.

MAGALDI, S. A mola propulsora da utopia. In: ANDRADE, O. de. *O homem e o cavalo*. São Paulo: Globo; Secretaria de Estado da Cultura, 1990. p.5-14.

MANFIO, D. Z. Alma de absinto. In: ANDRADE, O. de. *A estrela de absinto*. São Paulo: Globo; Secretaria de Estado da Cultura, 1991. p.5-9.

_____. *Poesias reunidas de Oswald de Andrade*: edição crítica. São Paulo, 1992a, 2v. Tese (Doutorado em Literatura Brasileira) – Faculdade de Filosofia, Letras e Ciências Humanas, Universidade de São Paulo.

_____. Poesias reunidas de Oswald de Andrade: estudos para uma edição crítica. *Revista de Letras*, São Paulo, v.32, p.43-50, 1992b.

MARTINS, H. *Oswald de Andrade e outros*. São Paulo: Conselho Estadual de Cultura, 1973.

MENDES, M. Tres poetas brasileños: Mário de Andrade, Oswald de Andrade e Raul Bopp. *Revista de Cultura Brasileña*, Madri, n.36, p.5-19, 1973.

MILLIET, S. *Diário crítico* (1940-1943). 2.ed. São Paulo: Martins, 1981. p.138-40.

MONEGAL, E. R. Carnaval/antropofagia/parodia. *Revista Iberoamericana*, Pittsburgh, n.108, p.401-12, 1979.

MOURÃO, R. Blaise Cendrars contra Mário e Oswald. *Colóquio/Letras*, Lisboa, n.42, p.73-4, mar. 1978.

NUNES, B. *Oswald canibal*. São Paulo: Perspectiva, 1979.

_____. Antropologismo e Surrealismo. Campinas: *Remate de Males 6*, p.15-25, 1986.

_____. A antropofagia ao alcance de todos. In: ANDRADE, O. de. *A utopia antropofágica*. São Paulo: Globo; Secretaria de Estado da Cultura, 1990a. p.5-39.

_____. Antropologia e Antropofagia. In: JACKSON, K. D. et al. *One hundred years of invention*: Oswald de Andrade and the modern tradition in Latin American literature/ *Cem anos de invenção*: Oswald de Andrade e a tradição moderna na literatura latino-americana. Austin: Universidade do Texas, 1990b.

Poesia, mito e história no Modernismo brasileiro

PICCHIA, P. M. del. *O gedeão do modernismo*: 1920-1922. São Paulo: Secretaria de Estado da Cultura; Civilização Brasileira, 1983. p.168-70, 210-2.

PIGNATARI, D. Marco Zero de Andrade. In: *Contracomunicação*. São Paulo: Perspectiva, 1971. p.141-55.

_____. Tempo: invenção e inversão. In: ANDRADE, O. de. *Um homem sem profissão*: sob as ordens da mamãe. São Paulo: Globo; Secretaria de Estado da Cultura, 1990. p.7-10.

PRADO, P. Poesia Pau-brasil. In: ANDRADE, O. *Obras completas VII*: Poesias Reunidas. Rio de Janeiro: Civilização Brasileira, 1974. p.67-71.

RAMOS, P. E. da S. Movimentos Pau-Brasil, Verde-Amarelo, da Anta e Antropofagia e Oswaldo de Andrade. In: COUTINHO, A. (Org.). *A literatura no Brasil*: modernismo. 2.ed. Rio de Janeiro: Sul-Americana, 1970. p.46-8, 61-6, v.5.

RIBEIRO, J. Crítica: os modernos – Oswald de Andrade. In: *Obras*. Rio de Janeiro: Academia Brasileira de Letras, 1946.

RICARDO, C. Oswald de Andrade e o neo-indianismo de 22. *Anhembi*, São Paulo, ano IX, v.XXXIV, n.101, 1959.

_____. O *neo-indianismo* de Oswald de Andrade. *O Estado de S. Paulo*, São Paulo, p.1, 21 dez. 1963.

RIDEL, D. C. Oswald de Andrade. In: COUTINHO, A. (Org.). *A literatura no Brasil*: modernismo. 2.ed. Rio de Janeiro: Sul-Americana, 1970. v.5, p.240-53.

SANTIAGO, S. Sobre plataformas e testamentos. In: ANDRADE, O. de. *Ponta de lança*. São Paulo: Globo, 1991. p.7-22.

SARAIVA, A. A "divisão" dos Andrades (Mário, Oswald e Carlos Drummond). *Colóquio/Letras*, Lisboa, n.5, p.24-9, jan. 1972.

SCHMIDT, A. F. Oswald. *Diário de Santos*, 2 nov. 1954.

SCHWARZ, R. A carroça, o bonde e o poeta modernista. In: *Que horas são?* Ensaios. São Paulo: Companhia das Letras, 1987. p.11-28.

THIOLLIER, R. Oswald de Andrade. In: *Episódios de minha vida*. São Paulo: Editora Anhembi, 1956. p.121-6.

UNGARETTI, G. *Prose di viaggio e saggi*. I. Il deserto e dopo. Milão: Mondadori, 1961.

_____. Prefazione. In: ANDRADE, O. de. *Memorie sentimentali di Giovanni Miramare*. Milão: Feltrinelli, 1970. p.V-VII.

333

Vera Lúcia de Oliveira

VITA, L. W. Tentativa de compreensão do legado especulativo de Oswald de Andrade. *Revista Brasileira de Filosofia*, São Paulo, v.6, p.544-54, out.-dez. 1956.

## Cassiano Ricardo (1895-1974)

### Textos

Poesia

*25 sonetos*. Niterói: Hipocampo, 1952.
*João Torto e a fábula (1951-1953)*. Rio de Janeiro: J. Olympio, 1956a.
*Poesias completas*. Rio de Janeiro: J. Olympio, 1957.
*Montanha russa*. São Paulo: Cultrix, 1960a.
*A difícil manhã*. [S.l.]: Ed. Livros de Portugal, 1960b.
*Os sobreviventes*. Rio de Janeiro: J. Olympio, 1971.
*Jeremias sem-chorar* [1964]. 3.ed. Rio de Janeiro: J. Olympio, 1976.
*Martim Cererê* [1928]. 15.ed. Rio de Janeiro: J. Olympio, 1981.
*Martim Cererê*: o Brasil dos meninos, dos poetas e dos heróis. Ed. crítica. Org. M. C. G. Mendes, D. C. Peres e J. J. Xavier. Rio de Janeiro: Edições Antares; Brasília: INL, 1987.
*Poesias completas*. Rio de Janeiro: José Olympio, 1957.


Ensaios e memórias

*Pequeno ensaio de bandeirologia*. São Paulo: Ministério da Educação e Cultura, 1956b.
*O homem cordial e outros pequenos estudos brasileiros*. Rio de Janeiro: Ministério da Educação e Cultura, INL, 1959.
*22 e a poesia de hoje*. Brasília: Ministério da Educação e Cultura, 1964a.
*Algumas reflexões sobre a poética de vanguarda*. Rio de Janeiro: J. Olympio, 1964b.
*O indianismo de Gonçalves Dias* [1956]. São Paulo: Conselho Estadual de Cultura, 1964c.
*Poesia Práxis e 22*. Rio de Janeiro: J. Olympio, 1966.

Poesia, mito e história no Modernismo brasileiro

*Marcha para Oeste* (*A influência da "Bandeira" na formação social e política do Brasil*). 4.ed. ilustrada. Rio de Janeiro: J. Olympio; São Paulo: Edusp, 1970a.

*Viagem no tempo e no espaço (memórias)*. Rio de Janeiro: J. Olympio, 1970b.

## Antologia

*Cassiano Ricardo*: seleta em prosa e verso. Org. N. N. Coelho. Rio de Janeiro: J. Olympio, INL, 1972.

## Artigos

MARTIM Cererê: biografia e documentário do livro. In: BRAYNER, S. (Org.). *Cassiano Ricardo*. Rio de Janeiro: Civilização Brasileira; Brasília: INL, 1979. p.99-106.

## Estudos

ALVES, H. L. Conversa inédita com Cassiano Ricardo. *Poesia Sempre*, Rio de Janeiro, ano 3, n.6, p.325-28, 1995.

ATHAYDE, T. de (pseud. de Alceu Amoroso de Lima). Prólogo. In: RICARDO, C. *Poesias completas*. Rio de Janeiro: J. Olympio, 1957. p.9-16.

BRAYNER, S. (Org.). *Cassiano Ricardo*. Rio de Janeiro: Civilização Brasileira; Brasília: INL, 1979.

BRITO, M. da S. *Ângulo e horizonte*: de Oswald de Andrade à ficção científica. São Paulo: Martins, 1969. p.77-86.

_____. *Cartola de mágico*. Rio de Janeiro: Civilização Brasileira, 1976. p.24-5, 55-61, 67-72.

_____. Duas faces de Cassiano Ricardo. In: BRAYNER, S. (Org.). *Cassiano Ricardo*. Rio de Janeiro: Civilização Brasileira, 1979. p.151-61.

CHAMIE, M. Poeta que se atualiza. In: *A linguagem virtual*. São Paulo: Quíron; Conselho Estadual de Cultura, 1936. p.160-71.

_____. *Palavra-levantamento na poesia de Cassiano Ricardo*. São Paulo: Livraria São José, 1963.

COELHO, N. N. Imagens brasílicas. In: *Cassiano Ricardo*: seleta em prosa e verso. Rio de Janeiro: J. Olympio; Brasília: INL, 1972.

_____. O poeta, a vida e o mundo. In: *Cassiano Ricardo*: seleta em prosa e verso, cit., p.107.

CORRÊA, S. Neologismos na obra poética de Cassiano Ricardo. *D. O. Leitura*, São Paulo, p.10-1; dez. 1988.

CORREIA, N. *Cassiano Ricardo*: o prosador e o poeta. São Paulo: Conselho Estadual de Cultura, 1970.

FERREIRA, J. P. *Notícia de Martim Cererê de Cassiano Ricardo*. São Paulo: Quatro Artes, 1970.

GOMES, E. Poesia moderna. In: BRAYNER, S. (Org.). *Cassiano Ricardo*. Rio de Janeiro: Civilização Brasileira; Brasília: INL, 1979. p.211-5.

IVO, L. Verso e universo de Cassiano Ricardo. In: RICARDO, C. *A difícil manhã*. [S.l.]: Ed. Livros de Portugal, 1960.

LINHARES, T. *Diálogos sobre a poesia brasileira*. São Paulo: Melhoramentos; Brasília: INL, 1976. p.27-32, 81-91.

MARIANO, O. *Estudos sobre a poética de Cassiano Ricardo*. São Paulo: [s.n.], 1965.

MARTINS, W. Desgaste das vanguardas. In: MARIANO, O. *Estudos sobre a poética de Cassiano Ricardo*. São Paulo: Editora São José, 1965. p.154-9.

MARQUES, O. *Laboratório poético de Cassiano Ricardo*. Rio de Janeiro: Civilização Brasileira, 1962.

MILLIET, S. *Diário crítico – 1947*. 2.ed. São Paulo: Martins, Edusp, 1982. v.5, p.126-33.

MOREIRA, L. F. A democracia sentimental. *Folha de S.Paulo*, São Paulo, 23 jul. 1995. Caderno Mais!, p.5.

NUNES, C. Um comentário sobre a poesia de Cassiano Ricardo. In: *Revista do Instituto de Estudos Brasileiros*, São Paulo, Universidade de São Paulo, n.1, p.115-37, 1966.

PERES, D. C.; XAVIER, J. J.; MENDES, M. C. G. A edição crítica de Martim Cererê. In: WILLEMART, P. et al., *I Encontro de Crítica Textual*: o manuscrito moderno e as edições. São Paulo: Faculdade de Filosofia, Letras e Ciências Humanas, Universidade de São Paulo, 1986, p.151-62.

PICCHIA, M. del. Apreciação. In: RICARDO, C. *Martim Cererê*. 5.ed. São Paulo: Cia. Editora Nacional, 1936. p.5-9.

PORTELLA, E. Cassiano Ricardo: novo sentido da expressão. In: *Dimensões I*: crítica literária. Rio de Janeiro: J. Olympio, 1958. p.127-34.

RAMOS, P. E. da S. Cassiano Ricardo. In: COUTINHO, A. (Org.). *A literatura no Brasil*: modernismo. 2.ed. Rio de Janeiro: Sul-Americana, 1970. v.5, p.76-82.

Poesia, mito e história no Modernismo brasileiro

RAMOS, P. E. da S. Cassiano Ricardo: do mítico ao apocalíptico. In: BRAYNER, S. (Org.). *Cassiano Ricardo*. Rio de Janeiro: Civilização Brasileira; Brasília: INL, 1979. p.182-201.

SALGADO, P.; RICARDO, C.; PICCHIA, M. del. *O curupira e o Carão*. São Paulo: Helios, 1927.

SILVA, D. C. da. Cassiano Ricardo em dois tempos. In: *Eros & Orfeu*. São Paulo: Conselho Estadual de Cultura, Comissão de Literatura, 1966. p.37-45.

SIMÕES, J. G. Uma interpretação da mensagem de Cassiano Ricardo. In: BRAYNER, S. (Org.). *Cassiano Ricardo*. Rio de Janeiro: Civilização Brasileira; Brasília: INL, 1979. p.109-16.

VILLAÇA, A. C. A busca Cassiano Ricardo. In: BRAYNER, S. (Org.). *Cassiano Ricardo*. Rio de Janeiro: Civilização Brasileira; Brasília: INL, 1979. p.202-7.

# Raul Bopp (1898-1984)

## Textos

Poesia

*Urucungo, poemas negros*. Rio de Janeiro: Ariel, 1932.

*Poesias*. Zurique: Orell Fussli, 1947.

*Putirum*: poesias e coisas de folclore. Rio de Janeiro: Ed. Leitura, 1969.

*Cobra Norato*: Nheengatú da margem esquerda do Amazonas [1931]. Utilizei como texto-base *Cobra Norato e outros poemas*. 12.ed. Rio de Janeiro: Civilização Brasileira, 1978a.

*Mirongas e outros poemas*. Rio de Janeiro: Civilização Brasileira; Brasília: INL, 1978b.

*Poesias completas de Raul Bopp*. Org. Augusto Massi. Rio de Janeiro: J. Olympio; São Paulo: Edusp, 1998.

Ensaios e memórias

*Notas de viagem*: uma volta pelo mundo em 30 dias. Berna: Druck Stampfli, 1959.

*Notas de um caderno sobre o Itamaraty.* Berna: Druck Stampfli, 1960.

*Movimentos modernistas no Brasil (1922-1928).* Rio de Janeiro: Livraria São José, 1966.

*Memórias de um embaixador.* Rio de Janeiro: Gráfica Record Editora, 1968.

*Bopp passado-a-limpo por ele mesmo.* Rio de Janeiro: Gráfica Tupy, 1972.

*Samburá:* notas de viagens & saldos literários. Brasília, Rio de Janeiro: Editora Brasília, 1973.

*Vida e morte da antropofagia.* Rio de Janeiro: Civilização Brasileira; Brasília: INL, 1977.

*Longitudes:* crônicas de viagens. Porto Alegre: Movimento, IEL, 1980.


Antologias

*Seleta em prosa e verso.* Org. A. Guimarães Hill. Rio de Janeiro: J. Olympio; Brasília: INL, 1975.


## Estudos

AMADO, J. Alguns trechos de crítica. In: BOPP, R. *Putirum:* poesias e coisas de folclore. Rio de Janeiro: Ed. Leitura, 1969. p.159-60.

ANDRADE, C. D. de. Raul Bopp – Cuidados de arte. In: *Passeios na Ilha:* divagações sobre a vida literária e outras matérias [1952]. 2.ed. rev. Rio de Janeiro: J. Olympio, 1975. p.115-9.

AVERBUCK, L. M. (Org.). Breve fortuna crítica de Raul Bopp. In: BOPP, R. *Mironga e outros poemas.* Rio de Janeiro: Civilização Brasileira; Brasília: INL, 1978. p.97-144.

_____. *Cobra Norato e a Revolução Caraíba.* Rio de Janeiro: J. Olympio; Brasília: INL, 1985.

BRITO, M. da S. *O fantasma sem castelo.* Rio de Janeiro: Civilização Brasileira, 1980. p.97-8.

CESAR, G. Louvor, prosaico, de Raul Bopp. In: BOPP, R. *Longitudes.* Porto Alegre: Movimento, IEL, 1980. p.7-10.

ESTEVES, A. R. Cobra Norato de Raul Bopp: leituras possíveis. *Revista de Letras,* São Paulo, n.28, p.73-83, 1988.

GARCIA, O. M. *Cobra Norato:* o poema e o mito. Rio de Janeiro: Livraria São José, 1962.

_____. Raul Bopp. In: AZEVEDO FILHO, L. A. de (Org.). *Poetas do modernismo:* antologia crítica. Brasília: INL, 1972. v.3, p.15-57.

Poesia, mito e história no Modernismo brasileiro

INOJOSA, J. Putirum (I), Putirum (II), Putirum (III). In: *Os Andrades e outros aspectos do modernismo.* Rio de Janeiro: Civilização Brasileira; Brasília: INL, 1975. p.46-54.

_____. Aventuras e poética de Raul Bopp. In: BOPP, R. *Mironga e outros poemas.* Rio de Janeiro: Civilização Brasileira; Brasília: INL, 1978. p.15-8.

KODHLYAMA, J. A edição crítica de Cobra Norato. In: WILLEMART, P. et al., *I Encontro de Crítica Textual*: o manuscrito moderno e as edições. São Paulo: Faculdade de Filosofia, Letras e Ciências Humanas, Universidade de São Paulo, 1986, p.277-86.

LAURIA, M. J. De Macunaíma a Cobra Norato. *D. O. Leitura*, São Paulo, p.2-3, dez. 1988.

MACHADO, L. T. 1922: depoimentos inéditos – Depoimento de Plínio Salgado. *D. O. Leitura*, São Paulo, p.11, out. 1994.

MASSI, A. A forma elástica de Bopp. In: BOPP, R. *Poesia completa.* Rio de Janeiro: J. Olympio; São Paulo: Edusp, 1998. p11-34.

MENDES, M. Tres poetas brasileños: Mário de Andrade, Oswald de Andrade e Raul Bopp. *Revista de Cultura Brasileña*, Madri, n.36, p.5-19, 1973.

MIRANDA, M. (Org.). Alguns trechos de crítica. In: BOPP, R. *Putirum*: poesias e coisas de folclores. Rio de Janeiro: Leitura, 1969. p.159-81.

OLIVEIRA, V. L. de. Identidade e alteridade: duas óticas conflitantes e especulares na análise do poema Cobra Norato de Raul Bopp. In: CAMOCARDI, E. M.; FLORY, S. F. V. (Orgs.). *XV Encontro de Professores Universitários Brasileiros de Literatura Portuguesa e IV Seminário de Estudos Literários: Texto, Contexto e Intertexto.* São Paulo: Editora Arte & Cultura; Assis: Unesp, 1994. v.2. p.357-64.

_____. Urucungo, os poemas negros de Raul Bopp. Censive, *Revue internationale d'etudes lusophones*, Université de Nantes, Nantes, n.5 p.99-128, 2011.

PAES, J. P. *Mistério em casa.* São Paulo: Conselho Estadual de Cultura, 1961. p.83-8.

PEREGRINO JÚNIOR. *Três ensaios*: Modernismo, Graciliano, Amazônia. Rio de Janeiro: Livraria São José, 1969.

PROENÇA, M. C. Cobra Norato. In: *Estudos literários.* Rio de Janeiro: J. Olympio, 1974. p.474-8.

RAMOS, P. E. da S. Raul Bopp. In: COUTINHO, A. (Org.). *A literatura no Brasil*: modernismo. 2.ed. Rio de Janeiro: Sul-Americana, 1970. v.5, p.82-4.

SALGADO, P. A língua tupy. *Revista de Antropofagia*, ano I, n.1, maio 1928. (Edição fac-similar: São Paulo: Clube do Livro, 1975.)

## Outros textos e estudos críticos sobre o Modernismo

ALAMBERT, F. *A Semana de 22*. São Paulo: Scipione, 1992.

AMARAL, A. A. *Blaise Cendrars no Brasil e os modernistas*. São Paulo: Martins, 1970.

_____. *Tarsila*: sua obra e seu tempo. São Paulo: Perspectiva, Edusp, 1975. 2v.

ANDRADE, C. D. de. *Nova reunião*: 19 livros de poesia. Rio de Janeiro: J. Olympio; Brasília: INL, 1983. 2v.

_____. Para os céticos. In: TELES, G. M. *Vanguarda europeia e modernismo brasileiro*. Petrópolis: Vozes, 1978.

ANDRADE, M. de. *Cartas de Mário de Andrade a Manuel Bandeira*. Rio de Janeiro: Organização Simões Editora, 1958.

_____. *O empalhador de passarinho* [1940]. São Paulo: Martins: MEC, 1972.

_____. *Aspectos da literatura brasileira* [1943]. 5.ed. São Paulo: Martins, 1974.

_____. *Poesias completas*. São Paulo: Clube do Livro, 1976a.

_____. *O turista aprendiz* [1927]. São Paulo: Duas Cidades; Secretaria da Cultura, Ciência e Tecnologia, 1976b.

_____. *Macunaíma*: o herói sem nenhum caráter [1928]. 14.ed. São Paulo: Martins, 1977.

_____. *Cartas de Mário de Andrade a Luís da Câmara Cascudo*. Introdução e notas de Veríssimo de Mello. Belo Horizonte, Rio de Janeiro: Villa Rica, 1991.

_____. *A lição do amigo*: cartas de Mário de Andrade a Carlos Drummond de Andrade. 2.ed. rev. Rio de Janeiro: Record, 1981.

ARNONI PRADO, A. *1922*: o itinerário de uma falsa vanguarda. São Paulo: Brasiliense, 1983.

AVELLA, N. Odi et Amo: "Ritratto" di un amore negato e riafermato. In: PRADO, P. *Ritratto del Brasile – Saggio sulla tristezza brasiliana*. Trad. di N. Avella. Roma: Bulzoni, 1995. p.9-41.

ÁVILA, A. (Org.). *O modernismo*. São Paulo: Perspectiva, 1975.

Poesia, mito e história no Modernismo brasileiro

AZEVEDO FILHO, L. A. de. (Org.). *Poetas do modernismo*: antologia crítica. Brasília: INL, 1972. v.3.

BANDEIRA, M. *Estrela da vida inteira*: poesias reunidas. 6.ed. Rio de Janeiro: J. Olympio, 1976.

_____. Apresentação da poesia brasileira. In: *Poesia completa e prosa*. 4.ed. Rio de Janeiro: Nova Aguilar, 1985. p.539-638.

BARBOSA, A. Linguagem & realidade do modernismo de 22. In: *A metáfora crítica*. São Paulo: Perspectiva, 1974. p.73-106.

BASTIDE, R. *Poetas do Brasil*. Curitiba: Guairá, [s.d.].

BATISTA, M. R.; LOPEZ, T. P. A.; LIMA, Y. S. de. *Brasil: 1º tempo modernista – 1917/1929*. Documentação. São Paulo: Instituto de Estudos Brasileiros, USP, 1972.

BELLUZZO, A. M. de M. (Org.). *Modernidade*: vanguardas artísticas na América Latina. São Paulo: Editora Unesp: Fundação Memorial da América Latina, 1990.

BERND, Z. O elogio do canibalismo. *D. O. Leitura*, São Paulo, p.2-3, mar. 1992.

BRANCO, C. H. C. *Macunaíma e a viagem grandota*: cartas inéditas de Mário de Andrade. São Paulo: Quatro Artes, 1970.

BRITO, M. da S. *Poesia do modernismo*. Rio de Janeiro: Civilização Brasileira, 1968.

_____. *Poetas paulistas da semana de arte moderna*. São Paulo: Martins; Conselho Estadual de Cultura, 1972.

_____. *História do modernismo brasileiro*: antecedentes da Semana de Arte Moderna [1958]. 5.ed. Rio de Janeiro: Civilização Brasileira, 1978.

CALIL, C. A; BOAVENTURA, M. E. (Orgs.). O demônio do perfeccionismo. Remate de Males. Alexandre Eulálio Diletante. *Revista do Departamento de Teoria Literária da Unicamp*. Campinas: Unicamp, 1993.

CARVALHAL, T. F. Presença da literatura francesa no modernismo brasileiro. In: CHAVES, F. L. et al. *Aspectos do modernismo brasileiro*. Porto Alegre: Universidade do Rio Grande do Sul, 1970. p.149-187.

CAVALHEIRO, E. *Testamento de uma geração*. Porto Alegre: Globo, 1944.

CHAVES, F. L. et al. *Aspectos do modernismo brasileiro*. Porto Alegre: Universidade do Rio Grande do Sul, 1970.

CHIAMPI, I. (Org.). *Fundadores da modernidade*. São Paulo: Ática, 1991.

EULÁLIO, A. *A aventura brasileira de Blaise Cendrars*. São Paulo: Quíron; Brasília: INL, 1978.

EULÁLIO, A. *Escritos*. Org. Berta Waldman e Luiz Dantas. Campinas, SP: Unicamp; São Paulo: Editora Unesp, 1992.

_____. Livro involuntário. Biografia discreta. In: CALIL, C. A.; BOAVENTURA, M. E. (Orgs.). *Livro involuntário*: literatura, história, matéria & modernidade. Rio de Janeiro: Editora UFRJ, 1993.

FABRIS, A. *O futurismo paulista*. São Paulo: Perspectiva: Edusp, 1994a.

_____. *Modernidade e modernismo no Brasil*. Campinas: Mercado de Letras, 1994b.

_____. *Modernidade*: vanguardas artísticas na América Latina. São Paulo: Editora Unesp; Memorial da América Latina, 1990.

FANTINATI, C. E. Os filhos do Brasil na Europa. *O Estado de S. Paulo*, São Paulo, 6 maio 1979. Suplemento Cultural, p.131-2.

FERES, N. T. *Leituras em francês de Mário de Andrade*. São Paulo: Instituto de Estudos Brasileiros, USP, 1969.

FREYRE, G. *Manifesto regionalista*. Recife: Região, 1952.

_____. *Região e tradição*. 2.ed. Rio de Janeiro: Record, 1968.

_____. *Seleta*. Org. pelo autor e por M. E. Dias Collier. 2.ed. Rio de Janeiro: J. Olympio, 1975.

HELENA, L. *Uma literatura antropofágica*. 2.ed. Fortaleza: Edições UFC, 1983.

_____. *Modernismo brasileiro e vanguarda*. São Paulo: Ática, 1986.

INOJOSA, J. *O movimento modernista em Pernambuco*. Rio de Janeiro: Gráfica Editora Tupy, [s.d.].

JACOBBI, R. *Lirici brasiliani*: dal modernismo a oggi. Milão: Silva, 1960.

_____. *Poesia brasiliana del Novecento*. Ravenna: A. Longo, 1973.

LAFETÁ, J. L. *1930*: a crítica e o modernismo. São Paulo: Duas Cidades, 1974.

LARA, C. de. *Klaxon & Terra Roxa e outras Terras*: dois periódicos modernistas de São Paulo. São Paulo: Instituto de Estudos Brasileiros, USP, 1972.

LOBATO, J. B. M. *Urupês* [1928]. 36.ed. São Paulo: Brasiliense, 1992.

MARTINS, W. A literatura e o conhecimento da terra. In: COUTINHO, A. (Org.). *A literatura no Brasil*. v.1. 2.ed. Rio de Janeiro: Sul-Americana, 1968. p.110-20.

_____. *O modernismo* (1916-1945). 3.ed. atualizada. São Paulo: Cultrix, 1969.

MENDES, M. *Poesia completa e prosa*. Org. L. Stegagno Picchio. Rio de Janeiro: Nova Aguilar, 1994.

Poesia, mito e história no Modernismo brasileiro

MILLIET, S. *Panorama da moderna poesia brasileira*. Rio de Janeiro: Ministério da Educação e Saúde, 1952.

NUNES, B. Antropofagismo e Surrealismo. *Remate de Males*, Campinas, n.6, p.15-25, 1986.

NUNES, C. Características da poesia moderna no Brasil. *Revista de Letras*, Assis, v.8-9, p.38-57, 1966.

OLIVEIRA, F. de. *A Semana de Arte Moderna na contramão da história e outros ensaios*. Rio de Janeiro: Topbooks, 1993.

PICCHIA, M. P. del. *República dos Estados Unidos do Brasil*. São Paulo: Helios, 1928.

_____. *A longa viagem*: 2ª etapa (da revolução modernista à revolução de 1930). São Paulo: Martins; Conselho Estadual de Cultura, 1972.

_____. *Juca Mulato* [1917]. São Paulo: Martins; Secretaria da Cultura, Ciência e Tecnologia de São Paulo, 1978.

PICCHIO, L. S. Antropofagia: dalla letteratura al mito e dal mito dalla letteratura. *Letterature d'America*, Roma, Bulzoni, ano II, n.8, p.3-43, 1981.

_____. Dalle avanguardie ai modernismi. I nomi e le cose in Portogallo e Brasile. In: *Dai modernismi alle avanguardie*: Atti del Convegno dell'Associazione degli Ispanisti Italiani. Palermo: Flaccovio Editore, 1990. p.19-27.

_____. Felicissimi cannibali. *La Repubblica*, Roma, p.14, 23 jul. 1992.

PRADO, P. *Retrato do Brasil*: ensaio sobre a tristeza brasileira [1928]. 2.ed. São Paulo: Ibrasa; Brasília: INL, 1981.

PROENÇA, M. C. *Roteiro de Macunaíma*. São Paulo: Anhembi, 1955.

_____. *Mário de Andrade*: ficção. 2.ed. Rio de Janeiro: Agir, 1967.

REVISTA DE ANTROPOFAGIA: reedição da revista literária publicada em São Paulo – 1ª e 2ª "Dentições" – 1928-1929. São Paulo: Clube do Livro, 1975.

SANT'ANNA, A. R. de. *Música popular e moderna poesia brasileira*. 2.ed. Petrópolis: Vozes, 1980.

_____. *Paródia, paráfrase e cia*. 2.ed. São Paulo: Ática, 1985.

SARAIVA, A. *O modernismo brasileiro e o modernismo português*: subsídios para o seu estudo e para a história de suas relações. Porto: [s.n.], 1986.

SCHWARTZ, J. *Vanguardas latino-americanas*: polêmicas, manifestos e textos críticos. São Paulo: Edusp; Iluminuras; Fapesp, 1995.

Vera Lúcia de Oliveira

TABUCCHI, A. *Macunaíma*: la riscoperta del Brasile attraverso la letteratura. *Letterature d'America*, Roma, Bulzoni, ano II, n.8, p.113-26, 1981.

TELES, G. M. *Vanguarda européia e modernismo brasileiro*. 5.ed. Petrópolis: Vozes, 1978.

## Outras obras consultadas

AMORA, A. S. *História da literatura brasileira*: séculos XVI-XX [1954]. 7.ed. rev. São Paulo: Saraiva, 1968.

AMORIM, A. B. de. Lendas em nheengatú e em português. *Revista do Instituto Histórico e Geográfico Brasileiro*, Rio de Janeiro, 1928.

ARRIGUCCI, D. et al. *Pensamento brasileiro*. Roma: Centro de Estudos Brasileiros; Ila Palma, 1995.

ASSOCIAZIONE ITALIA-BRASILE. *Novamente Retrovato. Il Brasile in Italia 1500-1995*. Roma: Presidenza del Consiglio dei Ministri, [s.d.].

BAKHTIN, M. *L'opera di Rabelais e la cultura popolare*: Riso, carnevale e festa nella tradizione medievale e rinascimentale. Trad. de M. Romano. Turim: Einaudi, 1979.

_____. *Dostoevskij*: poetica e stitlistica. Trad. de G. Garritano. Turim: Einaudi, 1991.

BASTIDE, R. *Brasil*: terra de contrastes. Trad. de M. I. P. Queiroz. Rio de Janeiro, São Paulo: Difel, 1959.

_____. *Arte e sociedade*. 3.ed. São Paulo: Cia. Editora Nacional, 1979.

BELLINI, G. *La letteratura Ispano-americana*: dall'età precolombiana ai nostri giorni. Florença: Sansoni; Milão: Accademia, 1970.

BOSI, A. *O ser e o tempo da poesia*. São Paulo: Cultrix, Edusp, 1977.

_____. *Reflexões sobre a arte*. 2.ed. São Paulo: Ática, 1986.

_____. *História concisa da literatura brasileira* [1970]. 32.ed. São Paulo: Cultrix, 1994.

CANDIDO, A. *Formação da literatura brasileira*: momentos decisivos [1959]. 4.ed. São Paulo: Martins, 1971. 2v.

_____. *Literatura e sociedade*: estudos de teoria e história literária [1965]. 5.ed. rev. São Paulo: Cia. Editora Nacional, 1976.

_____. *Vários escritos*. 2.ed. São Paulo: Duas Cidades, 1977.

_____. *Na sala de aula*: caderno de análise literária. 2.ed. São Paulo: Ática, 1986.

Poesia, mito e história no Modernismo brasileiro

CANDIDO, A. *A educação pela noite & outros ensaios.* São Paulo: Ática, 1987.

CANDIDO, A., CASTELLO, J. A. *Presença da literatura brasileira.* Rio de Janeiro, São Paulo: Difel, 1977. 3v.

CARVALHO, R. de. *Pequena história da literatura brasileira* [1918]. 5.ed. Rio de Janeiro: Briguiet, 1953.

CASCUDO, L. da C. *Geografia dos mitos brasileiros.* 2.ed. Rio de Janeiro: J. Olympio; Brasília: INL, 1976.

_____. *Dicionário do folclore brasileiro.* 5.ed. rev. ampl. São Paulo: Melhoramentos, 1980.

CASTELLO, J. A. *Antologia do ensaio literário paulista.* São Paulo: Conselho Estadual de Cultura e Comissão de Literatura, 1960.

CLASTRES, P. *Le grand parter* – Mythes et chants sacrés des Indians Guarani (1974). Trad. de Nícia. A. Bonatti. *A fala sagrada:* mitos e cantos sagrados dos índios Guarani. Campinas: Papirus, 1990.

CORTESÃO, J. *História dos descobrimentos portugueses.* 2.ed. [s.l.]: Círculos de Leitores, 1979. 3v.

COUTINHO, A. *Introdução à literatura no Brasil.* Rio de Janeiro: Livraria São José, 1959.

_____. (Org.). *A literatura no Brasil (1955-1959).* 6.ed. Rio de Janeiro: J. Olympio, 1986. 6v.

DIAS, A. G. *O Brasil e a Oceânia* (1852). Rio de Janeiro, Paris: Garnier, [s.d.].

ELIADE, M. *Il mito dell'eterno ritorno.* Trad. de G. Cantoni. Milão: Rusconi Editore, 1975.

_____. *Mito e realtà.* [1963]. Trad. de G. Cantoni. Roma: Borla, 1985.

FREUD, S. *Totem e tabù e altri saggi di antropologia* [1913]. Trad. de C. Balducci, C. Galassi, D. Agozzino. Roma: Newton, 1970.

_____. *Psicoanalisi dell'arte e della letteratura* [1908]. Trad. de A. Ravazzolo. Roma: Newton, 1993.

FURTADO, C. *Formação econômica do Brasil.* Rio de Janeiro: Fundo de Cultura, 1959.

GALVÃO, E. *Encontro de sociedades:* índios e brancos no Brasil. Rio de Janeiro: Paz e Terra, 1979.

GATTO SHANU, T. *Miti e leggende dell'Amazzonia.* Roma: Newton, 1996.

GISMONTI, P. M.; LEITE, J. L. T.; LEMOS, C. *L'arte del Brasile.* Milão: Mondadori, 1983.

IESI, F. *Mito.* Milão: Oscar Mandadori, 1980.

Vera Lúcia de Oliveira

JUNG, C. G. La struttura dal'inconscio. In: *La psicologia dell' inconscio*. Roma: Newton Compton, 1989.

_____. Psicologia dell'archetipo del Fanciullo. In: JUNG, C. G.; KERÉNYI, K. *Prolegomini allo studio scientifico della mitologia*. Turim: Boringhieri, 1990. p.107-48.

_____. *La psicologia dell' inconscio*. 2.ed. Roma: Newton Compton, 1991.

_____. *Freud e la psicoanalisi*. Roma: Newton Compton, 1992.

JUNG, C. G.; KERÉNYI, K. *Prolegomeni allo studio scientifico della mitologia*. Turim: Boringhieri, 1990.

KERÉNYI, K. Dal mito genuino al mito tecnicizzato. In: CASTELLI, E. (a cura di). *Tecnica e casistica*: atti del convegno. Roma: Istituto di Studi Filosofici, 1964. p.153-68.

_____. *Gli Dei e gli Eroi della Grecia* [1958]. 5.ed. Trad. de A. Tedeschi. Milão: Il Saggiatore, 1989. 2v.

_____. Origini e fondazione della mitologia. In: JUNG, C. G.; KERÉNYI, K. *Prolegomini allo studio scientifico della mitologia*. Turim: Boringhieri, 1990. p.11-43.

KOTHE, F. R. Paródia & Cia. In: MONEGAL, E. R. et al. Sobre a paródia. *Tempo Brasileiro*, Rio de Janeiro, n.62, p.97-113, 1980.

LEITE, D. M. *O caráter nacional brasileiro*. 2.ed. rev. São Paulo: Pioneira, 1969.

LÉVI-STRAUSS, C. *Tristi tropici*. 2.ed. Org. P. Caruso. Milão: Oscar Mondadori, 1992.

_____. *Il pensiero selvaggio* [1962]. Trad. de P. Caruso. Milão: Mondadori, 1993.

LÉVY-BRUHL, L. *La mentalità primitiva* [1922]. Trad. de C. Cignetti. Turim: Einaudi, 1975.

LUCAS, F. *O caráter social da literatura brasileira*. São Paulo: Quíron, 1976.

MAGALHÃES, C. de. *O selvagem*. Ed. comemorativa da 1.ed. de 1876. Belo Horizonte: Itatiaia; São Paulo: Edusp, 1975.

MARTINS, W. A literatura e o conhecimento da terra. In: COUTINHO, A. (Org.). *A literatura no Brasil*. v.1. Rio de Janeiro: Editorial Sul--Americana, 1968. p.110-20.

_____. *História da inteligência brasileira*. São Paulo: Cultrix; Edusp, 1976-1978. 7 v.

MELATTI, J. C. *Índios do Brasil*. 5.ed. São Paulo: Hucitec; Brasília: Ed. UnB, 1987.

Poesia, mito e história no Modernismo brasileiro

MONEGAL, E. R. et al. *Sobre a paródia.* Rio de Janeiro: Tempo Brasileiro, 1990.

MORAES, A. D. de. *Contos e lendas de índios do Brasil.* São Paulo: Cia. Editora Nacional; Brasília: INL, 1979.

MUSEO PREISTORICO ed etnografico Luigi Pigorini. *Indios del Brasile:* culture che scompaiono. Roma: Ministero per i Beni Culturali e Ambientali, 1983.

NOVAES, A. (Org.). *Tempo e história.* São Paulo: Companhia das Letras: Secretaria Municipal da Cultura, 1992.

OLIVEIRA, V. L. de. Intervista ad Andrea Zanzotto. *Insieme:* Revista da Associação de Professores de Italiano do Estado de São Paulo. São Paulo: Editora Arte & Ciência, n.7, p.9-15, 1998-1999.

ORICO, O. *Mitos ameríndios e crendices amazônicas.* Rio de Janeiro: Civilização Brasileira; Brasília: INL, 1975.

PAZ, O. *O arco e a lira.* Trad. de Olga Savary. Rio de Janeiro: Nova Fronteira, 1982.

PELOSO, S. (Org.). *Amazzonia:* mito e letteratura del mondo perduto. Roma: Editori Reuniti, 1989.

PROPP, W. J. *Morfologia della fiaba e Le radici storiche dei racconti di magia.* Trad. de S. Arcella. Roma: Newton Compton, 1992.

PICCHIO, L. S. *La letteratura brasiliana.* Milão: Sansoni/Accademia, 1972.

_____. Opposizioni binarie in letteratura: Il caso della letteratura brasiliana. *Letteratura Popolare Brasiliana e Tradizione Europea*, Roma, Bulzoni, 1978.

_____. *Profilo della letteratura brasiliana.* Roma: Editori Riuniti, 1992.

_____. *Storia della letteratura brasiliana.* Turim: Einaudi, 1997.

RIBEIRO, B. G. *O índio na história do Brasil.* São Paulo: Global, 1983.

_____. *O índio na cultura brasileira.* Rio de Janeiro: Revan, 1991.

RIBEIRO, D. *Uirá sai à procura de Deus:* ensaios de etnologia e indigenismo. 2.ed. Rio de Janeiro: Paz e Terra. 1976.

_____. *Os índios e a civilização:* a integração das populações indígenas no Brasil moderno. 5.ed. Petrópolis: Vozes, 1986.

_____. *O povo brasileiro:* a formação e o sentido do Brasil. São Paulo: Companhia das Letras, 1995.

RODRIGUES, A. D. *Línguas brasileiras:* para o conhecimento das línguas indígenas. São Paulo: Loyola, 1986.

SAMPAIO, T. *O tupi na geografia nacional* [1901]. 5.ed. São Paulo: Cia. Editora Nacional, 1987.

SANTIAGO, S. *Uma literatura nos trópicos*. São Paulo: Perspectiva, 1978.

SEFFNER, F. (Org.). *América 92*: V séculos de História, 500 anos de luta. Porto Alegre: Prefeitura Municipal de Porto Alegre, 1992.

SENA, J. de. *Estudos de cultura e literatura brasileira*. Lisboa: Edições 70, 1988.

SODRÉ, N. W. *História da literatura brasileira*: seus fundamentos econômicos [1939]. 6.ed. Rio de Janeiro: Civilização Brasileira, 1976.

_____. *Síntese de história da cultura brasileira* [1943]. 15.ed. Rio de Janeiro: Bertrand Brasil, 1988.

TODOROV, T. *La conquista dell'America*. Il problema dell'altro. Trad. de P. G. Crovetto. Turim: Einaudi, 1984.

TULLIO-ALTAN, C. *Antropologia*: storia e problemi. 2.ed. Milão: Feltrinelli, 1985.

VIEIRA, N. H. *Brasil e Portugal*: a imagem recíproca. Lisboa: Ministério da Educação: Instituto de Cultura e Língua Portuguesa, 1991.

WACHTEL, N. *La visione dei vinti* [1971]. Trad. de G. Lapasini. Turim: Einaudi, 1977.

# Índice onomástico

## A

Abbeville, Claude d', 42-3, 45, 63, 87, 89, 121, 131, 135, 159-60

Abreu, Capistrano de, 46, 50-1, 241

Abreu, Casimiro de, 222-3

Aleijadinho (Antônio Francisco Lisboa, *dito*), 125, 153, 155

Alencar, Heron de, 64

Alencar, José Martiniano de, 15, 26, 30, 49, 55-69, 220, 230, 294

Almeida, Guilherme de, 94

Almeida, Martins de, 105

Alves, Castro, 230

Amado, Jorge, 88, 254

Amaral, Aracy A., 103, 125, 127, 149

Amaral, Tarsila do, 103, 120, 125, 127-8, 149, 153, 253, 256, 263

Amorim, Antônio Brandão de, 268, 293

Anchieta, José de, 48-9, 62, 202-3, 241

Andrade e Silva, José Bonifácio de, 140

Andrade Queiroz, Alberto, 257, 268

Andrade, Carlos Drummond de, 74, 105, 122, 277, 290, 298

Andrade, José Oswald de Souza, 13, 15-6, 18, 27, 29-30, 32, 43, 60, 65, 68, 71, 73, 75-86, 90, 93-117, 120, 122-39, 141-2, 144, 147, 149-50, 152-3, 156-7, 160-3, 165, 169, 173-4, 181, 225, 231, 243, 245-7, 253, 256, 260-1, 263, 288, 298, 305, 308-9, 314, 316

Andrade, Marília de, 100, 103

Andrade, Mário de, 18, 27, 69, 71, 73, 76, 79, 81, 88-9, 94, 100-1, 104-5, 115, 117, 122, 125-6, 148, 153, 179, 181, 261, 278-9, 288, 293, 298, 309

Anhanguera (Bartolomeu Bueno da Silva, *dito*), 202, 211, 213-4, 216

Anjos, Ciro dos, 88

Antonil, André João (*pseud.* de Andreoni, Giovannantonio), 241

Apuçá (Francisco Dias de Siqueira, *dito*), 202, 211, 216

Aranha, José da Graça, 94

Aranha, Luiz, 125

Arinos Sobrinho, Afonso, 106

Averbuck, Lígia Morrone, 28, 277, 284, 286-7, 295, 297

**B**

Bakhtin, Mikhail, 110, 131, 148

Bandeira, Manuel, 58, 94, 125, 253, 261, 290, 293, 298

Barreto, Lima, 72

Bastide, Roger, 86, 128

Bento, Antônio, 261

Bilac, Olavo, 116

Boaventura, Maria Eugenia, 107

Bopp, Raul, 13, 17-8, 24, 26-7, 29-30, 32, 88, 165, 167, 181, 191, 226, 232, 249, 252-64, 276-8, 281-3, 288-9, 291, 293-4, 298, 300, 302, 305, 307-9, 314, 316

Bosi, Alfredo, 18, 57, 99

Brandão, Ambrósio Fernandes, 46, 67

Brecheret, Victor, 94, 233

Breton, André, 83

Brito, Mário da Silva, 97, 100, 178

**C**

Cabral, Pedro Álvares, 86, 113, 232

Calmon, Pedro, 241

Caminha, Pero Vaz de, 15, 33, 35, 131, 197

Camões, Luís de, 14, 197, 230

Campos, Augusto de, 84

Campos, Haroldo de, 103, 114-5, 120, 123-4

Candido, Antonio, 17, 32, 57, 90, 94, 100-1, 124, 130

Cardim, Fernão, 38, 49-50, 241

Cardoso, Lúcio, 88

Carvalhal, Tânia Franco, 126

Cascudo, Luís da Câmara, 73, 192, 267, 283-4

Castello, José Aderaldo, 69

Cendrars, Blaise, 103, 125, 127-8, 144, 153

Chamie, Mário, 97

Cidade, Hernâni, 237-8

Coelho, Nelly Novaes, 168, 177

Colombo, Cristóvão, 108, 160, 195

Correia, Nereu, 181

Correia, Raimundo, 116

Cortesão, Jaime, 35, 241

Coutinho, Afrânio, 24

Cunha, Euclides da, 72

Poesia, mito e história no Modernismo brasileiro

**D**

Di Cavalcanti, E., 94, 181
Dias, Antônio Gonçalves, 58, 62, 136, 156, 158

**E**

Eleutério, Maria de Lourdes, 94, 98-9, 111, 228
Eliade, Mircea, 226, 297, 303, 311
Ellis, Alfredo, 79, 233, 239
Eulálio, Alexandre, 112-3, 125, 127
Évreux, Yves d', 62-3

**F**

Fabris, Annateresa, 76
Ferreira, Antonio Celso, 130
Freud, Sigmund, 83, 262, 264, 265, 271, 286, 306
Freyre, Gilberto, 241

**G**

Gaffarel, Paul, 44
Gândavo, Pêro de Magalhães de, 39, 67, 87, 131, 133-4, 241
Garcia, Othon Moacyr, 280-1, 286-8
Garcia, Rodolfo, 46
Gato, Borba, 184, 201-2, 211-2
Gomes, Eugênio, 180
Guadagnin, Americo, 39
Guedes Penteado, Olívia, 153

**H**

Helena, Lúcia, 87, 114
Hill, Amarilis G., 294

Hohlfeldt, Antônio, 296
Holanda, Aurélio Buarque de, 300
Holanda, Sérgio Buarque de, 38, 94, 241
Houaiss, Antônio, 309
Huxley, Aldous, 102

**I**

Inojosa, Joaquim, 263

**J**

Jung, Carl G., 226, 271, 276, 280, 286, 291

**K**

Kerényi, Károly, 182, 191, 226, 267, 270, 277, 279, 289, 302
Kodhlyama, Jorge, 277

**L**

Las Casas, Bartolomé de, 51
Leão, André de, 184, 201, 205-7
Leite, Serafim, 241
Léry, Jean de, 15, 36, 39-45, 62-3, 65, 67, 89, 139, 160, 241
Lévi-Strauss, Claude, 159, 272
Lévy-Bruhl, Lucien, 83, 226, 271-3, 281
Lima, Alceu Amoroso (*pseud.* Tristão de Athayde), 106, 170
Lima, Jorge de, 293
Lobato, José Bento Monteiro, 72, 220

**M**

Machado, Alcântara, 205, 241
Machado, Antônio de Alcântara, 94

351

Magalhães, Basílio de, 241
Magalhães, José Vieira Couto de, 89, 241
Malfatti, Anita, 76
Manfio, Diléa Zanotto, 10, 121
Marinetti, F. T., 76-7, 79
Martins, Wilson, 14, 28, 76, 88, 99, 185
Massi, Augusto, 252, 277
Matos, Gregório de, 87, 105
Melo Franco, Afonso Arinos de, 41
Mendes, Murilo, 27, 181, 290, 309
Milliet, Sérgio, 44, 127
Montaigne, Michel de, 42, 67, 82, 89
Montalboddo, Fracanzio da, 36
Monte Alverne, Frei Francisco de, 69
Monteiro, John Manuel, 240, 245
Mota Filho, Cândido, 79

**N**
Nóbrega, Manuel da, 47-8
Nunes, Benedito, 84, 102

**O**
Oliveira, Alberto de, 116
Ovalle, Jaime, 261

**P**
Paes, José Paulo, 290
Pais, Fernão Dias, 87, 131, 138, 184, 201, 206, 209-12, 217

Pay Pirá (Antônio Pires de Campos, *dito*), 202, 211, 213
Paz, Octavio, 314
Peloso, Silvano, 35
Pena, Cornélio, 88
Peregrino Júnior, 256
Picabia, Francis, 83-4
Picchia, Menotti del, 16, 79, 85, 94, 186, 253, 258, 290
Picchio, Luciana Stegagno, 11, 38
Pigafetta, Antonio, 35-6
Pinto, Aureliano de Figueriredo (*pseud.* Júlio Sérgio de Castro), 285
Pôrto-Alegre, Manuel de Araújo, 69
Prado, Paulo, 13, 18, 78, 94, 101, 103, 108, 112-3, 115, 125, 128, 142, 160, 241
Prado, Yan de Almeida, 94
Preto, Manuel, 184
Propp, Wladimir, 282

**Q**
Queiroz, Rachel de, 88

**R**
Ramos, Graciliano, 88
Ramos, Péricles Eugênio da Silva, 179
Ramusio, Giovanni Battista, 36
Rego, José Lins do, 88
Ribeiro, Darcy, 62
Ribeiro, João, 93
Ribeiro, Joaquim, 244

Ricardo, Cassiano, 10, 13, 16, 18, 25, 27, 29-30, 32, 79, 82, 85, 90, 102, 139, 165-247, 253, 258, 278-9, 293-4, 305, 314, 316
Rousseau, Jean-Jacques, 42, 66, 82, 86

**S**

Salgado, Plínio, 16, 79-80, 82-3, 85, 186, 253, 258-9, 270, 294
Salvador, Frei Vicente do, 50-1, 87, 131, 136-8
Sampaio, Teodoro, 89, 241
Sant'Anna, Affonso Romano de, 86, 133, 316
Santiago, Silviano, 58, 65
Schmidt, Augusto Frederico, 101
Sena, Jorge de, 288, 290, 315
Souza, Gabriel Soares de, 15, 33, 38, 45, 62, 67, 241
Souza, Martim Afonso de, 202
Souza, Pêro Lopes de, 241
Staden, Hans, 43-5, 62, 89

**T**

Taunay, Affonso de E., 216, 241
Tavares, Raposo, 184, 189, 201, 207-9, 217, 237

Teles, Gilberto Mendonça, 290
Telles, Gofredo da Silva, 153
Thevet, André, 34-5, 39-40, 45, 63, 67, 89
Thiollier, René, 153
Tiradentes (Joaquim José da Silva Xavier, *dito*), 155
Todorov, Tzvetan, 37
Trevisan, Armindo, 290
Tufic, Jorge, 290
Tullio-Altan, Carlo, 272
Tzara, Tristan, 83

**U**

Ungaretti, Giuseppe, 132, 184

**V**

Vargas, Getúlio, 75, 242
Vasconcelos, Simão de, 48-9, 62, 241
Verissimo, Erico, 88
Vespúcio, Américo, 33, 35-6, 67, 86
Vieira, Antônio, 51-2
Villaça, Antônio Carlos, 180
Villa-Lobos, Heitor, 94

**Z**

Zanzotto, Andrea, 314

SOBRE O LIVRO

*Formato*: 14 x 21 cm
*Mancha*: 23 x 44,5 paicas
*Tipologia*: Iowan Old Style 10/14
*Papel*: Off-white 80 g/m² (miolo)
Cartão Supremo 250 g/m² (capa)
2ª edição: 2015


EQUIPE DE REALIZAÇÃO

*Edição de texto*
Rodrigo Daverni (Preparação de original)
Tomoe Moroizumi (Revisão)

*Capa*
Estúdio Bogari

*Editoração eletrônica*
Eduardo Seiji Seki (Diagramação)

*Assistência editorial*
Jennifer Rangel de França

Impressão e acabamento

*psi7* | βooκ7